예비보건교사 교직실무 및 학교현장실습의 이해

부록: 보건교사 학교현장실습 일지

김희동 · 성한나 공저

예비보건교사 교직실무 및 학교현장실습의 이해

부록 : 보건교사 학교현장실습 일지

동문사

머리말 Preface

보건교사는 단순히 학교 내 다양한 구성원의 건강관리를 넘어, 학교 공동체의 건강과 안전 그리고 삶의 질 향상에 있어 중요한 임무를 수행하는 직업입니다. 보건교사의 직무는 신체적·정신적으로 건강한 시민을 양성하여 국가·사회의 존속에 기여한다는 중요한 의미를 갖습니다. 그렇기에 보건교사로서 첫 발을 내딛는 여러분은 실무를 접하기에 앞서 직무 수행을 위해 충분하게 준비할 필요가 있습니다.

이 교재는 예비 보건교사가 학교 현장에서 직무를 수행하는 데 필요한 기초적인 지식과 기능, 태도를 익히는 데 도움을 주고자 하였습니다. 이 교재를 통해 여러분은 교직문화와 교직 사회에 대한 폭넓은 이해를 바탕으로 교직관을 확립하고 기초적인 역량을 기를 수 있을 것입니다. 이 교재가 간호학과에서 학습한 간호학 이론과 실제적 기능을 바탕으로 보건교사로서의 직무를 수행하는 데 중요한 길잡이 역할을 할 수 있기를 기대합니다.

또한, 이 교재는 학교 현장실습이 유익하고 가치있는 경험이 될 수 있도록 현장실습 전반에 대해 상세하게 소개하고 있습니다. 특히, 실습일지 작성법에 대한 안내와 실질적인 예시를 제시함으로써 실습 상황에서 유용하게 활용할 수 있도록 구성되어 있습니다. 이 교재가 학교 현장실습 및 보건교사로서의 역량 강화에 실질적인 도움이 되기를 바랍니다.

2025년 9월

저자 일동

차례 Contents

PART 3 학교 현장실습의 실제

PART 1

교직 기초

생각열기

'교육은 홍익인간의 이념 아래 모든 국민으로 하여금 인격을 도야하고 자주적 생활능력과 민주시민으로서 필요한 자질을 갖추게 함으로써 인간다운 삶을 영위하게 하고 민주국가의 발전과 인류공영의 이상을 실현하는 데에 이바지하게 함을 목적으로 한다. 모든 국민은 평생에 걸쳐 학습하고, 능력과 적성에 따라 교육 받을 권리를 가진다. 모든 국민은 성별, 종교, 신념, 인종, 사회적 신분, 경제적 지위 또는 신체적 조건 등을 이유로 교육에서 차별을 받지 아니한다. 교육은 교육 본래의 목적에 따라 그 기능을 다하도록 운영되어야 하며, 정치적·파당적 또는 개인적 편견을 전파하기 위한 방편으로 이용되어서는 아니 된다.'

(교육기본법 제2조, 제3조, 제4조, 제6조)

Chapter 01

교직사회의 이해

1. 교직의 특성과 교직문화

다양한 사회적 환경에서 한 집단의 문화는 소속 구성원의 행동 양식, 역할 기대, 구성원 간 상호작용 과정 및 방식 등에 영향을 미친다. 구성원이 속한 집단의 문화와 특징을 이해하는 것은 개인에게 주어진 임무를 성공적으로 수행하는 데 중요한 요소이다. 조직의 문화에 대한 이해를 토대로 개인은 자신이 수행해야 하는 역할 뿐만 아니라 조직 내에서 목표와 행동 방식 등을 결정해나갈 수 있다. 따라서 교직 입문을 앞둔 학생들이 자신만의 교육철학을 만들어가고 교사로서 역할과 책임을 성실히 이행하려면 '교직'에 대해 이해하여야 한다.

1) 교직의 의미

교직은 교육활동을 통해 학생들의 신체적·정신적 발달과 성장을 지원하는 직업이다. 교육의 목적은 단순히 학생들에게 지식을 전달하는 것을 넘어 지역사회·국가·세계의 시민에게 요구되는 역량을 기르는 데에 있다. 교직은 국가·사회의 유지와 발전에 기여하고 공동체의 근간을 이루는 핵심 가치와 이념을 전달하는 역할을 담당한다. 교직은 사회적 책무성 및 공익적 기능을 지니기 때문에 이러한 공공성에 비추어 교사의 신분과 교육활동은 법률적·제도적으로 보장되어 있다.

교직의 의미는 한 개인이 국가·사회 공동체의 일원으로 성장해가는 과정을 지원하고, 미래사회를 이끌어가는 인재를 양성한다는 데에 있다. 교사들은 학생의 건강한 인격 형성을 돕기 때문에 교사 자신 역시 높은 도덕성과 책임감을 갖고 직무 수행에 임해야 한다. 또한, 교육은 학생이 발달단계에 따라 발전해가는 과정을 중시하기 때문에 눈에 보이는 성과나 결과보다는 학생의 성장과 배움에 초점을 맞춘다. 교직은 이윤을 추구하거나 조직을 이루는 개개인의 목표 달성이 핵심 가치인 직업이라기보다는 상호 간 존중과 신뢰를 바탕으로 서로 협력하며 공동의 목표를 이루어가는 것이 강조되는 직업이다.

여러분에게 '교사'라는 직업은 어떤 의미인가? 누군가에게는 자아실현, 누군가에게는 어린 시절부터 간직해 온 소중한 꿈, 누군가에게는 경제적 삶을 영위하게 도와주는 직업 등 다양한 의미를 지닐 것이다. 정답은 없다. 단지, 교직에 입문하기 전 '나에게 있어 교사라는 직업의 의미는 무엇인가?', '나는 어떤 교사가 될 것인가?'의 답을 '스스로' 찾고 자신만의 철학과 가치관을 정립하기 바란다. 아래 이야기를 읽으며 스스로 생각해 보자. 키팅처럼 거창하고 훌륭한 의미가 아니어도 좋다. 스스로 고민하고, 생각하며 성찰하는 '과정'을 통해 교사로서 한 단계 준비되고 성장하게 될 것이 분명하기 때문이다.

생각하기

영화(소설) '죽은 시인의 사회'는 명문 사립학교 웰튼 아카데미에 새로 부임한 영어 교사 존 키팅의 교육 방식에 따른 학생들의 변화와 성장을 다룬 이야기이다. 웰튼 아카데미는 전통과 명예, 규율과 규범을 중시하며 엄격하게 학생들을 지도한다. 반면, 키팅은 전통적인 교육 방식에서 벗어나 시를 통해 감정을 표현하도록 하고, 정해진 진로보다는 자신의 꿈과 발견하도록 도우며, 사물을 다른 시각에서 보라고 가르친다. 강압적인 학교문화와 가정의 분위기에 힘들어하는 학생에게는 따뜻한 공감과 정서적 지지를 보여주기도 한다.

키팅만의 교육 방식을 통해 학생 중 누군가는 자신의 소중한 꿈을 키워가고, 누군가는 성격의 한계를 극복하기도 한다. 학생들은 주체적인 삶의 태도를 통해 스스로 자신의 인생을 개척해가는 방법을 배워가게 된 것이다. 그럼에도 키팅은 학교에서 쫓겨나게 되고, 학교를 떠나는 키팅은 학생들에게 "카르페 디엠(Carpe Diem)!"이라는 메시지를 전하며 지금 이 순간, 주어진 현재를 충실히 살며 자신만의 길을 찾으라고 말한다. 각자의 꿈과 열정을 토대로 인생을 설계하라는 철학적 의미가 담긴 마지막 인사인 것이다.

키팅은 단순히 학생들에게 지식을 가르치는 선생님이 아니었다. 키팅은 학생들이 스스로를 돌아보며 삶의 문제를 성찰할 기회를 주었고, 주체적으로 인생의 방향을 고민·결정하도록 도와주었으며, 삶의 가치와 의미를 깨달을 수 있도록 영감을 주는 존재였다. 교사로서 키팅은 말과 행동을 통해 학생들의 변화와 성장을 돕는 길잡이이자, 든든한 조력자였다. 이를 통해 우리는 교육의 의미와 가치, 교직의 본질적인 역할에 대해 깊이 고민할 수 있다.

2) 교직문화의 특성

교직문화는 학교 내에서 형성되는 다양한 규범과 가치관, 상호작용의 집합체이다. 학교 현장은 구성원이 함께 모여 학생들을 지도하고, 서로가 소통하며 협력하면서 각자에게 주어진 업무를 수행해나가는 사회적 공간이다. 교직은 사회적 책무성을 기반으로 모든 학생의 성장과 권리 실현을 위해 구성원이 함께 각자의 역할을 다하며, 교육의 질적 향상을 위해 구성원의 지속적인 성장과 변화를 추구한다. 교직문화의 핵심적인 특성은 다음과 같이 정리될 수 있다.

공동의 목표와 가치관	학교의 교육활동은 교육목표와 철학, 신념과 비전을 바탕으로 이루어지므로 구성원이 공동의 목표 의식을 가지고 한 방향으로 나아가는 것이 중요하다.
학생 중심 지원	교직은 학생이라는 대상과의 상호작용을 중심으로 직무를 수행하는 것이 특징이다. 교사로서 직무 수행의 중점은 학생들의 학업 성취와 전인적 성장에 있다. 따라서 다양한 수준을 가진 학생들에게 맞춤형 교육 지원을 제공하고 상담을 통해 학생의 심리적·정서적 어려움을 지원해주는 등 학생 중심 활동을 통해 학생에게 관심을 기울인다.
전문성과 성장	교직은 시대적·사회적 변화와 흐름에 발맞추어 그 시대가 요구하는 인재를 길러내기 위한 교육을 수행한다. 교사들은 연수, 협의회, 학습공동체 등을 통해 최신의 교육 방법 및 내용을 지속적으로 학습하면서 변화하는 환경에 적응할 필요가 있다. 이에 따라 상호 경쟁의 문화보다는 전문성 신장, 성장 중심의 문화가 자리 잡고 있다.
사회적 책무성	교사는 수업을 통해 학생들에게 지식을 전달하는 것을 넘어 공동체의 일원으로 살아가는 데 필요한 다양한 가치를 가르칠 사회적 책임과 의무가 있다. 단순히 학교 조직의 목표를 달성하는 것을 넘어, 지역사회와 국가의 요구 및 기대를 충족해가야 할 책임이 따른다.
협력과 존중	학교의 교육활동은 학생, 교사, 학부모 등과의 협력을 통해 완성되므로 각 구성원 간 팀워크가 매우 중요하다. 교사들은 성별, 나이 및 교육경력, 대학에서의 전공 등에서 많은 차이를 보이기 때문에 서로에 대한 이해가 필수적이다. 또한, 교육의 질을 높이기 위해 상호 간의 신뢰를 기반으로 각자의 지식과 경험을 공유하고, 고유의 역할에 대한 존중을 바탕으로 한 협력을 중시한다.
갈등과 상호작용	학교는 교육주체들이 서로 소통하며 교육활동을 만들어가는 공간이다. 다양한 사회적 문화적 배경을 가진 이들이 모여있는 공간이기 때문에 교육철학, 가치관, 역할에 대한 기대의 차이 등으로 인해 갈등이 생길 수 있다. 따라서 갈등을 지혜롭게 해결해 나가는 것이 중요한 조직이며, 각종 협의회를 통해 의견을 나누며 중요한 사안을 결정하는 문화가 활성화되어 있다.

3) 사례로 이해하는 교직문화

EP 01. 학생 중심 지원을 위한 공동의 목표와 가치관

별빛중학교 1학년 교사인 정 선생님은 학습에 어려움을 겪는 민정이를 돕기 위해 고심하던 중이었다. 다른 교과목 선생님들과 함께 민정이의 학습 참여도 증진을 목표로 교육과정 재구성 프로젝트를 계획하고, 서로 수업을 참관하며 피드백을 주고받았다. 이러한 과정을 통해 교사 간 신뢰가 더욱 깊어지게 되었고, 민정이의 수업 참여도를 높이기 위한 다양한 의견이 자유롭게 오고 갔다. 특히, 정 선생님은 민정이가 백과사전 읽기를 좋아한다는 점을 활용해 학습 내용을 백과사전 형태로 제시하고, 조별 활동을 통해 교과 수업 시간에 배운 내용을 백과사전과 유사한 모습으로 정리하도록 하는 등 다양한 방식의 수업을 운영하였다. 민정이는 수업에 더 집중하게 되었고, 다른 교사들도 이를 참고하여 수업의 질을 높일 수 있었다.

EP 02. 함께 성장하는 교사들

올해 신규 발령을 받은 김 선생님은 생활지도에 대한 고민이 많았다. 교감선생님은 김 교사에게 교육지원청에서 운영하는 신규교사 멘토링에 참여해볼 것을 권유하였고, 김 교사는 경력 교사인 박 선생님으로부터 다양한 조언을 받을 수 있었다. 학교 내에서 운영되는 수업 나눔 모임에 참석하여서는 선배 교사들의 수업 운영 노하우를 보고 들으며 전문성을 향상해나갈 수 있었다. 수업 나눔 모임에서 많은 도움을 얻은 김 선생님은 신규교사로서 학생들과의 세대 간 거리가 상대적으로 적어 학생 문화나 관심사를 더 잘 이해한다는 강점을 살려 디지털 도구를 활용한 최신 교수법 및 수업 아이디어 등 선배교사들이 수업에서 활용할 수 있는 유용한 전략들을 소개해주었다. 이러한 과정을 통해 모든 교사들은 경력의 많고 적음을 떠나 각자의 아이디어와 기술을 공유하며 함께 성장해나갈 수 있었다.

EP 03. 사회적 책무성을 실천하는 학교 교육

전북의 한 고등학교에서 사회 교과목을 가르치고 있는 최 교사는 학생들이 기후위기의 심각성을 직접 느끼고 이를 해결하기 위해 주체적 역할을 수행하는 수업을 운영하고자 하였다. 단순한 이론 교육을 넘어 지역사회 내의 자원을 활용하고 지역사회와 함께 학습한 내용을 실천해나가고자 하였다. 최 교사는 지역 내 주민센터와 협력하여 '학교-지역 탄소중립 실천 프로젝트'를 계획하였다. 학생들과 지역 공원을 돌며 일회용품 줄이기 캠페인을 진행하였고, 학생들과 함께 직접 만든 재사용 장바구니를 시민들에게 나누어주기도 하였다. 이러한 최 교사와 학생들의 실천은 지역의 지속가능성을 이끄는 첫 걸음이 될 것이다.

2. 학교 조직의 구성 및 운영

1) 교육기관으로서 학교의 역할과 목적

교육은 대한민국 헌법 제31조에 보장된 모든 국민의 기본권으로서, 교육제도는 이를 구체적으로 실현하기 위한 수단이다. 헌법재판소 판례(1992.11.12. 92헌바26)에 따르면, 교육의 목적은 국민 개개인이 자아를 실현하고 사회의 건전한 구성원으로 자라도록 돕는 것이다. 교육기본법 제9조에서도 '학교교육은 공공성을 가지며 학생의 창의력 계발 및 인성 함양을 포함한 전인적 교육을 중시하여 이루어져야 한다'고 하였다. 아래 내용을 토대로 자신이 근무하게 될 학교의 역할, 그리고 교사로서 자신의 책무에 대한 신념을 정립하길 바란다.

구분	세부 내용
기본권의 실현	교육은 헌법 제31조에 보장된 국민의 기본권이다. 모든 국민은 능력에 따라 균등하게 교육을 받을 권리를 가지므로 성별, 연령, 사회적·경제적·문화적 배경 등과 관계없이 학생들은 학교 교육을 통해 평등한 교육 기회를 보장받게 된다. 무상의무교육제도를 통해 국가가 교육비용을 부담함으로써 경제적 약자도 차별 없이 교육을 받을 수 있다.
지식의 전달 및 습득	학교는 다양한 교과목 학습 및 교내·외에서의 체험활동 등을 통해 학생들이 기초적인 학문적 지식과 기술을 익히게 돕는다. 일상생활을 살아가는 데 필요한 실용적 기술을 학습하여 향후 직업생활을 영위하는 데 도움을 주기도 한다. 이로써 학생들은 스스로 발견한 자신의 적성과 소질을 토대로 잠재력을 발휘할 수 있다.
사회적 시민으로서의 성장 지원	학생들은 교우, 교사 등 다양한 사람들과 관계를 맺으면서 국가·사회의 구성원에게 요구되는 다양한 가치와 역량을 학습해나간다. 학교는 배려와 존중, 공감과 협력, 책임감, 의무와 권리 등 민주사회 구성원이 갖추어야 할 지식·기능·태도를 일상을 통해 학습하는 교육적 공간이다. 일상의 학습을 통해 학생들은 자신과 타인이 협력하며 조화롭게 살아가는 방법을 배워간다. **"학교는 단순히 지식을 전달하는 곳이 아니라 학생들에게 사회적 관계를 형성하고, 도덕적 가치를 배우며, 법과 규범을 준수하는 태도를 익히게 하는 중요한 공간이다(헌법재판소 2002.6.27., 2001헌마554 결정)."**
국가·사회의 유지 및 존속에 기여	학교는 과학, 기술 등 전문 분야의 교육을 통해 미래사회에 대응하는 인재를 양성한다. 기후, 인권 및 다양성 존중, 윤리적 소비 등의 사회적 가치 및 세계시민으로서 책임과 의무를 교육하여 국가의 지속 가능한 발전에 기여하는 역할을 담당하기도 한다. **"학교 교육은 국민 개개인의 발전뿐 아니라, 국가의 경쟁력 강화와 지속 가능한 사회 건설에 중요한 역할을 한다(헌법재판소 2011.3.31., 2009헌마710 결정). 그렇기에 학교 교육은 단순히 개인의 능력을 개발하는 데 그치지 않고, 국가와 사회가 요구하는 민주시민으로서의 자질을 함양하는 데 기여해야 한다(헌법재판소 1997.8.21., 95헌가20 결정)."**

학교는 모든 학생들이 건강하고 안전하게 성장하도록 돕는 공간으로 사회적 시민으로서의 성장을 도모하는 핵심 기관이다. 보건교사 역시 이 책무를 수행하는 중요한 교육 주체로서 학교 구성원들의 건강을 보장하고 신체적·정신적 안녕을 통해 학생들의 전인적 성장을 지원한다. 이는 국가·사회의 지속 가능한 발전에 기여한다는 학교의 존재 목적과 일맥상통하는 것이다. 아래 내용은 보건교사로서의 직무 수행이 곧 학교의 공적 기능을 실현하는 일임을 보여주는 구체적인 예이다.

적용하기

[국가·사회의 발전에 기여하는 보건교사의 역할 수행 예시]

① 개인의 신체적·정신적 건강은 건강한 시민의 필수적인 전제 조건이다. 건강한 생활습관 교육을 통해 건강관리 역량을 기르고 건강문제를 예방하는 방법을 실천하도록 지원해줄 수 있다.

② 응급처치 실무 교육(예: 자동제세동기 사용법, 심폐소생술 교육, 기도폐쇄 응급처치법 등)을 통해, 일상에서 발생할 수 있는 응급상황 대처 능력을 기른다. 이는 학교의 안전망을 강화할 뿐 아니라 국가적·사회적 응급의료 대응 역량을 높이는 일이다.

③ 공중보건 분야 교육을 통해 건강이 사회적 책임과 가치와 연결되어 있음을 인식하도록 도와줄 수 있다. 감염병 예방 및 관리, 예방접종 안내, 다중시설 이용 시 위생 교육 등을 통해 사회적 책임을 이해하고 건강한 사회 구성원 양성에 기여한다.

④ 지역사회에서 실시하는 다양한 보건 프로그램 및 캠페인(예: 금연 캠페인, 헌혈, 장기기증 교육, 지역 내 보건소 연계 프로그램, 건강한 성문화 옹호 활동 등)에 참여하도록 독려함으로써 사회의 문제에 관심을 갖도록 유도할 수 있다.

⑤ 스트레스 관리 등 정신건강 증진 교육, 자살 예방 교육, 생명존중 교육 등을 통해 심리적·정서적 어려움을 지닌 학생을 조기에 발견할 수 있다. 건강한 정서를 지닌 시민을 길러내어 공동체 건강을 강화하고 사회적 안전망을 구축하는 데 기여한다.

2) 학교 조직의 구성 및 성격

학교는 인적·물적 자원을 효과적으로 운영하고 교육목표를 달성하기 위해 구성원들의 역할과 책임을 체계적으로 조직화한다. 학교는 조직을 통해 구성원들이 업무를 효율적으로 수행하도록 돕고, 갈등을 조정하여 조화로운 분위기와 환경을 구성한다. 학교는 국가·사회가 요구하는 교육목표를 바탕으로 학교 고유의 목표를 설정하고, 업무 및 역할을 배분하며, 규칙과 절차 및 각종 계획을 수립하여 조직 운영의 기준과 체계를 만든다.

다른 조직과 구분되는 학교 조직의 특징과 성격은 다음과 같다.

- 학생들의 학업적 성취와 전인적 발달 촉진이라는 구체적이고 명확한 목표를 지향한다.
- 학교 조직을 통해 수행되는 직무는 '교육'이라는 공익적 가치를 실현한다.
- 학교 조직 운영의 중요 요소는 학생, 교사, 학부모 등 다양한 구성원들의 상호작용과 관계 형성이다. 그렇기에 구성원 간 상호작용, 협력과 조화를 중시한다.
- 조직 내 여러 직위가 존재한다(예: 교장, 교감, 교사 등).
- 학교 조직은 헌법 및 법률을 기반으로 정해진 자체의 규칙·지침 등에 따라 운영된다.

학교 조직이 구체적으로 어떻게 구성되어 운영되는지 살펴보자. 학교 조직은 인적 자원의 조직, 물적 자원의 조직, 제도의 조직으로 나누어 살펴볼 수 있으며 특정 업무 등에 대한 의사결정과 협의를 위해 설치된 각종 위원회도 존재한다.

(1) 인적 자원의 조직

학교의 인적 자원이 실제적으로 어떻게 구성되어 있는지는 직위에 따른 역할·책임을 통해서, 그리고 업무를 중심으로 구성된 각 부서의 직무를 통해 살펴볼 수 있다.

① 직위에 따른 역할 및 책임의 이해

초·중등교육법은 교직원 구분, 교직원의 임무와 책임 등을 규정해두었다. 교직원은 교원(교장, 교감, 수석교사, 교사)과 직원(학교 운영에 필요한 행정직원 등)을 일컫는 용어이다. 학교의 규모, 특성, 조직 구성 등에 따라 각 직위에 따른 역할과 책임 등에 차이가 있으므로, 본 교재에서는 법령을 중심으로 내용을 정리해보고자 한다.

직위	역할과 책임
교장	(초·중등교육법 제20조 제1항) 교무를 총괄하고, 민원처리를 책임지며, 소속 교직원을 지도·감독하고, 학생을 교육함 (초·중등교육법 제18조) 학교의 장은 교육을 위하여 필요한 경우에는 법령과 학칙으로 정하는 바에 따라 학생을 징계할 수 있음. 학생을 징계하려면 그 학생이나 보호자에게 의견을 진술할 기회를 주는 등 적정한 절차를 거쳐야 함 (초·중등교육법 제18조의4) 학교의 장은 「헌법」과 국제인권조약에 명시된 학생의 인권을 보장하여야 함
교감	(초·중등교육법 제20조 제2항) 교장을 보좌하여 교무를 관리하고 학생을 교육함. 교장이 부득이한 사유로 직무를 수행할 수 없을 때 교장의 직무를 대행함
수석교사	(초·중등교육법 제20조 제3항) 교사의 교수·연구 활동을 지원하며, 학생을 교육함
교사	(초·중등교육법 제20조 제4항) **법령에서 정하는 바에 따라** 학생을 교육함
직원	(초·중등교육법 제20조 제5항) 행정직원 등 직원은 법령에서 정하는 바에 따라 학교의 행정사무와 그 밖의 사무를 담당함

② 업무를 중심으로 구성되는 조직(부서)

초·중등교육법 제19조 제3항에 의하면, 원활한 학교 운영을 위하여 교사 중 교무를 분담하는 보직교사를 둘 수 있다. 보직교사의 업무를 포함하여 학교 현장에서 수행되는 교직원의 직무내용을 서술하여 구성원들이 자신이 해야 할 일을 명확하게 파악하고, 각 업무 간 경계를 구분하여 갈등을 사전에 방지하며, 학교의 다양한 자원이 유기적으로 운용되도록 정리한 것이 바로 '업무분장표'이다. 아래 내용은 학교 업무분장표의 예시이다. 학교급, 학교의 특성, 학교의 규모 등에 따라 부서의 명칭이나 세부 업무 내용 등에는 차이가 있으므로 본인이 소속된 학교의 업무분장표를 숙지하여야 한다.

학교 업무분장표(예시)

부서	교사	업무 내용
교무부	부장	교무기획, 학사일정, 교원능력개발평가, 교원인사, 포상, 교원명부, 자격연수, 공무외국외연수, 다면평가 지원, 학칙 제·개정, 학급 편성, 입학식, 졸업식
	교무지원1	시간표, 수업 결·보강 운영, 창의적 체험활동, 학적, 생활기록부
	교무지원2	학적(입학/전·출입/진급/반 편성), 교외체험학습, 출석부, NEIS 출결, 학업중단 예방관리위원회, 학교일지, 계약제교원 채용
	특수	특수학급 교육과정, 개별화교육지원팀, 장애이해교육
	영양	학교급식 관리 기획 및 운영, 식단, 위생·안전 관리, 식생활지도, 영양상담, 조리실 종사자 관리
교육 연구부	부장	교육과정 편성 및 운영 총괄, 고교학점제, 교육실습 협력학교 운영, 기초학력, 수업 공개의 날, 교육과정평가회, 학교평가
	연구지원	전문적 학습공동체의 날, 학력신장, 교사동아리, 교과별·학년별 협의회, 자율화 교육과정, 특색교육, 공동교육과정
	평가	평가규정 및 정기고사 계획 및 관리, 성적처리, 학력진단평가, 학업성적관리규정, 학업성적관리위원회 운영, 영어듣기 평가
	사서	도서관 관리, 독서지도, 독서교육, 독서 행사, 교과서
학생 안전부	부장	생활지도 총괄운영계획, 교내·외 학생생활 안전지도 지원, 인성교육, 학생자치회 지원, 학교폭력(전담기구, 예방교육, 실태조사)
	생활지도	교내·외 생활지도, 교권보호위원회 교권보호 관련 업무, 현장체험학습, 자원 봉사자 관리, 학교주변 유해환경 지도, 생활교육위원회, CCTV, 분실물 처리, 인권교육 지원
	안전, 학생자치	안전체험, 환경업무 기획 및 청소 관리, 학생환경교육, 봉사활동 운영, 안전점검, 에너지지킴이 관리, 학생자치회 운영 총괄, 학생자치 복합공간 관리, 학생의 날 행사, 학생생활지도 협조
	보건교사	보건업무 기획 및 운영, 보건교육(흡연예방, 약물예방, 성교육), 건강기록부 점검 및 처리, 미세먼지, 학생정서·행동특성검사

	상담교사	상담업무 기획 및 운영, 위기관리위원회 지원 및 사후관리, 생명존중, 자살예방, 학생자해
교육 정보부	부장	NEIS 및 학내 전산망 관리, 스마트 기기 관리, 원격 수업 장비 지원, 인터넷 지원, 개인정보 및 정보보안, 교수학습도움센터, 에듀테크
	방송 및 교수매체	전산 소모품 구입 및 관리, 학교 공간 혁신. 전광판 운영, 방송실 운영 및 관리, 교수매체(노트북, 태블릿) 관리, 행사 영상물 제작, 학교 행사 사진 및 비디오 촬영, 1인1스마트기기 운영
교육 지원부	부장	평생교육, 교육기부, 진로·직업교육 운영(강사채용, 강사관리(수당)), 진로캠프, 직업체험, 복합여가공간 관리
	체육	체육업무 기획, 건강체력평가검사(PAPS), 체육대회, 학교스포츠클럽, 육상부 업무 관리, 교내 스포츠리그 운영, 강당·운동장 관리
	교육복지	교육복지업무 기획 및 운영, 위기학생 지원체계 구축 및 운영, 학부모회 지원

(2) 물적 자원의 조직

학교의 물적 자원은 크게 학교의 시설, 교육 활동을 수행하기 위한 각종 용품 등 유형의 자산으로 나누어 살펴볼 수 있다. 「고등학교 이하 각급 학교 설립·운영 규정」은 학교의 운영에 있어 필요한 시설·설비기준 등을 규정하고 있으며 주요 내용을 아래에 정리해 두었다.

구분	종류(예시)
교사(敎舍)	-교실, 도서실 등 교수·학습활동에 직·간접적으로 필요한 시설물을 말함 -교수·학습에 적합해야 하고, 내부환경은 「학교보건법」 제4조의 규정에 따른 환경위생 및 식품위생의 유지·관리 기준에 적합하여야 함 -학생 수 등에 따라 기준 면적이 다름
체육장 (옥외체육장; 운동장)	-배수가 잘 되거나 배수시설을 갖춘 곳에 위치 -학생 수 등에 따라 기준 면적이 다름
교구	-학과 또는 교과별로 필요한 도서, 기계, 기구 등을 의미

학교의 시설·설비 및 각종 기자재는 학교 구성원 모두가 공유하는 소중한 자산이므로 개인이 사적으로 오용·남용하지 않도록 유의한다. 학교의 재산은 정해진 절차와 규정에 따라 구입·보관 및 관리·폐기하여야 하며 학교(교육지원청) 내 컴퓨터, 복사기 등 주요 물품(비품)은 정해진 수량이 있으니 참고해야 한다(정수물품). 또한, 각 물품별로 내용연수가 정해져 있어(예: 컴퓨터 7년) 해당 연수를 초과하지 않은 물품에 대한 분실·폐기 시 관련 지침에 의거하여 업무를 처리해야 한다. 최근 들어 대부분 학교에서는 전자태그를 기반으로 물품을 관리하고 있다.

(3) 제도의 조직

제도의 조직은 학교의 인적·물적 자원을 효율적으로 운용하고 다양한 교육활동을 체계적으로 수행해나가는 데 필요한 각종 규칙과 규정, 지침 또는 방침, 매뉴얼 등을 말한다. 학교는 업무가 처리되는 일정한 절차 및 방법, 구성원이 지켜야 할 규칙과 약속, 안전한 학교 환경 조성을 위한 지침 및 행동요령 등을 문서로 정리하여 두고 있다. 각 학교의 상황과 특성에 따라 운영되는 제도에는 세부적인 차이가 있으므로, 대부분 학교에서 기본적·필수적으로 운영하여야 하는 규칙 등을 위주로 내용을 정리해보고자 한다.

구분	목적 및 주요 내용
학칙	-초·중등교육법 제8조: 학교의 장은 법령의 범위에서 학교 규칙(학칙)을 제정 또는 개정할 수 있으며, 학칙의 기재 사항과 제정·개정 절차 등에 관하여 필요한 사항은 시행령에 규정함 -학칙에 기재되어야 하는 사항(시행령 제9조) •수업연한, 학년, 학기 및 휴업일 •학급편제 및 학생정원 •교과·수업일수 및 고사와 과정수료의 인정 •입학, 재입학, 편입학, 전학, 휴학, 퇴학, 수료 및 졸업 •조기진급, 조기졸업 및 상급학교 조기입학 자격 부여 •수업료, 입학금 기타의 비용 징수 •학생 포상, 징계, 교육목적상 필요한 지도방법, 학업 중단 예방 및 학교 내 교육·연구활동 보호에 관한 사항 등 학생의 학교생활에 관한 사항 •학생자치활동의 조직 및 운영 •학칙개정절차
학업성적 관리규정	-교육부의 '학교생활기록 작성 및 관리지침'을 근거로 하여 단위 학교의 학업성적 평가 및 관리의 기준을 제시함 -학업성적관리위원회의 구성 및 임무, 심의 내용, 운영에 관한 사항 -교과(학년)협의회의 구성, 기능 및 운영에 관한 사항 -교과학습발달상황 평가 및 관리(평가 방향, 평가 계획, 평가 운영 및 결과 처리 등), 창의적 체험활동 평가 및 관리, 행동특성 및 종합의견 기록 및 관리, 학교폭력 조치사항 관리 등에 대한 내용 규정 -중·고등학교의 경우 지필 및 수행 평가 관리의 일반적인 지침, 평가 문항 구성 및 처리, 고사 시행 및 부정행위 방지 방안, 성적 산출 방법, 성적 일람표 작성 및 성취도 평정, 통지표 작성 등에 관한 사항 규정
학생 생활 규정	-목적: 학생생활과 관련된 전반적인 사항을 규정하여 학생들로 하여금 민주시민으로서의 준법 의식을 함양하여 학생 개인의 발전과 학교, 지역사회, 국가의 발전에 기여함 -학생생활규정에는 다음의 내용이 포함됨 •학생의 교내생활 전반에 대한 사항(기본 품행, 용의 및 복장, 시설 이용 및 환경, 타인의 소유물에 대한 존중, 전자기기 등 소지품 사용, 학급 및 수업에서의 태도, 학교폭력 예방, 이성교제 등) •학생 생활지도(생활교육)의 범위 및 방식 ▷안전지도, 진로지도, 교외생활지도 등 ▷조언, 상담, 주의, 훈육 등의 실시 방법 및 생활지도 불응 시 조치

	(예) 훈육 예시: 구두 주의 또는 경고, 격리조치, 교내 상담 및 학부모 상담 등 • 회복적 생활교육 프로그램 • 학생 선도(징계)의 원칙, 선도의 종류(교내봉사, 사회봉사, 특별교육 이수 등) 및 기간, 징계 종류별 부과 내용((예) 교내봉사-학교환경 미화작업, 교내 도서관 도서 정비 등), 징계 기준 등
학교 교육과정 편성·운영 지침	- 교육과정 교육부 고시에 따라, 각 시·도교육청에서는 초등학교·중학교·고등학교 및 특수학교 교육과정 편성 및 운영지침을 고시하여 해당 지역 학교 교육과정의 기준 및 내용을 제시함 (「○○시(도) 초등(중·고등)학교 교육과정」으로 고시됨) • 국가 교육과정 및 각 시·도 교육과정이 정한 범위 내에서 학교의 실정에 맞게 자율적으로 학교 교육과정을 설계·운영하게 됨

(4) 각종 위원회의 설치 및 운영

학교는 다양한 위원회를 통해 민주적이고 효율적으로 운영되어간다. 학교 구성원의 다양한 의견을 반영하여 공정한 절차에 의해 의사를 결정하는 구조를 만들고, 학교 문제에 대해 공동의 노력을 기울임으로써 교육 공동체의 연대감을 강화한다. 또한, 각 분야에서 지식·경험이 풍부한 외부 전문가가 위원회에 참여함으로써 학교 정책 및 의사결정의 전문성·합리성을 담보할 수 있다.

구분	목적	구성	주요 역할 및 기능
학교운영위원회	학교운영의 자율성을 높이고 지역의 실정과 특성에 맞는 다양하고도 창의적인 교육 실시(초·중등교육법 제31조 제1항)	학교의 교원 대표, 학부모 대표, 지역사회 인사로 구성(5명 이상 15명 이하의 범위에서 학교의 규모 등을 고려하여 구성)	다음의 사항에 대한 심의·자문 (초·중등교육법 제32조) - 학교헌장과 학칙의 제정 또는 개정 - 학교의 예산안과 결산 - 학교교육과정의 운영방법 - 교과용 도서와 교육 자료의 선정 - 교복·체육복·졸업앨범 등 학부모 경비 부담 사항 - 정규학습시간 종료 후 또는 방학 기간 중의 교육활동 및 수련활동 - 학교급식 등
학교 교육과정 위원회	합리적·효율적인 학교 교육과정의 편성 및 운영	교원, 교육과정 전문가, 학부모 등	학교장의 교육과정 운영, 의사결정에 관한 자문

학업 성적 관리 위원회	학교생활기록의 작성·관리 관련 업무의 공정하고 적정한 처리(초·중등교육법 시행규칙 제24조)	위원장(학교장), 위원 수는 학교 규모에 따라 정하며 교직원 중 학교장이 임명, 학부모 위원 위촉 가능	다음의 사항 심의 -학교 학업성적관리규정 제·개정 -각 교과(학년)협의회에서 제출한 지필평가 및 수행평가의 영역·요소·방법·시기·횟수·반영 비율 등과 성적처리 방법 및 결과의 활용 -창의적 체험활동 상황의 평가 기준 및 방법 -학업성적 평가 및 관리의 객관성·공정성·투명성과 신뢰도 제고 방안 -학교생활기록부의 기재방법 및 기재내용 등에 관한 사항 -학교생활기록부 정정을 위한 증빙자료의 객관성 여부 등을 포함한 정정에 관한 사항 등
교원인사 자문 위원회	합리적이고 민주적인 인사행정을 구현하기 위해 단위 학교별로 설치할 수 있음(교육공무원 인사관리규정 제34조)	-각급학교에 설치하는 단위 학교별 교원인사 자문 위원회의 운영에 필요한 사항은 임용권자가 정함(교육공무원 인사관리규정 제35조) -위원장(교감)을 포함하여 해당 학교의 교사들로 구성	다음 사항에 대한 심의·자문 -교내 인사규정의 검토 -교원의 보직(담임교사, 교과목 담당교사, 부장교사 등)에 관한 사항 -교원 포상 대상자 추천 등
학교폭력 전담기구	학교폭력문제를 담당(학교폭력예방 및 대책에 관한 법률 제14조)	교감, 전문상담교사, 보건교사 및 책임교사(학교폭력 문제를 담당하는 교사), 학부모 등	(학교폭력예방 및 대책에 관한 법률 제14조) -학교폭력 사태를 인지한 경우 가해 및 피해 사실 여부의 확인(학교장에게 보고) -학교장 자체해결 부의 여부에 관한 심의 -학교폭력에 대한 실태조사와 학교폭력 예방 프로그램 구성·실시 -학교폭력에 관련된 조사결과 등 활동결과의 보고
학생생활 교육 위원회	학생의 생활지도에 관한 업무 담당(생활선도협의회 등 명칭은 다양할 수 있음)	교감, 업무담당 교사, 관련 보직교사 등	-학생 생활지도 전반에 대한 사항 협의 -학생 징계에 관한 사항 협의 -학생선도에 관한 기본 계획 수립을 위한 자문 -학생의 선도 사항 심의 및 선도에 관한 자료 조사 및 연구

개별화 교육 지원팀	특수교육대상학생의 교육적 요구에 적합한 교육을 제공(장애인 등에 대한 특수교육법 제22조)	보호자, 특수교육교원, 일반교육교원, 진로 및 직업교육 담당 교원, 특수교육 관련 서비스 담당 인력 등	매 학년 시작일부터 2주 이내에 특수교육대상자에 대한 개별화 교육 지원팀을 구성하고, 매 학기 시작일부터 30일 이내에 개별화 교육 계획을 작성하여야 함

3) 학교의 운영: 행정 조직의 이해

학교 행정실은 초·중등교육법 제19조 및 제20조에 근거하여 학교운영에 필요한 행정직원 등 직원으로 구성되어 학교 교육 활동에 필요한 자원을 정비하여 교육환경을 조성하는 등 교수·학습활동을 지원하는 조직이다. 학교 행정실은 회계, 시설, 학교 안전, 보안, 물품 및 재산, 급여 등 광범위한 영역에서 대부분의 학교행정업무를 수행하고 있다.

최근에는 학교 현장의 행정 업무에 대한 부담을 덜어 학교가 교육 활동에 전념하는 여건을 조성하기 위해 지역청 내에 조직을 설치·운영하는 추세이다(학교행정지원센터, 학교업무지원센터, 학교통합지원센터, 학교지원센터 등 지역마다 명칭이 다양함). 학교에서 처리하기에 부담이 큰 행정 업무, 갈등을 유발하는 업무, 전문성이 필요한 업무 등이 학교에서 교육(지원)청으로 이관되어 신속하고 효율적인 현장 지원을 통한 교직원 업무 경감에 기여한다. 대표적인 이관 업무로는 학교인력(기간제교원, 강사 등) 채용, 교원 호봉 관련 업무(호봉 승급, 재획정 및 정정 등), 교직원 법정 의무연수 지원, 대규모 학교 공사(학교시설공사 검토 등), 학교시설관리 순회 점검 지원 등이 있다.

4) 학교의 의사 결정

민주적인 학교문화를 조성하기 위해서는 학생, 학부모, 교직원이 학교의 의사 결정에 참여하도록 기회가 보장되어야 하며 교육의 내용과 방법, 평가 등에 관하여 법령의 범위에서 교사가 내린 판단과 결정은 존중되어야 한다(경기도 학교자치 조례 제3조). 의사 결정 과정에 있어 성별, 종교, 나이, 신체조건, 경제적 여건 등에 의한 차별은 금지되며(광주광역시 학교자치에 관한 조례 제3조), 부당한 지시나 요구로부터 교직원의 권리는 보호되며, 교직원은 학교운영에 성실히 참여하고 서로 존중하며 배려하여야 한다(전라남도 학교자치 조례 제3조).

(1) 회의(협의회)의 목적과 필요성

학교 운영에서 회의(협의회)는 교육활동의 효율성을 높이고 교육의 질을 높이는 데 필수적인 과정이라고 할 수 있다. 학교 운영의 방향성을 설정하고 교육철학 및 가치관을 공유하여 교육목표를 효과적으로 달성할 수 있게 도와준다. 또한, 업무 조정 및 협력을 통해 교사들의 전문성을 기르고 문제에 대한 해결책을 모색하는 과정을 통해 민주적인 학교문화를 만들 수 있다. 회의의 목적 및 필요성을 구체적으로 살펴보면 다음과 같다.

- 구성원의 자발적인 참여를 보장하고, 민주적이고 합리적인 소통을 바탕으로 의사를 결정하여 교육의 책무성을 강화할 수 있다.
- 수평적인 리더십에 의한 학교 운영을 통해 교육의 공공성을 담보하고, 편향적이거나 독단적인 학교 운영을 방지할 수 있다.
- 교원이 자신의 의견을 표명하고 의사결정에 참여하는 과정을 통해 학생의 민주 시민 교육에 필요한 자질을 함양한다.
- 소통과 협력에 기반한 의사소통 과정을 통해 업무 담당자의 부담을 줄인다.
- 구성원 간 업무를 분담·재구성하여 학교 운영의 합리성·효율성을 높인다.
- 구성원 간 자발성·책임감을 바탕으로 주요 사항을 결정하는 민주적 학교문화를 통해 학교 운영에 대한 교직원 등의 만족도를 높인다.

실제로 학교 현장에서는 다양한 목적을 가지고, 다양한 규모로, 다양한 구성원이 모여 수시로 회의가 이루어진다. 구성원이 한자리에 모여 회의를 하는 과정이 다소 번거롭고, 때로는 비효율적으로 느껴질 수 있다. 그러나 학교 운영을 위한 의사결정에 참여하는 것은 교사의 권리이자 의무이며, 민주적인 학교 분위기 나아가 민주적인 사회와 국가를 만드는 중요한 과정임을 기억하자.

(2) 회의의 구분

교무회의, 교사회, 교직원회 등은 각 지역마다 명칭, 구성·운영 방식, 회의 절차 및 규칙 등에는 차이를 보인다. 교사회와 직원회 및 교직원회를 구분하여 운영하는 지역, 교직원회로 통합하여 운영하는 지역 등 그 형태는 지역마다 다양하지만 대부분 지역의 '학교자치 조례'에서 기본적인 사항을 명시하고 있다.

구분	주요 (조례) 내용
교무회의 또는 교직원회	-교무회의 또는 교직원회는 교원과 직원으로 구성될 수 있음 -교무회의의 기능(전라북도 학교자치 조례 제10조) •학교 규칙의 제·개정, 교무회의 운영규정의 제·개정, 학교교육과정과 이에 소요되는 예산에 관한 사항 •학교운영위원회에 부칠 교무 안건에 관한 사항 •학교 운영과 관련한 교직원의 제안 사항 •학교 내 각종 위원회 구성에 관한 사항 •자치기구에서 심의한 사항 중 전체 교직원의 의견 수렴이 필요한 사항 •그 밖에 학교의 장이 필요하다고 인정하는 사항 -교직원회의 임원은 민주적인 절차에 따라 구성하여야 하고, 결정사항은 지체 없이 전체 교직원에게 공지하여야 한다(광주광역시 학교 자치에 관한 조례 제7조, 전라남도 학교자치 조례 제7조)
교사회	-교사로 구성하는 교사회는 학년별, 교과별 협의회 등을 둘 수 있음(경기도 학교자치 조례 제6조, 강원특별자치도 학교 자치조례 제6조, 인천광역시 학교자치 활성화 조례 제6조) -교사회에서 협의되는 사항 •교사들의 의견을 수렴하여 교직원회의나 학교운영위원회에 제안할 사항 •교사들의 자체 연수 활동에 관한 사항 •교사회칙의 제정·개정에 관한 사항 •각 학년별·교과별 협의사항 •교직원 복지 및 자치활동에 관한 사항 •교사 동아리 활동에 관한 사항 등

(3) 회의 참여 시 유의사항

학교에서 이루어지는 회의는 교사의 자발성을 기초로 학교 운영에 참여하는 중요한 자리이다. 회의는 소통과 협력을 기반으로 운영되는 민주주의 문화를 실질적으로 경험하는 기회이므로 회의를 통해 교사들은 효과적인 상호작용 및 의사소통 방법을 배울 수 있다. 다음의 내용을 숙지하면 현장실습 단계에서부터 회의에 참여해야 할 상황에 능숙하게 대처할 수 있고, 학교 구성원이 지녀야 할 책임감을 미리 학습하는 데에도 도움이 될 수 있다.

- 회의 전 배포된 안건이나 자료를 미리 읽고 내용을 이해한 뒤 회의에 참석한다.
- 사전에 SNS, 업무용 메신저, 설문 등을 통해 의견을 공유하는 과정이 필요할 수 있다.
- 자신의 의견을 표현할 때에는 간결하고 논리적이며 명확하게 의사를 전달한다.
- 다수결의 원칙에 따라 소수의 의견이 무시되지 않도록 소수의 의견도 존중·경청한다.
- 교사의 품위, 사회적 책무성과 윤리적 책임을 고려하여 신중한 태도를 견지한다.
- 회의 시간, 회의 규칙, 발언 순서 등을 준수한다.

(4) 회의 내용 및 사례

학교에서 발생할 수 있는 다양한 문제, 의사결정 사례는 매우 다양하며 학교에 설치된 각종 위원회를 통한 회의, 업무분장에 따른 협의회, 업무담당자 간 비공식적 회의 등 그 형태 또한 다양하다. 공식적인 회의의 경우 회의록 작성, 서명부 서명 등을 통해 협의회의 내용을 정리하고 협의회 개최를 증빙하는 것이 필요하다. 회의에서 논의 또는 결정되는 내용 역시 교육과정 편성과 운영, 수업과 생활교육, 학교 시설·설비 및 교구 관리 등 다양한 사항이 포함될 수 있다. 다음은 실제 학교 현장에서 회의를 통해 논의되는 사례를 정리한 것이다.

주제	사례
교육과정	-국가 수준의 교육과정 개정에 따라 학교 교육과정을 수정해야 하는 경우 교과목 선택, 수업 시수, 평가 기준 설정 등을 결정하기 위한 의견 공유 -학생 및 학부모의 수요 조사를 바탕으로 교과목 개설, 교과목 담당 교사 및 시수 결정을 위한 협의 -교과 간 통합 및 연계 수업, 프로젝트학습 등에 대한 운영 방안 협의
학생 생활교육	-학교폭력예방교육 운영 방안 결정을 위한 협의(예: 외부 강사 초빙, 교내 캠페인 등 다양한 방법을 고려하여 구체적인 운영 방향을 결정함) -학생자치활동(예: 학생회 중심의 학교 행사, 학생자치회 회의, 학생동아리활동 등)의 원활한 운영을 위한 지원 방안 논의
업무 추진	-업무의 공평한 분배 방법, 업무 과중 방지 방안 등에 대한 의견을 부서 소속 교사들이 모여 자유롭게 공유 -체육대회, 현장체험학습, 축제 등 학교 행사 운영을 위한 사전 협의
학교 환경	-예산 신청 계획을 수립하기 위해 노후화된 건물, 시설·설비에 대해 안전 점검 결과를 토대로 우선순위를 정하는 회의 -학생 수 증가로 인해 학교 내 교실이 부족하여 교실 전환이 필요한 경우 교실 배치 및 전환 기준(학년별, 학생 수 및 수업 유형 등을 고려한 배치 기준, 특별실 사용 현황 등), 교실 간 이동 시간, 수업시간표, 교실 전환 후 필요한 시설·설비 및 교구 이동, 필요 예산 등에 대한 전반적인 협의
긴급 상황	-폭설, 태풍 등으로 휴교 또는 원격수업 여부를 결정해야 하는 경우 기상 상황, 통학로 및 교통 상황, 학사일정 변경 필요 여부, 교육청 및 교육부 지침 등을 점검하고 그 내용을 공유한 뒤 결정을 위한 협의를 진행

3. 교사의 법적·윤리적 책임과 역할

교원은 '법령에서 정하는 바'에 따라 학생을 교육하는 사람이다. 그러므로 헌법 및 법률을 포함한 각종 법령과 그를 구체적으로 실현하는 정책과 제도, 각종 업무 방침과 지침 등에 대해 잘 알아야 한다.

1) 교사의 지위와 법적 보호

교사는 헌법 제31조가 보장하고 있는 교육에 관한 국민의 기본권을 실현하는 주요한 역할을 담당하기에 법률을 통해 그 지위를 보장받고 있다. 교사의 안정적인 교육활동이 전제되어야 헌법상 보장된 교육권이 충실하게 실현될 수 있으므로, 법적 장치를 통해 교사가 교육 본연의 임무에 집중할 수 있도록 교사의 역할 수행을 보호하는 것이다. 이는 교육이 사회적 책무성과 공익적 가치를 지니는 일임을 의미하는 동시에, 교사의 직무가 단순히 개인의 업무 수행에 그치는 것이 아님을 보여주는 예라고 할 수 있다.

법률명	주요 내용
교육기본법	**제14조(교원)** ① 학교교육에서 교원의 전문성은 존중되며, 교원의 경제적·사회적 지위는 우대되고 그 신분은 보장된다.
교육공무원법	**제43조(교원의 존중과 신분보장)** ① 교권은 존중되어야 하며, 교원은 그 전문적 지위나 신분에 영향을 미치는 부당한 간섭을 받지 아니한다. ② 교육공무원은 형의 선고나 징계처분 또는 이 법에서 정하는 사유에 의하지 아니하고는 본인의 의사에 반하여 강임·휴직 또는 면직을 당하지 아니한다. ③ 교육공무원은 권고에 의하여 사직을 당하지 아니한다. **제48조(교원의 불체포특권)** 교원은 현행범인 경우를 제외하고는 소속 학교의 장의 동의 없이 학원 안에서 체포되지 아니한다.
교원지위향상 및 교육활동 보호를 위한 특별법 (이하 '교원지위법')	**제2조(교원에 대한 예우)** ① 국가, 지방자치단체, 그 밖의 공공단체는 교원이 사회적으로 존경받고 높은 긍지와 사명감을 가지고 교육활동을 할 수 있는 여건을 조성하도록 노력하여야 한다. ② 국가, 지방자치단체, 그 밖의 공공단체는 교원이 학생에 대한 교육과 지도를 할 때 그 권위를 존중받을 수 있도록 특별히 배려하여야 한다. **제6조(교원의 신분보장 등)** ② 교원은 해당 학교의 운영과 관련하여 발생한 부패행위나 이에 준하는 행위 및 비리 사실을 관계 행정기관 또는 수사기관 등에 신고하거나 고발하는 행위로 인하여 정당한 사유 없이 징계조치 등 어떠한 신분상의 불이익이나 근무조건 상의 차별을 받지 아니한다.

교사는 공공적 가치를 가진 교육을 직접 수행하는 공인으로서의 신분과 기본권을 보장받는 한 사람의 국민(개인)으로서의 신분을 동시에 갖는다. 특히, 교사가 공인으로서 수행하는 '교육활동'은 법률로써 보호받으며, 법률에서 규정한 '교육활동'의 구체적인 내용 및 이에 대한 '침해행위'는 다음과 같다.

「학교안전사고 예방 및 보상에 관한 법률」

제2조(정의) 4. "교육활동"이라 함은 다음 각 목의 어느 하나에 해당하는 활동을 말한다.

가. 학교의 교육과정 또는 학교의 장(이하 "학교장"이라 한다)이 정하는 교육계획 및 교육방침에 따라 학교의 안팎에서 학교장의 관리·감독하에 행하여지는 수업·특별활동·재량활동·과외활동·수련활동·수학여행 등 현장체험활동 또는 체육대회 등의 활동

나. 등·하교 및 학교장이 인정하는 각종 행사 또는 대회 등에 참가하여 행하는 활동

다. 그 밖에 대통령령으로 정하는 시간 중의 활동으로서 가목 및 나목과 관련된 활동

1. 통상적인 경로 및 방법에 의한 등·하교 시간
2. 휴식시간 및 교육활동 전후의 통상적인 학교체류시간
3. 학교장의 지시에 의하여 학교에 있는 시간
4. 학교장이 인정하는 직업체험, 직장견학 및 현장실습 등의 시간
5. 기숙사에서 생활하는 시간
6. 학교 외의 장소에서 교육활동이 실시될 경우 집합 및 해산 장소와 집 또는 기숙사 간의 합리적 경로와 방법에 의한 왕복 시간

※「교원지위향상 및 교육활동 보호를 위한 특별법」 제19조(교육활동 침해행위)

"교육활동 침해행위"란 고등학교 이하 각급학교에 소속된 학생 또는 그 보호자 등이 교육활동 중인 교원에 대하여 다음의 어느 하나에 해당하는 행위를 하는 것을 말한다.

-교원의 교육활동을 부당하게 간섭하거나 제한하는 행위로서 다음의 행위를 말함
 •목적이 정당하지 아니한 민원을 반복적으로 제기하는 행위
 •교원의 법적 의무가 아닌 일을 지속적으로 강요하는 행위

※ '교육활동 침해 행위 및 조치 기준에 관한 고시' 제2조(교원의 교육활동 침해 행위)

교원의 교육활동(원격수업 포함)을 부당하게 간섭하거나 제한하는 행위는 다음과 같다.

-형법 제8장(공무방해에 관한 죄) 또는 제34장 제314조(업무방해)에 해당하는 범죄 행위로 교원의 정당한 교육활동을 방해하는 행위
-교육활동 중인 교원에게 성적 언동 등으로 성적 굴욕감 또는 혐오감을 느끼게 하는 행위
-교원의 정당한 교육활동에 대해 반복적으로 부당하게 간섭하는 행위
-교원의 정당한 생활지도에 불응하여 의도적으로 교육활동을 방해하는 행위
-교육활동 중인 교원의 영상·화상·음성 등을 촬영·녹화·녹음·합성하여 무단으로 배포하는 행위

2) 교사의 법적 의무와 윤리적 책임: 기본 소양과 자질

학교를 통해 이루어지는 교육활동은 공공성을 갖기 때문에 교사에게는 엄격한 윤리적 기준과 책임 의식이 요구된다. 앞서 정리해 둔 「학교안전사고 예방 및 보상에 관한 법률」 규정에서의 '교육활동' 중 교사에게 요구되는 책임과 역할은 범위와 내용이 매우 다양할 것이다. 교육활동의 목표를 안전하고 효과적으로 달성할 수 있는 최적의 방법과 최선의 수단을 활용하여 학생들의 전인적 성장과 발전을 유도하는 조력자의 역할이 교사에게 주어진 사회적 책임의 본질일 것이다. 「교육기본법」의 내용을 통해 구체적인 해답을 찾아보도록 하자.

법률명	주요 내용
교육기본법	**제14조(교원)** ② 교원은 교육자로서 갖추어야 할 품성과 자질을 향상시키기 위하여 노력하여야 한다. ③ 교원은 교육자로서 지녀야 할 윤리의식을 확립하고, 이를 바탕으로 학생에게 학습윤리를 지도하고 지식을 습득하게 하며, 학생 개개인의 적성을 계발할 수 있도록 노력하여야 한다. ④ 교원은 특정한 정당이나 정파를 지지하거나 반대하기 위하여 학생을 지도하거나 선동하여서는 아니 된다.

그렇다면, 교육기본법에서 규정한 '교사에게 요구되는 교육자로서의 품성과 자질' 그리고 '윤리의식'의 구체적인 내용은 무엇일까? 예비교사로서 어떤 품성과 자질을 기르는 데 관심을 가져야 할까? 교육활동에 있어 교사가 가장 주목해야 할 부분은 학생의 전인적 성장을 촉진하는 일임을 생각할 때, 무엇보다 교사로서의 '전문성'과 '바른 인성' 그리고 학생을 포함한 다양한 학교 구성원과 '협력 및 소통 능력'이 핵심일 것이다.

- **전문성**
  - 교사로서 교육에 대한 깊은 고민을 바탕으로 자신만의 교육철학 및 교육관 정립
  - 자신이 가르치는 교과목에 대한 최신 지식 학습
  - 학생 개개인의 특성과 수준을 평가하고 다양한 교수 방법 및 전략을 활용하는 능력
  - 교육 현장에서의 다양한 문제 상황 및 변화하는 환경에 적응·대처하는 능력
- **바른 인성**
  - 학생들에게 모범을 보일 수 있는 올바른 가치관 및 행동
  - 교육자로서 자신의 역할과 의무를 성실히 수행하려는 책임감
  - 자기 성찰 및 반성을 통해 끊임없이 부족한 점을 보완하려는 자세
- **협력 및 소통 능력**
  - 학생, 학부모, 동료 교사 등과 원활하게 소통하려는 태도와 자세
  - 다양성을 존중하며 상대의 입장을 배려하는 역지사지의 자세를 생활화
  - 자신의 의견을 적절히 표현하고, 타인의 의견을 경청하는 자세

특히, 보건교사는 교직원과 학생의 신체적·정신적 건강과 안전 보장에 중요한 역할을 담당하고 있다는 점을 고려할 때 보건교사에게 요구되는 품성과 자질, 윤리의식에 관해 다음과 같이 생각해볼 수 있다.

- **생명존중**: 모든 생명은 존엄하다는 신념을 가지고, 모두를 차별 없이 대해야 한다.
- **전문적 윤리**: 학교 내 전문 의료인으로서 전문적 지식과 경험에 비추어 상황 판단 및 결정을 내려야 한다. 보건 및 건강 교육 분야에서의 최신 지식을 갖추고, 건강 문제를 조기에 발견하여 적당한 처치가 제공될 수 있도록 노력한다.
- **건강관리에 대한 책임감**: 학생들의 건강 상태를 지속적으로 점검·관찰하고 필요한 지원을 제공해야 하며, 자신이 행한 의료적 처치 등에 대한 책임의식을 가져야 한다.

- **개인정보 보호**: 학생들의 건강 상태, 질병 유무, 심리·정서적 어려움 등에 대한 정보를 철저히 보호해야 하며 보건교사로서 직무 수행 중 알게 된 비밀이나 사실에 대해 함부로 누설해서는 안 된다. 개인정보 활용 및 제3자 제공 시, 학생과 학부모 등 정보 수집 주체에게 사전 동의를 얻어야 한다.
- **공감과 소통**: 학생, 학부모, 동료 교직원 등과 원활히 소통하고 그들의 건강 문제에 관심을 기울일 수 있어야 한다. 신체적·정신적 문제에 공감하고 필요한 상담 활동을 수행할 수 있어야 하며, 건강한 학교문화 조성을 위해 다양한 구성원과 협력할 수 있어야 한다.
- **위기 대처 능력**: 학교 내 응급상황, 감염병 등 다양한 비상 상황을 객관적으로 파악하고 그에 맞는 대처 방안을 찾아 신속하고 정확하게 수행하여야 한다.

3) 교사의 법적 의무와 윤리적 책임: 아동에 대한 보호

생각열기

UN 아동 권리 협약(Convention on the Rights of the Child)

유엔아동권리협약은 1989년 11월 20일 유엔총회에서 채택된 국제적인 인권조약으로, 전 세계 거의 모든 국가가 비준한 유일한 유엔인권조약이다. 최초로 아동을 권리의 주체로 인정한 국제협약으로, 어린이가 누려야 할 모든 권리를 담고 있어 전 세계 아동의 삶을 개선하기 위한 도덕적·정치적·법적 토대를 제공한다.

이 협약에 따라, 아동은 완전하고 조화로운 인격 발달을 위하여 가족적 환경과 행복, 사랑 및 이해의 분위기 속에서 성장하여야 함을 인정하고, 아동은 사회에서 한 개인으로서의 삶을 영위할 수 있도록 충분히 준비되어져야 하며, 아동권리선언에 나타나 있는 바와 같이 "아동은 신체적·정신적 미성숙으로 인하여 출생 전후를 막론하고 적절한 법적 보호를 포함한 특별한 보호와 배려를 필요로 한다"는 점에 유념하면서 다음의 내용들을 합의하였다.

〈주요 조항〉

제1조 "아동"이라 함은 아동에게 적용되는 법에 의하여 보다 조기에 성인 연령에 달하지 아니하는 한 18세 미만의 모든 사람을 말한다.

제3조 1. 공공 또는 민간 사회복지기관, 법원, 행정당국, 또는 입법기관 등에 의하여 실시되는 아동에 관한 모든 활동에 있어서 아동의 최선의 이익이 최우선적으로 고려되어야 한다.

제6조 1. 당사국은 모든 아동이 생명에 관한 고유의 권리를 가지고 있음을 인정한다.
2. 당사국은 가능한 한 최대한도로 아동의 생존과 발전을 보장하여야 한다.

제12조 1. 당사국은 자신의 견해를 형성할 능력이 있는 아동에 대하여 본인에게 영향을 미치는 모든 문제에 있어서 자신의 견해를 자유스럽게 표시할 권리를 보장하며, 아동의 견해에 대하여는 아동의 연령과 성숙도에 따라 정당한 비중이 부여되어야 한다.

제13조 1. 아동은 표현에 대한 자유권을 가진다. 이 권리는 구두, 필기 또는 인쇄, 예술의 형태 또는 아동이 선택하는 기타의 매체를 통하여 모든 종류의 정보와 사상을 국경에 관계없이 추구하고 접수하며 전달하는 자유를 포함한다.

제14조 1. 당사국은 아동의 사상·양심 및 종교의 자유에 대한 권리를 존중하여야 한다.

제16조 1. 어떠한 아동도 사생활, 가족, 가정 또는 통신에 대하여 자의적이거나 위법적인 간섭을 받지 아니하며 또한 명예나 신망에 대한 위법적인 공격을 받지 아니한다.

제23조 1. 당사국은 정신적 또는 신체적 장애아동이 존엄성이 보장되고 자립이 촉진되며 적극적

사회참여가 조장되는 여건 속에서 충분히 품위있는 생활을 누려야 함을 인정한다.

제24조 1. 당사국은 도달가능한 최상의 건강수준을 향유하고, 질병의 치료와 건강의 회복을 위한 시설을 사용할 수 있는 아동의 권리를 인정한다.

3. 당사국은 아동의 건강을 해치는 전통관습을 폐지하기 위하여 모든 효과적이고 적절한 조치를 취하여야 한다.

제28조 1. 당사국은 아동의 교육에 대한 권리를 인정하며, 점진적으로 그리고 기회 균등의 기초 위에서 이 권리를 달성하기 위하여 특히 다음의 조치를 취하여야 한다.

가. 초등교육은 의무적이며, 모든 사람에게 무료로 제공되어야 한다.

나. 일반교육 및 직업교육을 포함한 여러 형태의 중등교육의 발전을 장려하고, 이에 대한 모든 아동의 이용 및 접근이 가능하도록 하며, 무료교육의 도입 및 필요한 경우 재정적 지원을 제공하는 등의 적절한 조치를 취하여야 한다.

다. 고등교육의 기회가 모든 사람에게 능력에 입각하여 개방될 수 있도록 모든 적절한 조치를 취하여야 한다.

라. 교육 및 직업에 관한 정보와 지도를 모든 아동이 이용하고 접근할 수 있도록 조치하여야 한다.

마. 학교에의 정기적 출석과 탈락률 감소를 장려하기 위한 조치를 취하여야 한다.

2. 당사국은 학교 규율이 아동의 인간적 존엄성과 합치하고 이 협약에 부합하도록 운영되는 것을 보장하기 위한 모든 적절한 조치를 취하여야 한다.

제29조 당사국은 아동교육이 다음의 목표를 지향하여야 한다는 데 동의한다.

가. 아동의 인격, 재능 및 정신적·신체적 능력의 최대한의 계발

나. 인권과 기본적 자유 및 국제연합헌장에 규정된 원칙에 대한 존중의 진전

다. 자신의 부모, 문화적 주체성, 언어 및 가치 그리고 현거주국과 출신국의 국가적 가치 및 이질문명에 대한 존중의 진전

라. 아동이 인종적·민족적·종교적 집단 및 원주민 등 모든 사람과의 관계에 있어서 이해, 평화, 관용, 성(性)의 평등 및 우정의 정신에 입각하여 자유사회에서 책임있는 삶을 영위하도록 하는 준비

마. 자연환경에 대한 존중의 진전

제31조 1. 당사국은 휴식과 여가를 즐기고, 자신의 연령에 적합한 놀이와 오락활동에 참여하며, 문화생활과 예술에 자유롭게 참여할 수 있는 아동의 권리를 인정한다.

2. 당사국은 문화적·예술적 생활에 완전하게 참여할 수 있는 아동의 권리를 존중하고 촉진하며, 문화, 예술, 오락 및 여가활동을 위한 적절하고 균등한 기회의 제공을 장려하여야 한다.

제32조 1. 당사국은 경제적 착취 및 위험하거나, 아동의 교육에 방해되거나, 아동의 건강이나 신체적·지적·정신적·도덕적 또는 사회적 발전에 유해한 여하한 노동의 수행으로부터 보호받을 아동의 권리를 인정한다.

제33조 당사국은 관련 국제조약에서 규정하고 있는 마약과 향정신성 물질의 불법적 사용으로부터 아동을 보호하고 이러한 물질의 불법적 생산과 거래에 아동이 이용되는 것을 방지하기 위하여 입법적·행정적·사회적·교육적 조치를 포함한 모든 적절한 조치를 취하여야 한다.

제34조 당사국은 모든 형태의 성적 착취와 성적 학대로부터 아동을 보호할 의무를 진다.

교사는 국제 조약과 헌법, 국내 법령에 따라 아동에게 보장된 권리를 존중하고 아동의 복지와 신체적·정서적 안전을 보장하기 위해 법적·윤리적 책임을 다해야 한다. 교사는 아동학대 신고의무자로 규정되어 있어 학대 의심 상황이 발생할 경우 즉시 신고해야

할 의무를 지고, 아동학대 예방을 위한 교육을 통해 아동이 스스로 자신의 권리를 옹호하고 학대에서부터 안전한 환경을 조성하도록 노력해야 한다. 다음은 아동학대 관련 법령의 내용이다.

「아동복지법」

제3조(정의) 1. "아동"이란 18세 미만인 사람을 말한다.

7. "아동학대"란 보호자를 포함한 성인이 아동의 건강 또는 복지를 해치거나 정상적 발달을 저해할 수 있는 신체적·정신적·성적 폭력이나 가혹행위를 하는 것과 아동의 보호자가 아동을 유기하거나 방임하는 것을 말한다.

제17조(금지행위) 누구든지 다음 각 호의 어느 하나에 해당하는 행위를 하여서는 아니 된다.

1. 아동을 매매하는 행위
2. 아동에게 음란한 행위를 시키거나 이를 매개하는 행위 또는 아동을 대상으로 하는 성희롱 등의 성적 학대행위
3. 아동의 신체에 손상을 주거나 신체의 건강 및 발달을 해치는 신체적 학대행위
5. 아동의 정신건강 및 발달에 해를 끼치는 정서적 학대행위
6. 자신의 보호·감독을 받는 아동을 유기하거나 의식주를 포함한 기본적 보호·양육·치료 및 교육을 소홀히 하는 방임행위

「아동학대범죄의 처벌 등에 관한 특례법」(약칭: 아동학대처벌법)

제10조(아동학대범죄 신고의무와 절차) ① 누구든지 아동학대범죄를 알게 된 경우나 그 의심이 있는 경우에는 시·도, 시·군·구 또는 수사기관에 신고할 수 있다.

② 다음 각 호의 어느 하나에 해당하는 사람이 직무를 수행하면서 아동학대범죄를 알게 된 경우나 그 의심이 있는 경우에는 시·도, 시·군·구 또는 수사기관에 즉시 신고하여야 한다.

20. 초·중등교육법 제2조에 따른 학교의 장과 그 종사자

아동학대를 예방하고, 아동의 건전한 발달과 성장을 촉진하며, 건강한 교육환경을 조성하기 위해 학교(교사)는 구체적으로 어떤 노력을 할 수 있을까?

- **아동 학대의 조기 발견**: 아동의 신체적·정신적 변화(예: 상처, 우울감, 무기력, 불안 등)에 대한 주의 깊은 관찰, 정기적인 상담활동, 아동학대 신고 창구(상담함) 마련
- **학생과의 신뢰 관계 구축**: 정기적·개별적 상담을 통해 학대 상황에서 도움을 요청할 수 있는 심리적·정서적 지원 제공
- **외부 연계기관과의 협력 체계**: 아동보호전문기관, 지역사회 내 복지(상담)센터, 경찰 등과 협력 체계를 구축하여 학대(의심) 사례 발생 시 긴밀하게 협조하여 사안에 대처
- **아동 학대 예방 교육(아동)**: 아동의 권리, 학대의 유형 및 대처 방법
- **아동 학대 예방 교육(보호자)**: 아동 학대 관련 법령 연수, 올바른 양육법, 보호자 상담
- **아동 학대 예방 교육(교직원)**: 신고 의무, 아동학대 예방 및 대처 매뉴얼 교육, 교내 신고 절차 및 대응 시스템 교육, 아동학대 사례 및 법적 변화에 대한 최신 정보 연수

4. 미래사회와 교사의 전문성

1) 변화하는 시대

인공지능(AI), 빅데이터, 사물인터넷, 초연결사회, 다문화, 기후위기, 저출산...

우리가 살아가고 있는 지역사회, 대한민국, 그리고 지구의 변화상을 단적으로 드러내는 대표적인 단어들이다. 디지털 첨단 기술이 인간의 삶에 자연스럽게 녹아들게 되었고, 이주 노동자·국제결혼의 증가 및 세계화 등으로 인해 다양한 문화가 공존하는 사회가 되었으며, 저출산 및 고령화로 인해 사회구조와 제공되는 복지 서비스의 양상이 달라졌다.

변화된 시대의 모습을 구체적으로 들여다보자. 스마트폰 하나로 집의 시스템을 제어할 수 있게 되었고, 사용자의 시청 기록이나 검색어 등을 분석하여 선호할 만한 콘텐츠를 추천해주기도 하며, 웨어러블 디바이스로 건강 상태를 스스로 점검하거나 자신에게 맞는 운동 계획을 수립·실행하는 것이 가능해졌다. 인공지능(AI)을 활용하여 단시간에 효율적으로 업무계획서를 작성할 수 있게 되었고, 공공기관이나 병원 등에서는 다양한 언어와 문화를 수용하기 위해 다국어 서비스가 제공되고 있다. 고령층의 경제활동 참여를 위한 재취업 지원 프로그램, 혼자 사는 1인 가구를 위한 맞춤형 식료품 제공 서비스와 혼밥족을 위한 식당, 다자녀 가정에 주어지는 주택 지원금이나 세금 감면 등의 각종 혜택은 우리 사회 구조의 변화를 보여주는 예라고 할 수 있다. 무엇보다 전세계적으로 기후 문제가 대두되면서 태양광 등 재생 에너지 활용 확대, 전기차 및 하이브리드차의 보급, 플라스틱 사용 제한, 도시 농업과 지속 가능한 식량 생산 등 생활 방식과 정책 전반에 있어 다양한 변화와 쟁점을 마주하게 되었다.

2) 변화하는 시대, 그리고 변화하는 교육

디지털 기술이 더욱 깊고, 더욱 자연스럽게 인간의 일상에 스며들게 되면서 학교 현장도 많은 변화를 맞이하게 되었다. 특히, 코로나19 및 스마트기기의 대중화로 인해 학생과 교사 모두 디지털 기술을 사용하는 능력이 향상되고 원격교육으로의 전환에 익숙해지면서 학교 현장의 변화는 급물살을 타게 되었다. 사회적·시대적 변화에 따라 학교 현장도 더욱 다채로운 모습으로 변화하게 될 것이다. 다수를 대상으로 한 전통적인 학교 교육 과정에서, 학습자 개개인의 수준과 학습 속도에 맞는 맞춤형 학습 시스템으로의 전환이 가속화될 것이다. 인공지능(AI)이 학생 개인의 학습 수준을 분석하여 개별적인 학습 계획을 세워주고, 학습자의 성향에 맞는 맞춤형 과제를 제시하며, 그에 대한 평가와 피드백을 제공하여 이전보다 효율적으로 학습할 수 있는 교육환경을 만들게 될 것이다.

교육현장의 변화는 그뿐만이 아니다. 기후위기, 지속 가능성, 생태 중심 환경 교육 등 다양한 주제가 이슈화되면서 학교 교육과정에도 다양한 교과목을 통해 기후 변화 관련 교육이 운영되거나 환경 문제와 관련된 체험·실천 중심의 교육이 이루어지게 되었다. 학교에서 학생과 교사가 함께 텃밭을 가꾸며 작물을 재배하고 수확한 작물로 요리를 만들어 먹거나, 플로깅(줍깅) 등 학생들이 기후 문제 해결을 목표로 다양한 활동을 직접 실천하거나 관련 캠페인을 전개하는 등 기후 위기의 심각성을 교육하는 것을 넘어 환경 문제에 주체적으로 대응하고 실천적 역량을 기르는 교육활동이 이루어지고 있다.

보건교사도 학교 내 일반 교사 또는 교과목 지도 교사와 마찬가지로 수업에 관한 전문성을 반드시 갖추어야 하므로, 사회와 시대의 변화를 민감하게 읽을 수 있는 시각을 가져야 한다. 특히, 보건교사는 건강과 지속 가능성을 연결(예: 환경친화적이고 건강한 식생활 습관은 개인의 건강뿐 아니라 지구의 건강에도 긍정적인 영향을 미칠 수 있음)하여 수업 주제로 삼을 수 있고, 실천 중심의 교육을 통해 지역사회 및 지구 환경이 건강과 밀접하게 관련되어 있음을 체감하게 도울 수 있다. 보건교사가 학교 현장에서 기후 위기 및 지속 가능성 등에 대해 수업을 설계할 때, 실천해볼 수 있는 교수·학습 활동의 간단한 예시를 소개하고자 한다.

- 기후 변화로 인한 폭염에 대처하는 요령(실내 온도 관리, 수분 섭취 등)을 학습하고, 실천을 위한 체크리스트 만들기
- 미세먼지의 현황을 살펴보고(어플리케이션, 인터넷 검색 등을 통해 데이터 확인 및 패턴 분석), 실내 공기 질 개선 방법을 실습해보기
- 기후위기가 건강에 미치는 영향 및 기후변화로 인한 질병(예: 열사병, 감염병, 알레르기 질환 등) 살펴보기, 지역사회 내에서 기후변화로 인해 발생할 수 있는 건강문제 조사하기
- 지속가능한 식생활(채식, 로컬푸드 등)이 건강에 미치는 영향을 이해하고 "채식 실천 챌린지" 계획하고 참여 후기 발표하기, "채식 요리 레시피" 공유하기
- 가공식품과 신선식품의 차이, 환경과 건강에 미치는 영향 살펴보기(건강 간식 만들고 가족·친구와 나누기: 제철 과일 샐러드, 오트밀 에너지바 등)

3) 미래를 준비하는 교사

학교 교육 현장의 다양한 변화가 교사에게 새롭게 요구하는 역할과 책임, 역량과 전문성은 무엇일까? 구체적으로 어떤 방법을 통해 교사로서의 전문성을 갖춰갈 수 있을까?

학교 현장의 변화에 발맞추어 교사의 역할에도 변화가 필요하다. 과거 교사는 주로 '지식전달자'의 역할이 강조되었으나, 최근에는 다양한 학습 콘텐츠가 개발되고 도구들이 디지털화되면서 인공지능(AI)이 정보 제공 및 학습 보조의 역할을 상당 부분 수행할 수 있게 되었다. 이에 따라 교사는 다양한 학습 도구와 콘텐츠를 학생의 특성에 맞추어 적절하게 활용할 수 있어야 하고, 학습자 개개인의 학습 방향을 설정하고 과정을 지원하고 돕는

역할을 수행할 수 있어야 한다. 또한, 다문화 및 초고령화 등 사회구조의 변화로 학습자의 사회적·문화적·경제적 배경이 다양해지면서 차이를 존중하고 협력하여 문제를 해결해가도록 돕는 '조정자'의 역할이 점차 강조되고 있다.

급진적·혁신적인 시대의 변화에도 불구하고, 여전히 변하지 않는 교사 고유의 역할이 분명히 존재한다. 인공지능을 포함한 신기술로 대체할 수 없는 영역이 바로 교사의 존재 이유이며, 교사만이 수행할 수 있는 일을 성공적으로 해내기 위해 많은 노력이 필요하다.

> •인공지능, 빅데이터 기술이 학생의 학습을 효율적으로 도와줄 수는 있다.
> 하지만 학생들의 심리적·정서적 상태를 이해하고 공감하며, 필요한 지원을 제공해줄 수 있는 일은 교사가 더 잘할 수 있다. 학생과의 깊이 있는 대화와 상담, 정서적 유대감을 강화하는 다양한 교육활동, 인간인 교사의 영역이다.
>
> •혁신적인 기술은 방대한 정보를, 빠르게, 효과적으로 정리하여 제공해줄 수는 있다.
> 하지만 제공되는 정보의 활용, 정보에 대한 가치 판단 및 윤리적 문제에 대한 교육은 교사가 해야 할 일이다. 자신에게 필요한 정보를 주체적으로 활용할 수 있는 역량을 길러주는 실질적인 교육활동, 정보의 신뢰성을 평가하고 비판적 사고를 통해 다양한 관점을 학습하는 교육활동, 인간인 교사의 영역이다.
>
> •인공지능을 활용한 학습은 개개인의 수준, 성향, 특성에 맞추어 이루어지기 때문에 개인에게 최적화된 학습환경을 만들어주기에 충분하다.
> 하지만 인간은 혼자서 살아갈 수 없다. 학교는 단순히 지식을 습득하는 공간이 아니다. 학교는 다양한 타인과 사회적 관계를 형성하고, 공동체 활동을 통해 함께 살아가는 방법을 배우며, 협력하고 소통하는 태도와 자세를 삶을 통해 익히는 공간이다. 교사는 학생 개개인의 잠재력을 최대한 발휘할 수 있도록 돕는 동시에, 학생 모두 사회와 국가가 요구하는 사회적 시민으로 성장할 수 있도록 지원하여야 한다. 지식의 성장뿐 아니라, 건강한 몸과 마음을 가꾸도록 '전인적' 성장의 기초를 마련해주어야 한다.

교사가 되면 연수, 학습공동체, 교사 간 협력 프로젝트 등을 통해 전문성을 강화하는 기회가 아주 많다. 그렇다면, 시대적 변화에 유연하게 대처하는 교사로 성장하기 위해 여러분이 현재 단계에서 준비할 수 있는 일로는 무엇이 있을까?

> •정기적 자기 계발: 트렌드에 맞는 독서, 정보 검색 등을 통해 간접 경험으로 지식 쌓기
> (예: 환경·기후 위기 관련 도서 읽기, 디지털 교육 관련 사례 검색)
> •시대적 흐름과 사회 변화에 주의 기울이기(예: 뉴스, 신문기사 자주 보기)
> •에듀테크 활용 능력 기르기: 교육용 플랫폼, 디지털 도구 사용법 익히기
> •다문화 학생, 특수교육대상학생 등 다양한 배경의 학습자 만나기
> (예: 교육봉사 등 다양한 형태의 봉사활동을 통해 교육적 지원 요구 경험해보기)

5. 교육 관련 기본 법령

교육 관련 기본 법령에 대한 정보는 법제처(www.moleg.go.kr)사이트에서, 각 지방자치단체의 자치법규는 국가법령정보센터(www.law.go.kr)사이트에서, 교육부 소관 법령정보 및 판례는 교육부(www.moe.go.kr)사이트에서 정보를 얻을 수 있다. 다음은 교육 분야의 주요한 법규 목록을 정리한 것이다.

- 교육기본법
- 유아교육법, 초·중등교육법, 고등교육법
- 국가공무원법, 교육공무원법
- 교원지위향상 및 교육활동 보호를 위한 특별법, 교원의 노동조합 설립 및 운영 등에 관한 법률

Chapter 02

학교 운영의 실무

1. 교육정보시스템 및 학교 행정

1) 기록물 작성·관리의 법적 근거

「공공기록물 관리에 관한 법률」(이하 "공공기록물법")에 따라 학교가 업무와 관련하여 생산하거나 접수한 문서·도서·대장·카드·도면·시청각물·전자문서 등 모든 형태의 기록정보 자료와 행정박물(이하 "기록물")은 투명하고 책임 있는 행정 구현과 안전한 보존 및 효율적 활용을 위해 법령 및 시·도교육청의 업무지침 등을 준수하여 관리되어야 한다(제1조·제3조).

공공기록물법에 따라 모든 공무원 등은 법에서 정하는 바대로 기록물을 보호·관리할 의무를 갖고 학교장은 기록물이 국민에게 공개되어 활용될 수 있도록 적극적으로 노력하여야 하며(제4조), 기록물의 생산부터 활용까지 모든 과정에 걸쳐 진본성·무결성·신뢰성 및 이용가능성이 보장될 수 있도록 하여야 한다(제5조). 또한, 학교장은 기록물이 전자적으로 생산·관리되도록 필요한 조치를 마련하여야 하며 전자적 형태로 생산되지 않은 기록물도 전자적으로 관리되도록 노력해야 한다(제6조). 학교는 효율적이고 책임있는 업무 수행을 위하여 업무의 입안단계부터 종결단계까지 업무수행의 모든 과정 및 결과가 기록물로 생산·관리될 수 있도록 업무과정에 기반하여 기록물을 관리하여야 한다(제16조). 생산 대상 기록물에는 주요 회의의 회의록, 주요 업무수행과 관련된 시청각 기록물 등이 포함될 수 있다(제17조). 학교 현장에서 처리될 수 있는 다양한 형태의 기록물의 예시는 다음과 같다.

- 학교 보건계획, 보건실 운영계획, 보건교육 운영계획 등 업무수행의 과정을 담은 계획(안)
  → 관련 및 근거(법령, 시·도교육청 업무매뉴얼, 지침 등), 운영목적, 운영방침, 세부추진내용(일시, 대상, 장소, 예산 등) 등을 포함
- 주요 업무 수행 후의 결과
  → 현장체험학습 운영을 위한 사전답사 후 결과 보고, 각종 예방교육 실시 후 결과 보고(사진, 추진내용 및 결과 설명 등을 포함)
- 주요 회의 또는 협의회의 결과
  → 회의록, 서명부(등록부)
  ※ 회의록 또는 등록부에 서명이 포함된 경우, 비전자문서로 관리가 필요할 수 있음

2) 문서관리 업무의 이해

업무 처리 과정에서 다루게 되는 기록정보 자료의 대부분은 전자문서 형태로 처리되고 전자시스템 상으로 생산·분류·정리·이관·보존·공개 등의 방식으로 관리된다. 공식적인 협의회의 서명부(등록부)나 회의록 등 비전자 형태로 생산한 기록물의 경우에도 생산연도, 보존기간 등에 따라 기록물을 정리하고 표지로 편철하여 관리하는 동시에 'K-에듀파인(업무관리)' 상에 비전자문서로 등록하여 관리된다. 기록물을 관리하는 행위는 학교에서 수행한 업무의 근거 또는 배경, 과정 및 결과를 공적 문서의 형태로 남겨 업무의 전체 흐름을 파악할 수 있도록 하고 업무 담당자가 바뀌어도 지속적으로 업무를 수행할 수 있는 체계를 마련해준다.

'K-에듀파인'은 2020년 기존의 에듀파인과 업무관리시스템을 통합하여 업무를 처리하는 시스템으로 각종 운영계획(문서) 기안 및 결재, 교내 결재 문서 확인, 예산 품의 등 다양한 업무를 수행하는 데 사용된다. 'K-에듀파인'에서 주로 처리하는 업무는 다음과 같다.

- 학교 보건계획, 보건실 운영계획, 보건교육 운영계획, 결과 보고 등 각종 문서의 기안, 결재 및 외부 기관 발송
- '문서등록대장'을 통해 교내 주요 업무 관련 문서의 내용 확인(열람)
- '자료집계시스템'을 통해 각종 예방 교육 실시 결과(실적), 예산 신청 및 집행현황, 명단 제출(예: 연수 참여 명단, 업무 담당자 명단 등) 등 각종 요구자료 제출
- 인사발령 시, 업무 인계인수 처리 등

3) 기록물(공문서) 작성 방법 예시

구분	내용
제목 작성	•제목은 기안문(본문) 및 붙임 파일(예: 세부 운영 계획서 등)의 내용을 포괄할 수 있는 문장으로 작성 •문서의 내용을 간단하고, 명확하게 요약하여 알기 쉽게 작성
항목 표시	•문서의 내용이 여러 항목으로 구분되는 경우에는 '1. → 가. → 1) → 가) → (1) → (가) → ①'의 순서대로 표시함 (작성 예시) 1. 모두를 위한 학교 보건 교육 가. 학생 맞춤형 보건 교육 1) 학생 건강 검사 실시 가) 학생 건강 검사 일정 나) 학생 건강 검사 실시 방법 다) 학생 건강 검사 결과 처리 2) 학생 체력 검사 실시 가) 체력 검사 실시 일정 및 방법 나) 체력 검사 결과 처리 3) 보건 교육 교육과정 수립 및 운영 가) 건강검사 및 체력 검사 결과 기반 교육과정 수립 나) 보건 교육 교육과정 세부 운영 방법 다) 보건 교육 교육과정 평가 나. 교직원 역량 강화 … (중략) 2. 학교 보건실 운영 가. 학교 보건실 운영 계획 수립 … (중략) •위의 항목 구분 이외에도, 특수한 기호(◈, ○ 등)를 사용하여 표시할 수도 있음
'관련' 작성	•해당 공문서 작성의 근거가 되는 관련 공문 기재 •관련 문서는 앞선 날짜의 공문부터 기재함 (작성 예시) 1. 관련 가. 생활교육과-3542(2025.3.22.) 나 중등교육과-3990(2025.4.1.)
'붙임', '끝' 작성	•공문서의 본문 내용이 끝난 다음 붙임 파일에 첨부할 문서의 명칭과 수량을 표시함 •'붙임' 다음 2타 띄어쓰기 •문서 수량 기재 후, '끝' 쓰기 전 2타 띄어쓰기 (작성 예시) 1. 관련: 행정지원과-2442(2025.3.29.) 2. 2025학년도 학교 보건실 시설 구축을 위한 예산 내역을 붙임과 같이 제출합니다. 붙임∨∨2025학년도 학교 보건실 시설 예산 내역 1부.∨∨끝.

4) 학교회계의 이해

'학교회계제도'란 학교교육의 질적 수준을 높이기 위하여 단위 학교에서 자율적으로 예산안을 편성하고, 집행 및 결산 등의 전 과정을 기록·분석하여 예산이 투명하게 운용될 수 있도록 재정 운용 방식을 법적으로 규정한 제도를 말한다. 초·중등교육법 개정 및 국립 및 공립 초·중등학교 회계규칙의 제정에 근거하여 2001년 '학교회계제도'가 도입·시행되었고, 2010년 에듀파인(Edufine) 학교회계시스템이 전면 도입되었으며, 2020년에는 '차세대 지방교육행·재정통합시스템(K-에듀파인)'이 구축되어 현재에 이르게 되었다.

학교의 예산은 학교운영위원회의 심의를 거쳐 확정되며 학부모 및 교직원에게 예산의 편성·심의·집행·결산 등 주요한 자료 및 결과를 공개하여야 한다. 학교회계는 학교의 설립 목적 및 교육과정에 근거하여 건전하게 관리·운영되어야 하며, 목적에 맞게 예산이 사용될 수 있도록 해야 한다. 학교는 독립적인 회계 단위로서 다양한 재원을 통해 예산을 구성하며, 학교의 예산은 사업(프로그램) 중심으로 편성·운영된다. 다음은 보건실 운영과 관련된 예산 항목 및 세부 내용에 관한 예시이다.

예산 항목	주요 내용
소모성 용품 구입비	체온계, 밴드, 마스크, 위생장갑, 알코올, 여학생 위생용품 등
기자재 구입비	자동 제세동기(AED), 간이침대, 수납장, 의자, 책상 등
약품 구입비	일반 상비약(해열제, 소화제, 진통제 등) 외용약품(연고류, 소독약, 파스 등)
보건교육 운영비	보건교육용 교재·교구 구입, 보건교육 자료 제작비, 심폐소생술교육 운영비 등
접종 및 검진비	학생 정기건강검진 비용, 소변검사비, 예방접종 지원금 등
기타	침구류 세탁, 기자재 수리 등

2. 학교 교육과정의 편성 및 운영

학교 교육과정은 국가 수준의 교육과정을 바탕으로 각급 학교의 자율성에 따라 설계·운영된다. 국가 수준 교육과정 구성의 배경 및 중점, 추구하는 인간상, 핵심역량, 학교급별 목표 등 세부적인 내용은 7장에 자세히 다루었으니 참고하기 바란다. 이 장에서는 학교 교육과정 설계·운영의 절차 및 방법과 설계 과정에서의 유의점, 실제 운영되고 있는 학교 교육과정의 다양한 사례를 중점적으로 살펴봄으로써 학교 교육과정 운영 전반에 관한 기본적인 내용을 다루고자 한다.

1) '학교 교육과정'의 이해

학교 교육과정은 광의의 의미로 학교에서 학생이 경험하는 총체 또는 학교가 제공하는 경험의 총체라고 정의해볼 수 있고, 협의의 의미로 학교에서의 교육목표와 경험 혹은 내용·방법·평가를 체계적으로 조직한 교육 계획이라고 정의해볼 수 있다(경상북도교육청연구원, 2023). 교육과정 결정에 대한 학교의 자율성이 지속적으로 확대되면서 단위 학교 및 교사의 역할은 교육과정을 최종 결정·개발하는 것으로 확대되었다. 국가·지역 수준의 교육과정은 표준화·일반화·문서화된 지침으로 제공되고 학교는 이를 바탕으로 학교의 상황과 여건, 학생의 발달단계 및 교육적 요구, 교사의 교육적 철학 등을 반영하여 창의적인 학교 교육과정을 편성·운영하게 된다. 그러므로 교사는 교육과정 편성·운영을 위해 교육과정 문서를 읽고 해석하여 학교 및 학급의 상황에 맞게 재구성·적용할 수 있는 전문성을 반드시 갖추어야 한다.

2) 학교 교육과정 편성·운영 단계

학교는 국가 및 시·도 교육과정을 바탕으로 각 학교의 실정에 맞는 교육과정을 만들기 위해 학교 교육 목표, 학생 실태, 학부모와 지역사회의 의견, 교사의 역량 등을 종합적으로 고려하여 교육과정 편성에 대한 준비를 한다. 학년별 교육 내용 및 교과목, 시수, 선택과목 등을 편성하여 교육과정을 수립한 뒤 교사는 실제 수업을 실행하고 수업 후 교육과정에 대한 평가를 통해 다음 해 교육과정을 구성하게 된다. 학교 교육과정의 편성·운영 절차와 방법을 간략하게 소개하고자 한다.

단계	절차 및 방법
준비	•학교교육과정위원회 구성 •국가 수준 교육과정 및 전년도 학교 교육과정 분석 •학생, 학부모, 학교, 지역 등 교육과정 편성을 위한 실태 조사 : 설문지, 면접 등 다양한 방법 활용 •학교 철학, 중장기 발전 계획 수립 •학교 교육목표 및 주요 교육활동 선정
편성	•교과(군), 창의적 체험활동 연간 운영 계획 수립 •편제, 시간 배당, 수업 일수 및 수업 시수 등 결정(교원 현황 고려) •학교 교육과정 운영 계획(안) 심의(학교운영위원회)
운영	•학교 교육과정 운영 및 점검 : 수시 피드백을 통한 학교 교육과정 운영의 질 제고 •학교 교육과정 운영 역량 강화 : 전문적 학습 공동체 등을 활용한 지속적인 연수 실시

평가	•학교 교육과정 운영 평가 : 교직원 회의, 워크숍, 연수 등 활용 •다음 학년도 교육과정 수립을 위한 반성 및 성찰

특히, 보건교사는 국가 교육과정 및 관련 고시 등에 명시된 보건 교과의 성취기준, 보건 관련 교육 시수 등을 토대로 학교 자체의 보건교육 계획서를 수립하게 된다. 학교 특성에 따라 성교육, 정신건강교육, 감염병 예방 교육, 흡연 및 음주 예방 교육, 약물 예방 교육 등 주제를 추가하거나 교과 및 창의적 체험활동, 체험학습 등과 연계하여 운영할 수 있기 때문에 학교 교육과정의 내용을 숙지하면 유용하다.

3) 학교 교육과정 설계·운영 상의 유의점

학교는 학생의 특성과 교육적 요구, 학교의 교육 시설·설비, 교직원 구성 등 다양한 여건과 환경을 종합적으로 고려하여 학생의 잠재력을 최대화할 수 있도록 교육과정을 구성하게 된다. 학교 교육과정은 모든 교원의 참여를 통해 수립되고, 학교 교육과정 운영에 관한 평가를 통해 다음 학년도의 교육과정을 세워나가게 된다. 다음은 '초·중등학교 교육과정(국가교육위원회 고시 제2024-3호)' 총론에서 제시한 학교 교육과정 설계의 원칙 중 주요한 내용을 정리한 것이다. 교사가 자신의 수업을 설계하는 단계에서도 아래의 원칙을 참고한다면, 수업의 질을 높이는 데 많은 도움이 될 것이다.

- 학습자의 발달 수준에 적합한 폭넓고 균형 있는 교육과정을 통해 다양한 영역의 세계를 탐색해보는 기회를 제공하고, 학습자의 전인적인 성장·발달이 가능하도록 학교 교육과정을 설계하여 운영한다.
- 학교 교육 기간을 포함한 평생 학습에 필요한 기초소양과 자기주도 학습 능력을 갖출 수 있도록 지원하며 학습 격차를 줄이도록 노력한다.
- 학교는 가정 및 지역과 연계하여 학생이 건전한 생활 태도와 행동 양식을 가지고 학습할 수 있도록 지도한다.
- 학교는 학습 공동체 문화를 조성하고 동학년 모임, 교과별 모임, 현장 연구, 자체 연수 등을 통해서 교사들의 교육 활동 개선이 이루어지도록 한다.
- 학교는 학교 교육과정 설계·운영의 적절성과 효과성 등을 자체 평가하여 문제점과 개선점을 추출하고, 다음 학년도의 교육과정 설계·운영에 그 결과를 반영한다.

수립된 학교 교육과정이 구현되고 교육과정을 통해 학습한 학생들의 성취도를 평가하는 일련의 과정은 교사의 '수업'을 통해서 이루어진다. 아무리 학교 교육과정이 훌륭하게 세워졌다 하더라도 그것을 실제로 실천하는 것은 교사의 몫이다. '초·중등학교 교육과정(국가교육위원회 고시 제2024-3호)' 총론에서는 교수·학습 및 평가 과정에서 고려해야 할 원칙과 유의사항을 제시하여 두었으며, 주요한 내용은 다음과 같다.

- 단편적 지식의 암기를 지양하고 지식·이해, 과정·기능, 가치·태도의 내용 요소를 유기적으로 연계하며 학생의 발달 단계에 따라 학습 경험의 폭과 깊이를 확장할 수 있도록 수업을 설계한다.
- 교과 내 영역 간, 교과 간 내용 연계성을 고려하여 수업을 설계하고 지도함으로써 학생들이 융합적으로 사고하고 창의적으로 문제를 해결하는 능력을 함양할 수 있도록 한다.
- 학습 내용을 실생활 맥락 속에서 이해하고 적용하는 기회를 제공함으로써 학교에서의 학습이 학생의 삶에 의미 있는 학습 경험이 되도록 한다.
- 교과의 깊이 있는 학습에 기반이 되는 언어·수리·디지털 기초소양을 모든 교과를 통해 함양할 수 있도록 수업을 설계한다.
- 학습 주제에서 다루는 탐구 질문에 관심과 호기심을 가지고 스스로 문제를 해결하는 학생 참여형 수업을 활성화하며, 토의·토론 학습을 통해 자신의 생각을 표현하는 기회를 가질 수 있도록 한다.
- 실험, 실습, 관찰, 조사, 견학 등의 체험 및 탐구 활동 경험이 충분히 이루어질 수 있도록 한다.
- 개별 학습 활동과 함께 소집단 협동 학습 활동을 통하여 협력적으로 문제를 해결하는 경험을 충분히 갖도록 한다.
- 학생의 선행 경험, 선행 지식, 오개념 등 학습의 출발점을 파악하고 학생의 특성을 고려하여 학습 소재, 자료, 활동을 다양화한다.
- 다문화 가정 배경, 가족 구성, 장애 유무 등 학습자의 개인적·사회문화적 배경의 다양성을 이해하고 존중하며, 이를 수업에 반영할 때 편견과 고정관념, 차별을 야기하지 않도록 유의한다.
- 학습의 결과만이 아니라 결과에 이르기까지의 학습 과정을 확인하고 환류하여, 학습자의 성공적인 학습과 사고 능력 함양을 지원한다.
- 학생에게 배울 기회를 주지 않은 내용과 기능은 평가하지 않는다.

3. 수업 연구 및 학급 운영

1) 수업 설계에 앞서 필요한 고민과 성찰

교사 간 협의회, 학교운영위원회 심의·자문 등 다양한 절차를 거쳐 수립된 학교 교육과정을 교실 수준에서 적용할 때 교사가 가장 먼저 고려해야 할 사항은 무엇일까?

훌륭한 교수·학습 전략이나 학습 내용을 조직적·체계적으로 전달하기 위한 고민에 앞서, **교사로서 어떠한 철학과 가치관을 가지고 학생을 교육할 것인지 그리고 자신의 수업을 통해 학생이 어떠한 진보와 성장을 보이길 바라는지 명확한 방향을 설정하는 것**이 중요하다. 본격적으로 수업을 준비하기에 앞서 다음 질문을 포함한 고민과 성찰의 시간을 갖는다면, 수업의 질을 높일 수 있을 뿐 아니라 수업을 통해 학생과 함께 교사 자신도 성장하게 될 것이다.

Q1. 수업 전 성찰
- 내가 이 수업을 통해 어떤 배움과 성장이 일어나길 기대하는가?
- 이 수업은 학생들의 삶에 있어 어떤 의미를 지니는가?

Q2. 수업의 목표
- 이 수업의 목표는 무엇인가?

-수업의 목표는 (국가, 학교) 교육과정이 추구하는 인간상, 기르고자 하는 핵심역량과 어떤 관계가 있는가?
-수업의 목표는 학생들에게 의미 있는 변화를 가져오기에 충분한가?

Q3. 수업 내용

-목표를 달성하기 위해 학생들은 어떤 내용을 배우게 되는가?
-학습 내용은 학생들의 삶에 유익한가?

Q4. 수업 방법

-학생들이 학습 내용을 효과적으로 배우기 위해 어떤 방법(전략)을 사용할 것인가?
특히, 학생들이 수업에 주도적·능동적으로 참여하도록 어떤 방법(전략)을 사용할 것인가?

Q5. 평가 및 적용

-수업에서 학습한 내용을 충실하게 평가하기 위한 방법을 고안하여 실시했는가?
-이 수업을 통해 배운 내용을 실제 학생의 삶에 적용하기 위한 방법은 무엇인가?
-수업 후, 학생들은 의미 있는 성장과 변화 및 발전을 경험했는가?
-학생들에게 평가 결과에 대한 피드백을 제공하여 수업 전과 후의 진보를 성찰하도록 지원하였는가?
-평가 결과를 토대로 자신의 수업을 개선하고자 노력하였는가?

또한, 학교 교육과정을 실제 수업에 적용할 때에는 교육과정을 통해 배우게 되는 대상인 학생에 대한 모든 변수를 꼼꼼하게 고려해야 한다. 교사는 학급 내 모든 학생의 특성, 배경 등을 정확히 파악할 수 있어야 하며 교육의 기회나 학습 경험에 있어서 동등하게 기회가 보장되는 교육환경을 조성할 수 있어야 한다.

2) 교사 교육과정의 개념과 실천

교사 교육과정은 국가·지역 수준의 교육과정 기준 및 지침을 바탕으로 편성된 학교 교육과정을 반영하여 학년(학급) 단위로 교사가 직접 설계·운영하는 실천적인 교육과정을 말한다. 즉, 전국 초·중등학교 공통 교육과정의 일반적인 기준과 내용을 담고 있는 **국가 교육과정**을 바탕으로 지역의 특수성이 반영된 **지역 교육과정**이 개발·운영되고, **학교 교육과정**에 담긴 학교의 비전·철학 및 교사 개인의 철학·신념을 기반으로 학생과 교사가 함께 만들어가는 교육과정이 바로 **'교사 교육과정'**이다.

교사 교육과정은 교사가 자신의 자율성과 전문성을 기반으로 교육과정을 해석·창조하여 실제 수업 장면에서 유연하게 구성·운영되는 교육과정이다. 교사 교육과정은 교사 개인의 교육과정을 말하는 것이 아니라 학교가 제시해야 하는 공동의 비전과 중점 교육과 같은 '공동체성'을 반영하여 설계하는 것이며, 국가·지역·학교 교육과정은 교사 교육과정과 위계적 관계에 위치하는 것이 아닌 교사 교육과정을 지원하는 관계이다(서울특별시교육청교육연구정보원, 2022). 교사 교육과정을 설계하여 교육과정을 수립하고 실행한 뒤 성찰하는 일련의 단계를 다음과 같이 정리해볼 수 있다.

단계	방법
교육과정 설계	•국가 – 지역 – 학교 수준 교육과정 분석 : 교육과정 총론 및 각론(해설서), 교과서, 교사용 지도서 등을 세밀하게 분석하여 학급(교과)에서 적용할 수 있는 시사점 발견하기 •연간(주당) 수업 시수에 맞게 교육활동 구성하기 •교사의 교육철학, 교육 목표, 가치관을 바탕으로 교육목표 수립하기 •학생들의 특성 파악하기(설문지, 상담 등을 활용) : 성별, 연령, 신체적·정서적·사회적 특성, 흥미, 적성, 특기 등 : 학생들의 발달단계를 고려한 중점 지도 사항 추출하기 •교육과정 성취기준 – 교육목표 – 교육활동 – 수업 – 평가 등 일련의 과정이 유기적으로 연계될 수 있도록 교육과정 설계하기 •학급(교과) 특색활동, 중점 교육활동 설정 (예) 생태 전환교육 / 독서교육 / 민주시민교육 : 교과 및 창의적 체험활동과 연계하기
교육과정 실행	•수업 및 생활지도를 통해 교사 교육과정 실천하기 •학생의 흥미, 학습 스타일, 배경지식, 적성 등에 맞는 수업 전략 활용 •학생과의 상호작용을 통한 교육과정 피드백
교육과정 성찰	•교사 자기 기록, 수업 나눔, 학생 수행 결과물 등을 통해 교육과정 반성 •학생, 교사의 성장 살펴보기

다음은 보건교사가 보건교육 운영 시 활용할 수 있는 '교사 교육과정' 실행 사례의 예이다. 제시된 사례를 통해 교육 현장에 맞는 교육과정 재구성 및 실현에 관해 학습하기 바란다.

수업 단원(제재)	실행 사례(수업 내용 및 방법)
건강증진 및 질병 예방	•자신이 경험하는 건강 문제 및 예방·관리 방안 조사하기 •우리 학급 친구들의 건강 문제 조사하여 발표하기 •다양한 건강 옹호 활동 사례 실천하기 (예: 흡연 예방 4컷 만화 그리기, 올바른 성 인식을 위한 캠페인)
약물 중독 바로 알기	•일상 속 카페인 섭취량 조사하기 •약물 권유에 대해 적절히 대처하기(역할놀이)
건강한 자아상	•자아 존중감이 높아졌던(낮아졌던) 경험 공유하기 •건강한 자아상 형성을 위한 응원 문구 만들기
성 문화와 성 의식	•성 의식 및 성 태도 조사를 위한 설문지 문항 분석해보기 •평등한 문화 조성을 위한 다양한 편견(차별) 사례 조사하기 •일상 속 양성평등 실천 의식 확산을 위한 작품 공모전 개최
건강 문제 해결	•상황별 응급 처치법 학습을 위한 픽토그램 만들기 •심폐 소생술 시행 단계에 따른 자가 점검표 작성하기

3) 학급 운영의 이해

학생들의 새 학기는 3월에 시작되지만, 학생들을 맞이하기 위한 교사의 새 학기는 3월 이전부터 시작된다. 3월에 새 학기, 새 학년을 맞이하기 위해 교사들은 학교 교육과정을 파악하고 새로운 1년을 만들어가기 위해 다양한 준비를 한다. 학교의 교육과정 공유, 학년·학급 교육과정 편성, 개학 첫날 제출·작성할 각종 자료 확인, 교실 청소 및 정리 정돈, 기초 시간표 및 하루 일과표 게시, 학급 안내판 정리 등 학생을 맞이할 준비를 한다.

학급 운영을 위한 기본적인 준비 및 실제 학급 운영에 관하여는 '학급 상황 진단 및 학생 배경 조사'와 '학습 및 생활지도 관리 활동'으로 영역을 나누어 실질적으로 수행하여야 할 일을 정리해볼 수 있다.

◈ 학급 상황 진단 및 학생 배경 조사

※ 가정환경 조사(예: 가정의 경제·문화적 배경, 가족관계, 가정의 분위기 등) 시에는 지나친 개인정보 수집이 되지 않도록 유의

- **전체적 특성**: 학생 수, 성별, 교우 관계, 학급 분위기, 학습 수준 등
- **학생 특성**: 적성, 특기, 흥미 및 취미, 좋아하는 음식·과목·색깔·놀이·친구, 현재 고민 등
- 다문화학생, 특수교육대상학생 등에 대한 현황 파악
- 학부모(보호자)가 자녀에게 바라는 것, 학부모(보호자)가 바라는 장래희망 파악
- **학생의 건강 상황**: 체질, 약물 복용 여부, 건강문제, 급식(알레르기 등)
- **기타**: 학습 습관, 여가 활용, 보호자가 학교에 부탁하고 싶은 일 등 조사

◈ 학습 및 생활지도 관리 활동

- **학급 관리**: 시간표 작성 및 관리, 학급안내판(교실게시판) 관리, 조·종례 지도, 쉬는 시간 및 급식 시간 지도, 학교 및 학급 행사, 학급 특색활동, 창의적 체험활동, 학급회 운영(임원 선출 및 활동 지도), 학급규칙 만들기, 학급 공동체 활동 기획 및 운영, 아침시간 활용
- **교실 관리**: 학급 환경 관리(청소, 게시물, 채광, 통풍, 냉난방 등), 학급 물품(사물함, 책상, 의자, 신발장 등) 관리
- **기록 관리**: 비상연락망, 학교생활기록부 관리, NEIS 기록, 학생 평가 관리
- **생활지도**: 인성교육, 진로 지도, 학업문제 상담, 학교생활 적응 지도(복장, 학용품, 소지품 등 보건위생), 교우관계, 급식 지도 및 안전 생활 지도
- **교과 수업 운영**: 기초학력수준 진단, 맞춤형 학습 방법 계획, 수업 운영에 관한 피드백, 수행평가, 위기학생 및 기초학력미달 학생 등에 대한 개별 지도
- **기타**: 학부모 상담, 외부 유관기관 연계 및 관리, 지역사회 내 활동 기획 등

4) 학급 운영의 실제

학급 운영 시 유의할 점은 학년별 학생들의 발달단계의 특성을 고려해야 한다는 것이다. 예를 들어, 저학년 학생들의 경우 에너지가 넘치고 새로운 환경에 대한 호기심은 강하나 자기중심적인 경향이 남아 있어 사소한 일로도 다투거나 싸우는 일이 잦을 수 있다. 또한,

고학년 학생들의 경우에는 학생들 간 학업수행 수준 및 학력 차이가 커지고 또래 집단이 강하게 형성되며 신체적·정신적·정서적 변화가 두드러진다는 점을 인지할 필요가 있다.

학급 내에서 교사와 학생들은 하나의 공동체로서 함께 1년이라는 시간을 보내기 때문에, 교사에게는 소통과 이해를 바탕으로 한 민주적인 학급 운영이 요구된다. 이에 우리 학급만의 독창적이고 특색있는 학급 활동 또는 교사 교육과정에 의한 독창적인 교육활동은 학생들의 관심과 흥미를 자극하여 자발적인 참여를 유도하고 교사와 학생, 학생과 학생 간 유대감을 강화하여 학급 운영의 효율성을 높일 수 있다. 또한 학생들의 특성을 반영한 맞춤형 교육을 통해 다양한 교육적 요구를 충족할 수 있으며, 획일화·정형화된 교육에서 벗어난 실생활과 연계된 활동을 통해 학생들의 문제해결능력과 창의력을 향상시킬 수 있다.

다음은 교사가 설계한 교육과정에 의해 이루어지는 **다양한 학급 특색 활동**의 사례이다.

◈ 교사 교육과정에 의한 다양한 학급 특색 활동 사례

- 민주적인 학급 문화 만들기: '우리의 규칙은 우리가 정해요!'
- 우리 동네 그림 지도 그리기: 우리 마을 구석구석 살펴보기, 생태 환경 지킴이 프로젝트
- 아침시간 그림책 읽기 프로젝트: 모두 모여 함께 그림책 읽기
- 놀이로 성장하는 우리 반: 교과와 연계한 보드게임 즐기기!
- 친구와 함께 글쓰기: 모둠별로 다양한 장르(동시, 소설, 수필 등)의 글 써보기
- 몸도 튼튼, 마음도 튼튼 우리반!: 쉬는 시간, 점심시간을 활용한 틈새 체육활동
- 다양한 학급 캠페인을 통해 학습 내용 실천하기

4. 학생평가 및 학교생활기록 관리

1) 학생 평가의 이해

학생평가는 교육과정 성취기준을 분석하여 평가 요소를 선정하고, 성취기준에 부합하는 평가도구를 개발하여 평가를 시행한 뒤, 결과에 대한 피드백을 제공하여 학생의 교육목표 도달도를 확인하는 일련의 과정을 말한다. 지필평가 문항은 선택형 문항(진위형, 배합형, 선다형)과 서답형 문항(완성형, 단답형, 서술형, 논술형)으로 구성될 수 있다. 수행평가는 구술·발표, 토의·토론, 프로젝트, 포트폴리오, 실험·실습 등 다양한 유형의 과제를 통해 실시될 수 있다. 교사는 분석한 평가 결과에 관한 정보를 학생에게 제공하여 학생이 스스로 잘한 점, 개선점, 수행에서의 오류 등을 파악하고 앞으로의 학습 방향을 스스로 설정할 수 있도록 돕는다. 다음은 교육부(2024)의 「학교생활기록부 기재요령(중학교, 고등학교)」을 토대로 학생 평가 목표 및 방침, 평가 계획 및 평가 운영 등에 관한 주요 내용을 정리한 것이다.

평가의 목표 및 방침

- 교과학습의 평가는 학생의 교육 목표 도달도를 확인하고 교수·학습의 질을 개선하는 데 주안점을 둔다. 또한, 교수·학습과 평가활동이 일관성 있게 이루어지도록 하며, 평소 학교에서 가르친 내용과 기능에 대하여 학생 개개인의 교과별 성취기준·평가기준에 따른 성취도와 학습 수행과정을 평가하는 방법을 적용한다.
- 교과학습의 평가는 지필평가와 수행평가로 구분하여 실시한다. 다만, 시·도교육청의 학업성적관리 시행지침에 따라 학교별 학업성적관리규정으로 정하여 수행평가만으로 평가할 수 있다.
- 교과학습의 평가 및 관리의 객관성·공정성·투명성과 신뢰도를 높이기 위하여 학교별 각 교과(학년) 협의회와 학업성적관리위원회를 구성하고, 그 기능을 강화한다.
- '공교육 정상화 촉진 및 선행교육 규제에 관한 특별법' 제8조제3항에 따라 지필평가, 수행평가 등 학교 내 학교 시험 및 각종 교내대회에서 학생이 배운 학교교육과정의 범위와 수준을 벗어난 내용을 출제하여 평가하지 않도록 유의한다.

주요 용어 정의

- 수행평가: 교과담당교사가 교과 수업시간에 학습자들의 학습과제 수행 과정 및 결과를 직접 관찰하고, 그 관찰 결과를 전문적으로 판단하는 평가 방법이다.
- 성취기준: 학생들이 교과를 통해 배워야 할 내용과 이를 통해 수업 후 할 수 있거나 할 수 있기를 기대하는 능력을 결합하여 나타낸 활동의 기준을 의미하며, 학생의 특성·학교 여건 등에 따라 교육과정 및 교과서 내용을 분석하여 교과협의회를 통해 재구조화할 수 있다.

평가 계획 수립

- 교과학습의 평가 계획은 각 과목의 교육과정 및 학교·교과의 특성을 감안하여 교과(학년) 협의회에서 수립하고, 이를 학교 학업성적관리위원회의 심의를 거쳐 학교장이 최종 결정한다.
- 평가 계획에는 각 교과(학년)별 지필평가 및 수행평가의 평가 영역·요소·방법·횟수·반영비율·수행평가 세부기준(배점) 등과 성적처리방법 및 결과의 활용 등을 포함한다.

평가 운영

- 지필평가 문제는 타당도, 신뢰도를 제고할 수 있도록 출제하고 평가의 영역, 내용 등을 포함한 문항정보표 등 출제 계획을 작성하여 활용하며 동일 교과 담당교사 간 공동 출제를 한다.
- 지필평가는 문항별 배점을 표시하여 가급적 100점 만점으로 출제하고 문항의 수준별 난이도의 배열에 유념한다.
- 시·도교육청의 학업성적관리 시행지침에 따라 학업성적관리규정에 지필평가 관련 보안 규정과 시험지 유출 시 처리기준을 마련하고, 평가 문제는 출제·인쇄 및 평가의 전 과정에서 보안이 유지되도록 철저히 관리한다.
- 정규교육과정 외에 학생이 수행한 결과물에 대해 점수를 부여하는 과제형 수행평가는 실시하지 않는다.
- 수행평가의 점수는 점수화가 가능한 영역의 점수만 반영하되 기본점수의 부여 여부, 부여 점수의 범위 등은 시·도교육청의 학업성적관리 시행지침에 따라 학교의 학업성적관리규정으로 정한다.
- 시·도교육청의 학업성적관리 시행지침에 따라 학업성적관리규정에 지필평가 및 수행평가의 이의신청 절차를 마련하고, 이의신청이 있을 때에는 절차에 따라 면밀히 검토하여 처리하여야 한다. 또한, 평가문항의 이의신청에 따른 오류 검증을 위해 필요시 외부 전문가의 자문을 받을 수 있다.

기타(장애학생의 평가조정)

- 각급 학교에서는 시·도교육청의 학업성적관리 시행지침에 따라 학교별 학업성적관리규정에 장애학생의 평가조정 규정을 정하여 시행한다.

- 장애학생의 장애 유형과 정도에 따라 필요시 별도의 평가장 설치·운영, 대독, 대필, 보조기기, 보조인력 등 적절한 평가조정을 지원한다.
- 점자를 사용하는 시각장애학생을 위해 점자 평가자료를 제공하고, 필요시 음성 평가자료를 지원하며, 시험시간을 매 교시별 1.7배 연장한다. 또는 묵자(일반문자)를 사용하는 시각장애학생을 위해 확대독서기(개인 지참 가능) 또는 확대/축소 평가자료(118%, 200%, 350% / A4 중 택1)를 제공하고, 시험시간을 매 교시별 1.5배 연장한다.
- 지체장애학생 중 뇌병변 장애학생을 위해 시험시간을 매 교시별 1.5배 연장하고, 상지 기능 장애로 평가 수행이 어려운 경우에는 대필을 지원한다.
- 보청기나 인공와우를 착용한 학생을 포함하여 청각장애학생이 듣기평가에 참여하기 어려울 경우 지필 평가로 대체한다.
- 학생의 장애가 심하거나 그 밖의 사유로 추가적인 평가조정이 필요한 경우에는 학교 학업성적관리위원회 심의를 거쳐 평가시간 연장 등 필요한 지원 사항을 결정할 수 있다.

출처: 교육부, 17개 시·도교육청 및 한국교육과정평가원(2024), 「학교생활기록부 기재요령(중학교, 고등학교)」.

2) '학교생활기록부'의 이해

초·중등교육법 제25조(학교생활기록) 및 동법 시행규칙 제21조에 근거하여 학교의 장은 학생의 학업성취도와 인성(人性) 등을 종합적으로 관찰·평가하여 학생지도 및 상급학교의 학생 선발에 활용할 수 있는 다음의 자료를 교육부령으로 정하는 기준에 따라 작성·관리하여야 한다. 학교의 장은 다음 자료를 교육정보시스템('나이스')으로 작성·관리하여야 하며, 소속 학교의 학생이 전출하면 해당 자료를 전입한 학교의 장에게 넘겨주어야 한다. 특히, 초·중등교육법 제30조의5(정보시스템을 이용한 업무처리) 제2항에 따라 '학교보건법' 제7조의3에 따른 건강검사기록은 **정보시스템을 이용하여 처리**하여야 한다.

항목 (초·중등교육법 제25조 제1항)	기재 내용 (초·중등교육법 시행규칙 제21조)
1. 인적사항	학생의 성명, 주민등록번호 및 주소 등
2. 학적사항	학생이 해당 학교에 입학하기 전에 졸업한 학교의 이름, 졸업 연월일 및 재학 중 학적 변동이 있는 경우 그 날짜·내용 등
3. 출결상황	학생의 학년별 출결상황 등
4. 자격증 및 인증 취득상황	학생이 취득한 자격증의 명칭, 번호, 취득 연월일 및 발급기관과 인증의 종류, 내용, 취득 연월일 및 인증기관 등
5. 교과학습 발달상황	학생의 재학 중 이수 교과, 과목명, 평가 결과 및 학습활동의 발전 여부 등
6. 행동특성 및 종합의견	학교 교육 이수 중 학생의 행동특성과 학생의 학교교육 이수 상황을 종합적으로 이해할 수 있는 의견 등
7. 그 밖에 교육목적에 필요한 범위에서 교육부령으로 정하는 사항	•학교정보: 학생의 재학 중 학년, 반, 번호 및 담임 교원의 성명 등 •학생의 수상경력: 학생이 중학교나 고등학교 교육과정 이수 중

	수상한 상의 명칭, 등급·등위, 수상시기 및 수여기관 등 •학생의 창의적 체험활동 상황: 학생이 재학 중 실시한 자율·자치활동, 동아리활동 및 진로활동 등 •학생의 독서활동 상황: 학생이 중학교나 고등학교 교육과정 이수 중에 읽은 책의 제목 및 저자 등 •학생의 자유학기활동 상황: 학생이 자유학기 중에 실시한 자유학기활동 결과 •학교폭력 조치상황 관리: '학교폭력예방 및 대책에 관한 법률' 제17조제1항에 따른 조치사항 및 그 내용

3) '학교생활기록부' 기재요령

'학교생활기록 작성 및 관리지침'(교육부훈령 제477호)에는 인적·학적사항, 출결상황, 수상경력, 자격증 및 인증 취득상황, 교과학습발달상황 등 학교생활기록의 작성 및 관리 방법에 필요한 사항을 규정하고 있다. 또한, 교육부, 17개 시·도교육청 및 한국교육과정평가원에서 2024년 2월 발행·배포한 '학교생활기록부 기재요령(중학교, 고등학교)'에 학교생활기록의 작성 및 관리 방법이 구체적으로 안내되어 있다. 학교생활기록부 기재요령은 학교생활기록부 작성 및 관리의 표준화를 통해 학교생활기록부의 공정성과 신뢰성을 제고하기 위한 것으로 시·도교육청이나 교육지원청, 학교 현장에서 임의로 변경하여 적용할 수 없다. 다음은 '학교생활기록부 기재요령'의 주요 내용을 정리한 것이다.

- 학교생활기록부는 학생의 성장과 학습 과정을 상시 관찰·평가한 누가기록 중심의 종합 기록이어야 한다.
- 학교생활기록부에는 학교교육계획이나 학교교육과정에 따라 학교에서 실시한 각종 교육활동의 이수상황(활동내용에 따른 개별적 특성이 드러나는 사항 중심)을 기재하는 것이 원칙이다.
- 학교생활기록부에 '항목과 관련이 없거나 기록해서는 안 되는 내용의 기재', '단순 사실을 과장하거나 부풀려서 기재', '사실과 다른 내용을 허위로 기재'하는 등 학교생활기록부의 신뢰도를 저하시키는 사례가 발생하지 않도록 특히 유의하여야 한다.
- 학부모 등의 학교생활기록부 기재 및 수정 관련 부당 요구는 '부정청탁 및 금품 등 수수의 금지에 관한 법률' 제5조제1항제10호에 해당하는 위법 행위이다.
- '학교생활기록 작성 및 관리지침' 제3조제3항에 따라 학교생활기록부 입력 및 정정 권한과 관련하여 업무의 편의나 관행을 이유로 담당이 아닌 교사에게 입력 및 정정 권한을 부여하는 행위를 금지한다.
- 학교생활기록부 정정 시 학교생활기록부 정정대장 결재 절차에 따라 발견 학년도 담임교사가 정정처리를 하며, 졸업생 및 학업 중단 학생의 경우 업무담당자가 정정한다.
- 학교생활기록부 항목별 입력 주체를 명확히 하여 학교생활기록부 기재와 관리의 책무성을 제고한다.

출처: 교육부, 17개 시·도교육청 및 한국교육과정평가원(2024), 「학교생활기록부 기재요령(중학교, 고등학교)」.

한편, 학생의 출결상황은 교육정보시스템(나이스) 상으로 작성·관리되고 다음 학년도의 진급 여부를 결정하는 요인이기 때문에 신중하게 작성되어야 한다. 다음은 학생의 출결 처리와 관련하여 보건교사가 참고하면 유용한 내용을 정리한 것이다.

보건교사가 참고하면 좋은 출결상황 주요 내용

- 교외체험학습 출결 처리: 현장체험학습, 친인척 방문, 가족동반 여행 등은 교육과정 이수에 지장이 없는 범위(학칙이 정한 범위) 내에서 학교장의 승인을 통해 실시
- 초·중·고 여학생 중 생리통이 극심해 출석이 어려운 경우(월 1일 결석)에는 출석인정 결석으로 처리할 수 있음. 생리통으로 인한 결석 시(지각, 조퇴, 결과 포함) 출석 인정을 위해 담임교사 의견서, 학부모 의견서 등을 요구하는 것 외에 의료적 확인(진단서, 소견서, 처방전 등)을 요구하는 것은 지양해야 함
- 미세먼지 민감군 학생에 대해 다음의 경우에 한해 질병결석으로 처리함
  - 대상: 의사의 진단서(의사 소견서)를 통해 인정된 기저질환(천식, 아토피, 알레르기, 호흡기질환, 심혈관질환 등)을 가진 민감군으로 확인된 학생
  - 등교시간대 거주지나 학교 주변 실시간 미세먼지 또는 초미세먼지 농도가 '나쁨' 이상이며, 학부모가 학교에 사전 연락(전화 또는 문자 등)한 경우에 한하여 질병결석으로 인정함

  ※ 국립환경과학원·한국환경공단에서 운영하는 에어코리아(www.airkorea.or.kr) 등을 통해 실시간 미세먼지 농도 및 예보 확인 가능함

출처: 교육부, 17개 시 · 도교육청 및 한국교육과정평가원(2024), 「학교생활기록부 기재요령(중학교, 고등학교)」.

5. 생활지도와 학교 상담

1) '교원의 학생생활지도에 관한 고시' 이해

학생생활지도는 학생들의 인권 보호 및 교원의 교육활동을 위해 필요한 경우 법령에 따라 학생을 지도하는 것을 의미한다. '교원의 학생생활지도에 관한 고시(교육부고시 제2023-34호, 2023.10.29.)'에 따르면, 학생생활지도란 학교의 장과 교원이 교육활동 과정에서 학생의 일상적인 생활 전반에 관여하는 지도 행위를 말한다. 학교장과 교원은 생활지도를 통해 학생의 건강한 성장과 발달을 지원하고 학내의 질서를 유지하기 위하여 노력해야 하며(고시 제3조 제3항), 법령에 근거하여 이루어지는 정당한 생활지도에 대해 불응할 경우 교권침해행동이 될 수 있다. 다음은 생활지도가 이루어질 수 있는 '교육활동'의 영역이다.

'교육활동' (학교안전사고 예방 및 보상에 관한 법률 제2조)

- 학교의 교육과정 또는 학교장이 정하는 교육계획 및 교육방침에 따라 학교의 안팎에서 학교장의 관리·감독하에 행하여지는 수업·특별활동·재량활동·과외활동·수련활동·수학여행 등 현장체험활동 또는 체육대회 등의 활동
- 등·하교 및 학교장이 인정하는 각종 행사 또는 대회 등에 참가하여 행하는 활동

생활지도의 범위 및 방식은 교원의 학생생활지도에 관한 교육부 고시에 규정되어 있으며, 고시에서 학칙으로 위임한 사항 및 그 밖에 생활지도에 필요한 세부적인 사항은 학칙으로 정하여 시행할 수 있다. 다음은 교육부 고시에 규정된 생활지도의 범위와 방식에 관한 주요 내용을 정리한 것이다.

[생활지도의 범위] 학교의 장과 교원은 다음의 사항에 대해 학생을 지도할 수 있다.	
학업 및 진로 (제5조)	1. 교원의 수업권과 학생의 학습권에 영향을 주는 행위 2. 학교의 면학 분위기에 영향을 줄 수 있는 물품의 소지·사용 3. 진로 및 진학과 관련한 사항
보건 및 안전 (제6조)	1. 자신 또는 타인의 건강에 영향을 주는 사항 2. 건전한 성장과 발달에 영향을 미치는 사항 3. 자신 또는 타인의 안전을 위협하거나 위해를 줄 우려가 있는 행위
인성 및 대인관계 (제7조)	1. 전인적 성장을 위한 품성 및 예절 2. 언어 사용 등 의사소통 행위 3. 학교폭력 예방 및 대응, 학생 간의 갈등 조정 및 관계 개선
그 밖의 분야 (제8조)	1. 특수교육대상자와 다문화학생에 대한 인식 및 태도 2. 건전한 학교생활 문화 조성을 위한 용모 및 복장 3. 비행 및 범죄 예방 4. 그 밖에 학칙으로 정하는 사항
[생활지도의 방식]	
조언 (제9조)	•학교장과 교원은 학생의 문제를 인식하거나 학생 또는 보호자가 도움을 요청하는 경우 학생 또는 보호자에게 조언할 수 있음 •학생의 사생활에 관한 조언은 비공개를 원칙으로 함 •학교장과 교원은 학생의 문제 개선을 위하여 전문가의 검사·상담·치료를 보호자에게 권고할 수 있음
상담 (제10조)	•학교장과 교원, 학생 또는 보호자는 학생의 문제를 해결하기 위한 원인 분석, 대안 모색 등이 필요한 경우 누구든지 상담을 요청할 수 있음 •학교장과 교원, 보호자는 상호 간에 상담을 요청할 수 있고 상대방의 요청이 있는 경우 명백한 사유가 없으면 이에 응해야 함. 상담의 일시 및 방법 등은 학교장이 정하는 바에 따라 사전에 협의해야 함
주의 (제11조)	•학교장과 교원은 학생의 행동이 학교 안전 및 교내 질서 유지를 저해할 소지가 있는 경우 학생에게 주의를 줄 수 있음 •학교장과 교원은 수업 중 휴대전화를 사용하거나 그 밖에 수업에 부적절한 물품을 사용하는 학생에게 주의를 줄 수 있음. 학교장과 교원이 주의를 주었음에도 학생이 이를 무시하여 인적·물적 피해가 발생한 경우, 사전에 주의를 준 학교장과 교원은 생활지도에 대한 책무를 다한 것으로 봄 •학교장과 교원이 주의를 주었음에도 학생의 행동에 변화가 없거나, 학생의 행동으로 교육활동에 지장을 받을 경우 훈육(제12조) 또는 훈계(제13조)를 할 수 있음
훈육 (제12조)	•학교장과 교원은 조언(제9조) 또는 주의(제11조)로 학생에 대한 행동 중재가 어려운 경우 훈육할 수 있음 •학교장과 교원은 학생이 바람직한 행동 변화를 위하여 노력하도록 특정한 과업을 부여하거나, 특정한 행위를 할 것을 지시할 수 있음. 이 경우 학생의 인권을 존중해야 하며 법령과 학칙의 범위에서 지시가 이루어져야 함

	•학교장과 교원은 법령과 학칙에 금지된 행동을 하는 학생을 발견한 경우, 이를 즉시 중지하도록 말로 제지할 수 있음 •학교장과 교원은 자신 또는 타인의 생명·신체에 위해를 끼치거나 재산에 중대한 손해를 끼칠 우려가 있는 긴급한 경우 학생의 행위를 물리적으로 제지할 수 있음. 이 경우 학교장과 교원은 교직원에게 도움을 요청하거나 주변 학생에게 신고를 요청할 수 있음 •학교장과 교원은 학생이 교육활동을 방해하여 다른 학생들의 학습권 보호가 필요하다고 판단하는 경우, 다음의 방법에 따라 해당 학생을 분리할 수 있음. 분리 장소, 시간 및 학습지원 방법 등 세부사항은 학칙으로 정함 -수업시간 중 교실 내 다른 좌석으로의 이동 -수업시간 중 교실 내 지정된 위치로의 분리 -수업시간 중 교실 밖 지정된 장소로의 분리 -정규수업 외의 시간에 특정 장소로의 분리 •학교장과 교원은 학생이 자신 또는 타인의 생명·신체에 위해를 끼치거나 재산에 중대한 손해를 끼칠 우려가 있는 물품을 소지하고 있다고 의심할 만한 합리적 이유가 있는 경우 필요한 범위 내에서 학생의 소지 물품을 조사할 수 있음. 학칙으로 정하는 바에 따라 2회 이상 주의를 주었음에도 학생이 계속 사용하는 물품, 학생 및 교직원의 안전과 건강에 위해를 줄 우려가 있는 물품, 관련 법령에 따라 학생에게 판매될 수 없는 물품 등은 학생으로부터 분리하여 보관할 수 있음
훈계 (제13조)	•학교장과 교원은 조언(제9조), 상담(제10조), 주의(제11조), 훈육(제12조) 등에도 불구하고 자신의 잘못을 인정하지 않거나 잘못된 언행의 개선이 없는 경우 학생에 대해 훈계할 수 있음 •학생을 훈계할 때에는 그 사유와 바람직한 행동 개선방안을 함께 제시하여야 하며, 훈계 사유와 관련된 다음의 과제를 함께 부여할 수 있음 -문제행동을 시정하기 위한 대안 행동 -성찰하는 글쓰기 -훼손된 시설·물품에 대한 원상복구(청소를 포함한다)
보상 (제14조)	•학교장과 교원은 학생에게 동기를 부여하는 칭찬, 상 등의 적절한 수단을 활용하여 보상할 수 있음

2) 학생 생활지도 사례

생활지도는 학생들의 발달 단계와 신체적·정신적·정서적 특성, 사회·문화적 배경 등을 고려하여 생활지도의 목적, 지도 방법 및 지도 내용 등을 달리하는 것이 좋다. 초등학생의 경우 외적 동기에 민감한 특성을 보이므로 행동 중심의 직접 지도가 효과적일 수 있고, 중·고등학생의 경우 자율성과 독립성을 강조하며 자아 성찰 및 자율적인 선택과 결정의 기회를 부여하도록 한다. 학교급별로 생활지도의 목적, 방법, 내용 등을 다음과 같이 요약하여 볼 수 있다.

초등학교

- **목적**: 기본생활습관 및 사회적 관계 형성, 바른 인성 함양(기초 인성 교육), 자율성 증진
- **방법**: 놀이, 역할극, 동화 등 체험 중심의 직접 지도, 습관 형성을 위한 행동 반복 지도
- **내용**: 인사, 바른 언어 사용, 정리 정돈 및 청결 유지, 감정 표현, 질서와 규칙
- **지도 예시**
  - 쉬는 시간마다 교실에서 뛰어다니는 학생에 대해 교실 내 안전 규칙과 질서를 학습하도록 돕기 위해 그림자료를 활용하여 역할극을 실시함. 학급 내 행동 규칙을 만들도록 지도함
  - 친구의 물건을 허락 없이 가져가는 학생에 대해 소유권의 개념을 교육하고 타인의 물건은 허락을 받고 사용해야 함을 가르침. 이야기책을 활용하여 타인의 물건을 소중히 여기는 방법을 교육하고, 상황극으로 올바른 행동을 실습하도록 지도함

중학교

- **목적**: 자율성 증진, 자아정체감 확립, 자기조절력 향상, 급격한 신체·정서 변화 적응
- **방법**: 적극적인 참여를 유도하기 위한 토의 및 토론 등 집단활동
- **내용**: 교우관계 형성, 학교폭력 예방, 학습습관, 자기관리, 감정조절
- **지도 예시**
  - 친구와 사소한 오해로 SNS에서 갈등을 겪는 학생에 대해 감정 표현 및 갈등 대처 능력을 함양하기 위해 상황을 재구성한 뒤 해결 방법을 스스로 찾아가도록 집단 상담을 실시함
  - 수업시간에 스마트폰을 계속해서 사용하는 학생에 대해 스마트폰 사용 자제와 자기조절의 필요성을 교육하고 '디지털 디톡스' 챌린지, 하루 사용 시간 기록하기 등을 실시함

고등학교

- **목적**: 진로 설계, 자기결정력 강화, 사회적 책임의식 함양
- **방법**: 진로지도 연계 활동, 사례 중심의 자기주도적 문제 해결 활동
- **내용**: 사회적 윤리와 책임, 진로 및 학업 스트레스 관리, 가치 및 규범의 내면화
- **지도 예시**
  - 대학 진학에 대한 불안과 스트레스가 큰 학생에 대해 현실적인 자기 이해를 바탕으로 합리적인 목표를 설정하도록 지도하고 멘토링 활동을 통해 성공적으로 자신의 진로를 개척한 사람들의 사례를 접하도록 지도함
  - 아르바이트와 학교 생활을 병행하며 매일 피곤해하여 수업에 대한 집중도가 낮은 학생에게 신체적·정신적 건강 관리의 중요성을 생각해볼 수 있도록 지도하고 스트레스 완화를 위한 방법을 실생활에서 스스로 적용하고 실천해볼 수 있도록 도움

교원의 학생생활지도에 관한 교육부 고시에 따르면 자신 또는 타인의 건강에 영향을 주는 사항, 건전한 성장과 발달에 영향을 미치는 사항, 자신 또는 타인의 안전을 위협하거나 위해를 줄 우려가 있는 행위에 대하여 생활지도를 실시할 수 있다. 이와 관련하여 보건교사가 보건 및 안전 영역에 대해 실시할 수 있는 생활지도의 사례는 다음과 같다.

보건교사가 실시할 수 있는 생활지도 사례

"초등학교 1학년 지민이는 체육활동 후 손을 씻지 않고 간식을 먹으려 했습니다. 이를 본 보건교사는 손 씻기의 중요성을 이해하기 쉽게 설명해준 뒤 바르게 손 씻는 방법을 직접 시범을 통해 가르쳐주었습니다."

"감기약을 복용하기 위해 보건실에 온 초등학교 2학년 지수는 함께 온 자신의 친구 민영이에게 감기약을 나눠 먹자고 말했습니다. 이를 들은 보건교사는 정확한 약물 복용 방법에 대해 설명해주면서, 약을 함부로 나눠 먹는 것의 위험성과 안전한 약물 사용에 대해 가르쳐주었습니다."

"중학교 1학년 지아는 팔에 난 상처 때문에 보건실에 자주 왔습니다. 보건교사는 지아에게 학교에서 잘 지내고 있는지, 집에서 무슨 일은 없는지 등을 친절하게 물어보며 지아의 감정 상태를 지속적으로 관찰하고자 하였습니다. 이러한 내용을 지아의 담임교사와 교내 상담교사에게 공유하여 지아의 정신건강 증진을 돕는 동시에 자해 징후를 조기 발견하여 지도하고자 노력하였습니다."

"담임선생님의 심부름을 온 초등학교 2학년 예린이는 보건실에서 기다리는 중에 계속해서 손톱을 물어뜯고 있었습니다. 이를 본 보건교사는 예린이에게 "손톱을 자주 물어뜯으면 세균이 몸 속으로 들어가서 나쁜 병에 걸릴 수도 있어. 그리고 손톱이 예쁘게 자라나지 않는단다. 손톱을 물어뜯는 습관을 고치기 위해 노력해 보자."라고 말해주었습니다. 그리고 담임교사와 협력하여 손톱을 물어뜯는 행동을 매일 체크하여 올바른 생활습관 형성을 위해 노력하였습니다."

"복도에서 스마트폰을 사용하며 걸어가다가 난간에 부딪힌 민재를 본 보건교사는 민재와 함께 보건실로 갔습니다. 부딪힌 상처를 처치해주며 "스마트폰을 너무 과다하게 사용하면 눈도 피곤하고, 목도 아프지 않니? 사용 시간을 줄이고, 걸어가면서 스마트폰을 사용하면 더 크게 다칠 수 있어."라고 조언하며 민재가 스스로 자신의 스마트폰 이용 습관을 점검하도록 지도하였습니다."

3) 학생 상담의 이해

학생 상담은 학생들의 학업 성취, 심리·정서적 안정, 원만한 대인관계 형성, 진로 탐색 및 설계 등을 지원하는 중요한 과정이다. 학생들은 성장과 발달의 과정에서 신체적·정신적·정서적으로 다양한 변화를 경험하게 되고, 학생 상담은 그러한 과정에서 발생할 수 있는 문제를 조기에 발견하고 해결할 수 있도록 지원하는 역할을 한다. 상담을 통해 불안, 우울, 스트레스 등의 정서적 어려움을 해소하여 안정적인 삶을 영위할 수 있도록 지원할 수 있으며 성적 저하, 학업 동기 부족 등 학습과 관련된 어려움을 스스로 해결할 수 있는 방법을 함께 고민할 수도 있다. 또한 교사, 또래, 가족 등과의 관계에서 겪을 수 있는 다양한 유형의 갈등을 지혜롭게 해결하고 학교폭력 등의 문제를 미리 예방하는 데 도움을 줄 수도 있다. 진로 상담을 통해서는 학생들이 자신의 적성과 흥미를 발견하고 구체적이고 현실적인 목표를 설정하고 목표를 달성하기 위한 단계와 절차를 실천하도록 지원할 수 있다. 다음은 주요 상담 사례 및 상담 내용의 예시이다.

- **친구와 사소한 오해로 다툼을 한 뒤 대화도 하지 않고 오랜 시간이 지난 상황**
  - 친구와 왜 싸웠는지, 현재 감정 상태는 어떤지, 앞으로 어떻게 갈등을 해결하기 원하는지 등에 대한 진솔한 대화를 통해 심리적 안정을 찾도록 도움
  - 자신의 감정을 적절하게 표현하고, 상대의 감정을 이해·공감하는 방법 지도
  - 상대방과 원활하게 의사소통하는 기술 지도
- **부모님의 잦은 다툼과 불화로 인해 심리적으로 매우 불안함을 호소**
  - 학생의 감정을 이해하고, 정서적 안정을 찾을 수 있도록 지원
  - 학업 및 학교생활을 원활하게 이어갈 수 있도록 지원
  - 필요한 경우, 외부 전문기관 등과 연계
  - 또래 등 다른 대인관계에서 어려움은 없는지 지속적인 관심과 관찰
- **자신의 진로에 대해 결정하지 못하고, 무슨 일을 하며 살아가야 할지 고민 중인 학생**
  - 자신의 적성과 흥미를 파악할 수 있도록 다양한 진로 관련 검사 실시
  - 다양한 직업 정보를 제공하여 학생이 스스로 다양한 진로를 탐색할 수 있는 기회 제공
  - 가정에 상담 결과를 공유하고 학생의 진로를 함께 설계할 수 있도록 학부모 상담 병행
- **여자(남자)친구와 자꾸 다투어 학업과 생활에 부정적인 영향으로 괴로워하는 학생**
  - 갈등을 원만하게 해결할 수 있는 방법에 대한 지도
  - 건강한 연애관, 이성관을 확립할 수 있도록 지도
  - 관계에서 오는 스트레스를 건강하게 해소할 수 있도록 지원(스스로 스트레스 해소 방법을 찾아갈 수 있도록 지원)

4) 보건교사와 학생 상담: 신체적·정신적 건강 증진

보건교사가 실시하는 학생 상담은 질병 예방, 만성 질환 관리, 건강 증진, 생활 습관 개선, 흡연·음주 예방 상담 등 다양한 영역을 포함할 수 있다. 세계보건기구(WHO)가 정의하는 '건강'이란 질병과 허약함이 없는 상태일 뿐만 아니라 신체적·정신적·사회적인 완전한 안녕 상태를 말한다. 따라서 보건교사가 실시하는 '건강 상담'은 신체 건강에 관련된 내용뿐 아니라 정신건강에 대한 내용도 포함할 수 있다.

학생이 몸이 아프거나 이상 증상을 느끼면 가장 먼저 방문하는 곳이 바로 보건실이다. 보건실은 그 특성상 학생들이 친근하게 다가갈 수 있으면서, 건강 관련 문제가 쉽게 노출될 수 있는 장소이기도 하다. 보건교사는 학생들의 일상적인 건강 관리를 하면서 신체적·정신적 변화를 관찰할 수 있고, 질병의 초기 증상을 파악하여 적절한 조치를 취할 수 있으며, 위기 상황에서 학생들에게 안정감을 주는 존재로 인식될 수도 있다. 또한, 보건교사는 학교 정신 건강 지원 체계 내에서 초기 대응자이자 연계자로서 정신건강 고위험군 학생을 선별하여 초기 상담을 실시하고 자해, 우울, 불안 등 학생의 정신건강을 위협하는 문제에 적절히 대처할 수 있도록 필요한 도움을 제공할 수도 있다. 따라서, 보건교사는 학생들의 건강문제에 항상 관심을 가지고 지속적인 관찰을 통해 추가적인 질병이나 건강문제를 예방하도록 노력하여야 한다. 학교 내 상담교사가 있다면 상담교사와

협력하여 학생 상담을 실시할 수도 있고, 학생에게서 관찰되는 심리적·정서적 문제가 심각하다면 외부 전문기관과 연계하여 학생을 지원할 수도 있다. 무엇보다, 학생이 호소하는 다양한 신체적 증상(예: 복통, 두통 등)이나 처치를 요하는 몸의 상처가 심리적·정서적 문제 또는 학교폭력 등의 징후가 아닌지 유심하게 관찰하는 자세가 필요하다. 보건교사는 예방적 차원에서 건강 교육을 실시할 수 있는 전문가이므로 학생들이 겪는 다양한 건강 문제에 대한 적절한 관리 방법을 안내하고 건강한 생활 습관을 형성하여 평생 자신의 건강을 스스로 관리할 수 있는 역량을 갖추도록 도와야 한다. 다음은 학생의 건강관리 및 건강문제와 관련하여 보건교사의 상담을 요하는 주요 주제들을 정리한 것이다. 학교 현장실습 중, 또는 추후 자신이 보건교사가 되었을 때 아래 주제에 대해 학생이 상담을 요청할 경우 어떻게 학생을 상담하면 좋을지 고민하는 시간을 갖기 바란다.

〈신체적 건강 문제〉

- 비만, 저체중 등의 체중 및 영양관리 문제

  Q. 체중을 줄이고 싶어서 여러 가지 다이어트 방법을 시도했지만 효과가 없어요. 어떻게 해야 좋을까요?

- 피부 질환(여드름, 아토피 등)

  Q. 여드름 때문에 제 외모가 마음에 들지 않아요. 그래서 너무 우울합니다. 여드름을 빨리 없애고 싶은데, 좋은 방법이 없나요?

- 생리통, 불규칙한 생리, 생리 전 증후군 등 생리 관련 문제

  Q. 생리 전 증후군 때문에 극도로 예민해서 모든 게 짜증이 나요. 약을 먹는 게 도움이 될까요?

〈정신적·정서적 건강 문제〉

- 스트레스(학업, 대인관계, 진로 등 다양한 주제와 관련될 수 있음)

  Q. 친하게 지내는 친구가 있는데, 친구의 특정 행동이 너무 거슬려요. 그럴 때마다 스트레스를 받아서 머리가 가끔 아프기도 해요.

- 수면 장애

  Q. 밤에 누우면 잠을 잘 못 자겠어요. 수면제를 먹어도 되나요?

- 집중력 문제(ADHD 등)

  Q. 성적을 올리고 싶어요. 오래 앉아서 공부하고 싶은데, 자꾸 다른 생각이 나서 공부에 방해가 돼요. 집중력을 올려주는 약은 없나요? 카페인 음료를 자주 마시는 게 도움이 될까요?

한편, '교육부 학생건강정보센터 홈페이지(https://www.schoolhealth.kr/) – 자료실 – 정신건강'에 접속하면 학생 상담에 유용한 자료들을 다운로드 받을 수 있다. 마음건강을 위한 소식지(뉴스레터), 정신건강 증진 교육 교재 및 매뉴얼, 우수 교육활동 사례집 등 다양한 자료들이 탑재되어 있으니 목적에 맞게 활용하도록 한다.

6. 학교폭력의 이해

1) 학교폭력의 개념 및 유형

'학교폭력예방 및 대책에 관한 법률(이하 '학교폭력예방법')'은 피해학생의 보호, 가해학생의 선도·교육 및 피해학생과 가해학생 간의 분쟁조정을 통하여 학생의 인권을 보호하고 학생을 건전한 사회구성원으로 육성함을 목적으로 하는 법률이다. 법률의 주요 내용과 학교폭력 유형에 대한 예시는 다음과 같다.

<table>
<tr><td>제2조(정의)</td><td>• '학교폭력'이란 학교 내외에서 학생을 대상으로 발생한 상해, 폭행, 감금, 협박, 약취·유인, 명예훼손·모욕, 공갈, 강요·강제적인 심부름 및 성폭력, 따돌림, 사이버폭력 등에 의하여 신체·정신 또는 재산상의 피해를 수반하는 행위를 말한다.

※ 학교폭력은 폭행, 명예훼손·모욕 등에 한정되지 않고 이와 유사한 행위로서 학생의 신체·정신 또는 재산피해를 수반하는 모든 행위를 포함한다(서울행정법원 판례 2014구합 250 판결).
※ 객관적으로 보아 피해학생의 신체·정신 또는 재산에 피해를 줄 만한 가해학생의 유형적인 행위가 있고, 그 행위의 의미 및 정도가 피해학생의 인권을 보호하고 가해학생에 대한 교화·육성이 필요할 정도로 가볍지 않으며, 가해행위로 인하여 피해자가 실제 신체적·정신적 고통을 호소하고 있다면, 학교폭력에 해당한다(대구지방법원 판례 2017구합21229 판결).

-'따돌림'이란 학교 내외에서 2명 이상의 학생들이 특정인이나 특정집단의 학생들을 대상으로 지속적이거나 반복적으로 신체적 또는 심리적 공격을 가하여 상대방이 고통을 느끼도록 하는 모든 행위를 말한다.
-'사이버폭력'이란 정보통신망을 이용하여 학생을 대상으로 발생한 따돌림과 그 밖에 신체·정신 또는 재산상의 피해를 수반하는 행위를 말한다.
• '가해학생'이란 가해자 중에서 학교폭력을 행사하거나 그 행위에 가담한 학생을 말한다.
• '피해학생'이란 학교폭력으로 인하여 피해를 입은 학생을 말한다.</td></tr>
<tr><td>제15조
(학교폭력
예방교육 등)</td><td>• 학교장은 학생의 육체적·정신적 보호와 학교폭력의 예방을 위한 학생들에 대한 교육(학교폭력의 개념, 실태 및 대처방안 등을 포함하여야 한다)을 학기별로 1회 이상 실시하여야 한다.
• 학교장은 학교폭력의 예방 및 대책 등을 위한 교직원 및 학부모에 대한 교육을 학기별로 1회 이상 실시하여야 한다.</td></tr>
<tr><td>제16조의2
(장애학생의
보호)</td><td>• 누구든지 장애 등을 이유로 장애학생에게 학교폭력을 행사하여서는 아니 된다.</td></tr>
<tr><td>제20조
(학교폭력의
신고의무)</td><td>• 학교폭력 현장을 보거나 그 사실을 알게 된 자는 학교 등 관계 기관에 이를 즉시 신고하여야 한다.</td></tr>
<tr><td>시행령
제17조
(학교폭력
예방교육)</td><td>• 학교장은 학생과 교직원 및 학부모에 대한 학교폭력 예방교육을 다음의 기준에 따라 실시한다.
-학기별로 1회 이상 실시하고, 교육 횟수·시간 및 강사 등 세부적인 사항은 학교 여건에 따라 학교의 장이 정한다.</td></tr>
</table>

	-학생에 대한 학교폭력 예방교육은 학급 단위로 실시함을 원칙으로 하되, 학교 여건에 따라 전체 학생을 대상으로 한 장소에서 동시에 실시할 수 있다. -학생과 교직원, 학부모를 따로 교육하는 것을 원칙으로 하되, 내용에 따라 함께 교육할 수 있다. -강의, 토론 및 역할연기 등 다양한 방법으로 하고, 다양한 자료나 프로그램 등을 활용하여야 한다. -교직원에 대한 학교폭력 예방교육은 학교폭력 관련 법령에 대한 내용, 학교폭력 발생 시 대응요령, 학생 대상 학교폭력예방 프로그램 운영 방법 등을 포함하여야 한다. -학부모에 대한 학교폭력 예방교육은 학교폭력 징후 판별, 학교폭력 발생 시 대응요령, 가정에서의 인성교육에 관한 사항을 포함하여야 한다.

학교폭력 유형(예시)

유형	예시
신체 폭력	•상대의 신체를 손, 발로 때리는 등 고통을 가하는 행위 •특정 장소에 감금(나오지 못하도록 함) •장난을 빙자한 행위이나 상대방이 폭력으로 인식하는 경우 (예: 꼬집기, 때리기, 밀치기 등) •체벌을 빙자한 상해
언어 폭력	•대중 앞에서 모욕적인 언어를 사용하거나 인터넷, SNS 등을 통해 비하하는 발언을 퍼뜨리는 행위 •상대의 명예를 훼손하는 말을 하는 경우 •외모, 성별, 배경 등을 비하하는 말 •소문 퍼뜨리기
강요	•상대의 의사에 반하는 행동의 강요: 강제적 심부름, 각종 셔틀 등 •해야 할 의무가 없는 행동을 강제적으로 하게 하는 행위
사이버 폭력	•특정 사람에 대한 욕설, 모욕적인 발언 등을 SNS에 게시(저격글) •성적 수치심을 유발하는 글, 그림, 내용 등의 유포 •공포, 불안을 유발하는 내용을 정보통신망을 통해 보내는 행위 •온라인상 신상정보 노출
금품 갈취	•돈이나 물건을 반복적으로 요구하거나 빼앗기 •게임 아이템, 휴대폰 사용 강제하기 •물건을 빌리고 돌려주지 않음

2) 보건교사와 학교폭력: 예방 및 대처

보건교사는 학교폭력 사안의 일반적인 처리 절차 및 유의 사항 등에 대해 숙지할 필요가 있다. 학교폭력 예방에 관한 교내·교외 연수에 참석하여 학교폭력 사안 처리에 관한 내용을 학습하고 적절한 조치를 정확히 취할 수 있도록 대비하는 것이 좋다. 학교폭력 관련 온라인 연수는 시공간의 제약 없이 자율적인 학습이 가능하다는 점에서 효율적이고 유익한 교육 방식이다. 다음은 학교폭력 사안에 대처하는 과정에서 유의해야 할 주요 내용을 정리한 것이다.

- 학생과 보호자의 상황과 심정에 대한 이해와 공감을 통해 신뢰를 형성하고 불필요한 분쟁을 예방하며, 공정하고 객관적인 자세를 견지하도록 함
- 성범죄 관련 사안을 인지한 경우에는 예외없이 수사기관에 즉시 신고하고 2차 피해가 발생하지 않도록 함. 성폭력의 경우, 비밀 유지에 특별히 유의하도록 함
- 학교폭력 전담기구는 관련 학생 면담, 주변 학생 조사, 각종 증거자료(문자메시지, 녹음 파일, 채팅, 이메일 등), 설문조사, 학생 확인서 등을 토대로 피해 및 가해 사실 여부 확인을 위한 구체적인 사안 조사를 실시함
- 사안조사 시 상해의 심각성, 신체적 구속, 성폭력 여부, 경제적 피해의 심각성(지속성, 액수, 빈도 등) 등을 중점적으로 파악함
- 전담기구 구성원은 학교폭력 예방 및 대책에 관련된 업무를 수행하는 사람으로서 비밀 또는 관련 자료를 누설해서는 안 됨(형사처벌의 대상이 될 수 있음)
- 피해학생이 치료 및 치료를 위한 요양을 필요로 하는 경우 의료기관 등에서 치료를 받도록 하는 보호조치를 시행할 수 있음. 집이나 요양기관에서 신체적·심리적 치료를 받을 때는 치료 기간이 명시된 진단서 또는 관련 증빙자료를 첨부하여 학교에 제출하도록 보호자에게 안내할 수 있음

특히, 보건교사는 학교폭력 예방 및 조기 개입, 학교폭력 징후 관찰, 학교폭력으로 인한 신체적·정신적 피해에 대한 적절한 조치 시행 등 실질적인 역할을 수행할 수 있는 위치에 있다. 보건교사는 학생의 건강상담, 건강관리 및 보건교육을 담당하는 전문가이고 앞서 서술하였듯이 '건강'에는 신체적 건강뿐 아니라 정신적·사회적 건강도 포함되기 때문에 학생의 건강을 심각하게 위협할 수 있는 학교폭력에 대해서 보건교사 역시 예외 없이 예방과 조기 발견에 기여할 의무를 지닌다고 할 수 있다. 학교보건의 기본 목적은 학생의 전인적 건강을 도모하고 건강한 삶을 영위할 수 있도록 지원하는 것이기 때문에 이러한 목적 달성을 저해하는 학교폭력에 대한 예방 및 대응에 보건교사도 적극적으로 참여해야 한다. 강조하였듯이, 학생의 입장에서 보건교사는 교실에서는 드러나지 않는 고통을 자연스럽게 털어놓을 수 있는 존재이며 편하게 다가갈 수 있는 신뢰로운 어른일 수 있다는 점을 기억하기 바란다. 보건교사가 학교폭력 예방 및 대처와 관련하여 할 수 있는 직무의 예시는 다음과 같다.

- 피해(추정) 학생에 대한 초기 지원: 맞거나 다쳐서 보건실에 온 학생의 상처 처치, 정서적 안정 도모(휴식 공간 제공), 학교폭력 의심 시 교내 보고(신고)
- 학교폭력 징후 조기 발견: 보건실에 자주 방문하는 학생을 주의 깊게 관찰(보건실 이용 일지 등의 기록을 통한 위험 징후 모니터링)
- 자해·자살 징후와 연계된 학교폭력: 자해 흔적이 있는 학생, 따돌림을 당하고 있다고 하소연하는 학생 등 사안 인지 시 사실을 파악하고 상담교사, 담임교사, 전문기관 등과 연계
- 성폭력 예방교육: 성희롱·성폭력 유형, 적절한 대처 및 도움 요청 방법 등에 대한 지도
- 보건교사는 학교폭력 사안 조사를 위한 전담기구의 구성원으로 참여할 수 있음

PART 2

보건교사 교직 실무의 이해

Chapter 03

보건교사로의 첫걸음

1. 학교보건 관련 법령, 자치법규 및 행정규칙

학교 보건교사는 학교 구성원들의 신체적·정신적 건강을 직접적으로 책임지는 전문 인력이므로 보건 관련 법령에 대해 숙지하고 있어야 한다. 건강 문제에 대한 처치와 보건 교육을 위한 지식의 수준을 넘어 학교 구성원의 안전을 보장하고 학교(교사)의 책임을 다하기 위해 다양한 법령의 내용을 이해하는 것이 중요하다. 학교의 교육활동 중 발생할 수 있는 다양한 안전사고, 감염병 유행 등에 적절하게 대처하기 위해 법적 기준을 이해하고 준수할 필요가 있으며 이는 보건교육 및 응급처치의 질적 향상과도 깊이 관련되어 있다.

1) 학교 보건법

목적	주요 내용
학교의 보건관리에 필요한 사항을 규정하여 학생과 교직원의 건강을 보호·증진	① **보건실 운영** •학교의 설립자·경영자는 보건실을 설치하고 학교보건에 필요한 시설과 기구 및 용품을 갖추어야 함(법 제3조) •보건실의 설치기준 등(시행령 제2조) -위치: 학생과 교직원의 응급처치 등이 신속히 이루어질 수 있도록 이용하기 쉽고 통풍과 채광이 잘 되는 장소일 것 -면적: 66제곱미터 이상 -학교보건에 필요한 시설과 기구 및 용품: 학생과 교직원의 건강관리와 응급처치 등에 필요한 시설과 기구 및 용품, 학교환경위생 및 식품위생검사에 필요한 기구를 갖추어야 함 •보건실에 갖추어야 하는 시설과 기구 및 용품의 구체적인 기준(시행규칙 별표1) -일반 시설 및 기구: 건강기록부 및 서류 보관장, 소독(멸균)기, 냉·온장고, 물 끓이는 기구, 가습기, 수도시설 및 세면대 등 -환자안정용 기구: 침대·침구류 및 보관장, 칸막이(가리개), 보온기구 등 -건강진단 및 상담용 기구: 신장계·체중계·줄자·좌고계, 비만측정기, 시력표·조명장치·눈가리개·시력검사용 지시봉, 색각검사표, 청력계, 혈압계·청진기,

혈당측정기, 스톱워치, 펜라이트, 치과용 거울, 탐침·핀셋, 상담용 의자·탁자 및 진찰용 의자 등
- 응급처치용 기구: 체온계, 핀셋·핀셋통, 가위·의료용 쟁반·가제통·소독접시·상처소독용 이동식 수레, 부목·휴대용 구급기구·구급낭·들것·목발, 세안수수기·찜질기·켈리(지혈감자), 휴대용 산소기 및 구급처치용 침대 등
- 환경위생 및 식품위생검사용 기구: 통풍건습계, 흑구온도계, 조도계, 가스검지기, 먼지 측정기, 소음계 및 수질검사용 기구 등
- 기타: 학생 및 교직원의 보건관리에 필요한 시설과 기구 및 용품 등

② 보건교육

- 학생의 보건관리(법 제9조): 학교의 장은 학생의 신체발달 및 체력증진, 질병의 치료와 예방, 음주·흡연과 마약류를 포함한 약물 오용·남용의 예방, 성교육, 이동통신 단말장치 등 전자기기의 과의존 예방, 도박 중독의 예방 및 정신건강 증진 등을 위하여 보건교육을 실시하고 필요한 조치를 하여야 함
- 보건교육 등(법 제9조의2): 유치원 및 초·중고등학교에서 모든 학생들을 대상으로 심폐소생술 등 응급처치에 관한 교육을 포함한 보건교육을 체계적으로 실시하여야 함
  - 매 학년도 3월 31일까지 응급처치의 대상·내용·방법 및 그 밖에 필요한 사항을 포함하여 해당 학년도의 응급처치교육 계획을 수립해야 함(시행규칙 별표9)
  - 이론교육(응급상황 대처요령, 심폐소생술 등 응급처치 시 주의사항, 응급의료 관련 법령) 2시간
  - 실습교육(심폐소생술 등 응급처치) 2시간
  - 교육 여건 등을 고려하여 응급처치의 내용·시간을 조정할 수 있으나 실습교육 2시간을 포함하여 최소 3시간 이상 실시
  - 응급처치교육 실시 후 해당 학년도의 교육 결과를 다음 학년도가 시작되기 30일 전까지 교육감에게 제출하여야 함
- 보건교사는 교사의 보건교육 협조와 필요시 보건교육을 운영할 책임이 있음(시행령 제23조 4항 3호)

③ 학생건강검사

- 건강검사 실시(법 제7조)
- 건강검사 실시결과 관리(시행령 제9조)
  - 신체발달상황 및 신체능력검사 결과: 학생건강기록부로 작성·관리
  - 건강검진 결과: 검진기관이 통보한 자료를 학생건강기록부와 별도로 관리
  - 교육정보시스템을 이용하여 처리하여야 하는 자료
    : 인적사항
    : 신체의 발달상황
    : 예방접종 완료 여부
    : 건강검진 및 별도검사 종류, 시행기관명
- 건강검사의 결과를 바탕으로 학생의 신체 및 정신건강 증진을 위한 학생건강증진계획 수립·시행(법 제72조의2)

④ 학생건강증진 전문기관

- 교육감은 학생의 신체발달 상황 및 생활습관 등의 실태조사, 학생의 건강증진 개선을 위한 프로그램의 개발·운영, 학생의 신체 및 정신건강 증진을 위한 상담, 건강이 취약한 학생에 대한 지원 등의 업무를 수행하기 위하여 관할 지역에 학생건강증진센터를 설치·운영할 수 있음(법 제16조의2)

2) 학생 보건교육 진흥 조례

목적	주요 내용
학생 보건교육 진흥과 이에 따른 지원을 위하여 필요한 사항 규정	※ 각 시·도 교육청 조례로 제정되어 있음 -국가법령정보센터 홈페이지(www.law.go.kr)에서 조례를 검색하여 원문 확인 및 다운로드 가능 **(주요내용) 경기도 학생 보건교육 진흥에 관한 조례(경기도조례 제6852호, 2021.1.4.)** •'보건교육'의 정의: 학교보건법 제9조 및 제9조의2에 따른 질병의 치료와 예방, 성교육, 정신건강 등 학생 건강의 보호·증진을 도모하기 위한 교육활동을 말함 •교육감은 학생들의 보건교육과 건강관리를 위하여 모든 학교에 보건교사가 배치될 수 있도록 노력하여야 하며, 보건교사의 도움과 관리가 지속적으로 필요한 학생들이 있는 학교에 우선 배치하도록 함 •교육감은 매년 보건교육 추진을 위한 예산 확보 방안, 행정적 지원 방안, 인적자원 활용 방안 등을 포함한 보건교육 기본계획을 수립하여야 함. 학교장은 매년 보건교육 과정 및 계획을 수립하고 추진하여야 함 •교육감은 보건교육 진흥을 위해 보건교육센터를 설치할 수 있음. 보건교육센터는 보건교육의 진흥을 위한 중장기 계획 및 정책의 연구개발, 연수운영, 자료개발, 평가 등을 주요 기능으로 함

3) 당뇨병 학생 지원 조례

목적	주요 내용
당뇨병 학생의 학습권 및 건강권 향상	※ 각 시·도 교육청 조례로 제정되어 있음 -국가법령정보센터 홈페이지(www.law.go.kr)에서 조례를 검색하여 원문 확인 및 다운로드 가능 **(주요내용) 광주광역시교육청 당뇨병 학생 지원 조례(광주광역시조례 제5589호, 2020.12.15.)** •당뇨병 진단을 받은 학교 재학 학생 지원에 필요한 사항 규정 •교육감은 당뇨병 학생에 대한 교육 차별금지, 학생 당뇨병 조기발견을 위한 건강검진, 당뇨병 학생에 대한 맞춤형 지원 방안, 당뇨병에 대한 인식 개선을 위한 교육·홍보, 당뇨병 학생 응급조치 등의 보호 체계 구축 등의 사항을 포함한 지원계획을 수립·시행하여야 함 •학교장은 당뇨병 학생이 질병을 비공개 또는 제한적 공개를 원하는 경우 이를 최대한 존중하여야 함 •학교장은 당뇨병 학생의 개인별 지원계획을 수립하고, 응급처치 및 병원 진료 등에 어려움이 발생하지 않도록 배려하여야 함 •학교장은 당뇨병 학생의 혈당관리에 필요한 경우 급식시간 및 체육활동 시간 등을 조정할 수 있음

4) 난치병 학생 관련 조례

목적	주요 내용
난치병 학생의 건강권 및 학습권 보장	※ 각 시·도 교육청 조례로 제정되어 있음 –국가법령정보센터 홈페이지(www.law.go.kr)에서 조례를 검색하여 원문 확인 및 다운로드 가능 **(주요내용) 부산광역시교육청 난치병 학생 지원에 관한 조례(부산광역시조례 제6458호, 2021.8.11.)** •'난치병 학생'의 정의: 암, 심혈관 질환, 뇌혈관 질환, 희귀난치성 질환 등의 장기적 치료를 필요로 하는 질환을 가지고 있는 사람으로, 부산광역시에 소재하는 학교에 재학 중인 학생을 말함 •학교생활 적응 지원: 난치병 학생의 건강권 및 학습권 보장을 위하여 학교생활 전반을 지원하는 활동 •교육감은 난치병 학생 지원 정책의 목표와 기본방향, 지원사업(의료비 지원, 보건교사 등 교직원에 대한 직무교육, 학습결손 예방 및 학교생활 지원, 난치병 인식 개선을 위한 교육·홍보), 지원대상자 선정 기준 및 지원 방법, 관계 기관과의 협력체계 구축·운영 등의 사항을 포함한 지원계획을 수립·시행하여야 함

5) 응급처치교육 지원에 관한 조례

목적	주요 내용
학생과 교직원의 응급처치 교육지원을 통하여 학교 등에서 발생하는 응급사고에 대한 대응능력 향상 및 응급환자의 생명과 건강보호	※ 각 시·도 교육청 조례로 제정되어 있음 –국가법령정보센터 홈페이지(www.law.go.kr)에서 조례를 검색하여 원문 확인 및 다운로드 가능 **(주요내용) 서울특별시교육청 응급처치교육 지원에 관한 조례(서울특별시조례 제7891호, 2021.3.25.)** •'응급처치교육'의 정의: 학교에서 응급환자에게 실시하는 심폐소생술 등 생명의 위험이나 증상의 현저한 악화 등을 방지하기 위하여 긴급하게 이루어지는 처치 관련 교육을 말함 •교육감은 응급처치교육 지원 추진 방향 및 목표, 응급처치교육의 목표, 응급처치교육 추진을 위한 예산확보 사항 등을 포함한 응급처치교육 지원계획을 수립·시행하여야 함 •교육감은 교직원의 응급처치교육 역량 강화를 위하여 교직원에게 충분한 연수 기회를 부여하여야 함 •교육감은 학교에 자동심장충격기 등 심폐소생술을 할 수 있는 응급장비를 갖추는 데 필요한 재정적 지원을 할 수 있음

6) 학생 정신건강증진 조례

목적	주요 내용
학생의 심리적 안정과 성장을 도모하여 학생이 행복한 삶을 살아가는 데 이바지함	※ 각 시·도 교육청 조례로 제정되어 있음 -국가법령정보센터 홈페이지(www.law.go.kr)에서 조례를 검색하여 원문 확인 및 다운로드 가능 **(주요내용) 전북특별자치도교육청 학생 정신건강증진에 관한 조례(전북특별자치도조례 제5485호, 2024.3.29.)** • '정신건강 위기 학생'이란 심리·정서적인 문제로 인해 교육활동을 영위하는 데에 어려움이 있어 상담이나 치료 등의 지원이 필요한 학생을 말함 • 교육감은 매년 학생 정신건강증진사업 추진 목표 및 기본 방향, 학생 정신건강 실태 조사, 정신건강 위기 학생 조기 발견 및 지원 방안, 학교 교육과정과 연계한 학생 정신건강증진교육 운영 방안, 학생 교육·상담·치료 등의 지원, 교직원 및 보호자 연수 방안 등을 포함한 학생 정신건강증진 종합계획을 수립·시행하여야 함 • 교육감은 학교에서 학생 정신건강교육이 학교 교육과정과 연계하여 시행될 수 있도록 노력하여야 하며, 이를 위해 교재 및 프로그램 개발 등을 추진하여야 함

7) 건강장애 학생 교육지원 조례

목적	주요 내용
건강장애에 대한 장기치료 등으로 학교생활, 학업 수행에 어려움을 겪는 건강장애학생의 교육지원에 필요한 사항 규정	※ 각 시·도 교육청 조례로 제정되어 있음 -국가법령정보센터 홈페이지(www.law.go.kr)에서 조례를 검색하여 원문 확인 및 다운로드 가능 **(주요내용) 경상남도교육청 건강장애학생 교육지원 조례(경상남도조례 제5687호, 2024.7.4.)** • '건강장애학생'의 정의: '장애인 등에 대한 특수교육법' 제15조제1항에 따라 선정된 특수교육대상자로서 건강장애를 지니고 있어 3개월 이상의 장기입원 또는 통원치료 등으로 학교생활 및 학업 수행에 어려움이 있는 학생을 말함 • 병원학교: 학교에서 교육을 받기 곤란하거나 불가능한 건강장애학생의 교육을 위하여 병원 내에 설치된 파견학급 형태의 학교 • 건강장애학생이 소속 학교장은 건강장애학생과 해당 학부모에게 교육과정, 평가, 성적 처리 등에 대한 정보를 제공하여야 함 • 학교장은 건강장애학생이 질병 치료 후 또는 치료 과정에서 소속 학교로 복귀하는 경우 학교생활과 학업 수행에 어려움이 없도록 필요한 지원을 하여야 함. 맞춤형 보충학습, 심리적·정서적 지원, 진로탐색 및 진로체험 활동 등 학교복귀 프로그램을 지원하여야 하며 해당 학급 학생들과 원만한 교우관계를 형성할 수 있도록 지원하여야 함 • 학교장은 병원학교 학생의 학적을 소속 학교에 두고, 병원학교에서 통보받은 출석 확인서로 수업일수 및 출결사항을 관리함. 성적은 소속 학교의 학업성적관리규정에 따라 처리하고 평가는 원칙적으로 당일 소속 학교에 출석한 학생을 대상으로 평가하되, 학생이 부득이한 사유로 출석하지 못하는 경우에는 소속 학교의 학업성적관리위원회의 결정에 따름

8) 학교보건실 시설과 기구 및 용품에 관한 규칙

<table>
<tr><th>목적</th><th>주요 내용</th></tr>
<tr><td>학교보건법 시행령 제2조제3항의 시행에 관하여 학교보건실의 면적, 시설과 기구 및 용품에 필요한 사항 규정</td><td>
※ 각 시·도 교육청 조례로 제정되어 있음
-국가법령정보센터 홈페이지(www.law.go.kr)에서 조례를 검색하여 원문 확인 및 다운로드 가능
(주요내용) 충청북도 학교보건실 시설과 기구 및 용품에 관한 규칙(충청북도교육규칙 제798호, 2019.12.27.)
•학교보건실 면적은 66제곱미터 이상 확보하여야 함(단, 학교장은 학급규모 및 시설 여건에 따라 학생 및 교직원의 건강관리에 지장이 없는 범위 안에서 그 면적을 완화할 수 있음)
•각급 학교의 장은 매년 3월 1일을 기준으로 학교보건실의 시설과 기구 및 용품에 대한 실태조사를 실시하고 부족한 품목과 수량에 대하여 확보계획을 수립하여야 함
•학교보건실에 갖추어야 하는 시설과 기구 및 용품의 구체적인 기준
※ 보건교사 배치 여부와 관계 없이 필수적으로 갖추어야 하는 것
<table>
<tr><th>구분</th><th>시설과 기구 및 용품</th></tr>
<tr><td>환자 안정용 기구</td><td>침대, 침구류(침대커버, 이불, 베개), 안정실 미구분 시 칸막이(가리개), 보온기구(전기요)</td></tr>
<tr><td>건강진단 및 상담용 기구</td><td>비만측정기(신장·체중 자동 측정), 전기시력표, 지시봉, 눈가리개, 색각 검사표, 청력계, 혈압계, 혈당측정기</td></tr>
<tr><td>응급 처치용 기구</td><td>체온계, 포셉·모스키토·켈리(지혈감자)·포셉통, 기구받드, 드레싱캔, 스폰지캔, 드레싱카, 부목, 구급낭(휴대용 구급기구), 들것, 냉·온 찜질기(팩)</td></tr>
<tr><td>보건 교육용 기자재</td><td>치아·칫솔 모형, 심폐소생술 인형, 교육용 AED</td></tr>
<tr><td>기타</td><td>생리대 등 학생의 신체발달 과정에서 필수적인 용품</td></tr>
</table>
</td></tr>
</table>

9) 학교안전교육 실시기준 등에 관한 고시

목적	주요 내용
학교안전교육의 실시 기준 등에 관한 사항 규정	① **7대 안전교육 내용 체계(학생 안전교육 시수, 내용 및 방법)** -마약류를 포함한 약물중독 예방교육: 초 5차시, 중 6차시, 고 7차시 의무 교육(학기당 2회 이상) -사이버중독 예방교육: 초 5차시, 중 4차시, 고 3차시 의무교육(학기당 2회 이상) -응급처치교육: 초·중·고 2차시 이상(학기당 1회 이상) -전문가 또는 교원 설명, 학생 참여 수업(역할극, 프로젝트 학습 등), 교내외 체험교육 또는 현장학습, 반복지도 등 ② 의사, 간호사 등 해당 안전 영역과 관련된 자격증을 보유한 사람은 안전교육을 실시할 수 있음(이론과 실습교육 병행)

2. 보건교사의 직무

간호학적 배경을 가진 여러분이 학교 환경에 맞게 보건'교사'로서 자신의 역할을 분명하게 인식하고 교육자로서 정체성을 확립하는 것은 매우 중요한 일이다. 가장 큰 차이점은 간호사는 치료와 간호를 중심으로 업무를 수행하지만, 보건교사는 **예방과 교육에 초점을 맞추어 업무를 수행한다는 점**이다. 보건교사는 다양한 건강 문제에 대해 소극적으로 접근하고 처치 중심으로 업무를 수행하기보다, 적극적이고 장기적인 관점에서 학생의 신체적·정신적 건강과 삶의 행복을 위해 단순한 의료적 지원을 넘어서는 전문적인 역할을 담당할 필요가 있다.

생각하기

간호사와 보건교사: 닮은 듯, 다른 두 직업

간호사와 보건교사는,

건강 문제에 대해 간단한 처치를 시행하고, 건강 관련 지식과 정보 등을 제공하여 대상자의 건강을 개선하는 데에 기여합니다.

간호사는,

병원, 보건소 등에서 "환자"의 건강 상태를 관리하고 치료 과정을 도우며 의료진과 협력하여 서비스를 제공합니다. 환자의 건강 상태를 지속적으로 모니터링하고 주사, 투약 등의 의료행위를 수행합니다.

보건교사는,

학교에서 "학생 및 교직원"의 건강 전반에 관한 상담, 예방 및 교육, 의료적 처치 등을 제공하며 보건교육이 업무의 중요한 부분을 차지합니다. 성교육, 정신건강증진 교육, 흡연 및 음주 예방 교육, 마약 관련 교육 등 다양한 분야의 교육을 통해 **예방 중심의 교육활동**을 중요시하며 신체적·정신적 건강뿐 아니라 정서적 건강까지 돌보며 학생들의 전인적 성장에 기여하게 됩니다.

간호사와 보건교사는,

대상자의 건강과 안전을 돌봄으로써 생명을 영위하는 데 중요한 역할을 담당하므로 높은 책임감과 윤리의식을 필요로 합니다. 직무를 수행할 때, 윤리적 기준을 철저이 준수하고 정해진 규칙과 원칙에 따라 대상자 맞춤형 건강 관리를 제공하게 됩니다.

간호사는,

의료진과 환자 사이의 매개 역할을 함으로써 환자 및 가족을 지원하고, 의료인으로서 환자의 치료 과정에 적극적으로 개입하게 됩니다. 또한, 간호사에게 요구되는 기본적인 역할과 책임을 다할 뿐 아니라, 양질의 의료 서비스를 제공하기 위해 소속 기관의 방침과 규정도 엄격하게 지켜야 합니다.

보건교사는,

교육자로서 학생, 학부모, 동료 교직원과 협력하여 학생들의 전인적 성장과 발전을 위해 다양한 업무를 수행하며 건강한 생활습관 형성을 통해 질병을 예방하기 위해 노력합니다. 지속적인 건강 상담 및 학생 건강 상태 모니터링 등을 통해 학생의 질환(질병)에 따른 적절한 의료적 처치를 제공하고 필요한 의료적 서비스를 받을 수 있도록 병원 등 외부 기관과 연계해주는 역할을 담당합니다. **교육자에게 요구되는 윤리적 기준과 책임**뿐 아니라 교육(지원)청, 교육부 등의 매뉴얼 및 각종 지침 등을 준수하여 직무를 수행합니다.

간호사와 보건교사는,

사람의 생명을 다루기 때문에 필수적으로 건강 및 보건 관련 전문 지식과 기술을 갖추어야 합니다. 건강 문제에 대한 원인을 파악하고 그에 적절한 처치가 무엇인지 판단할 수 있어야 하며, 대상자의 신체적·정신적 건강 상태를 이해하여 그에 맞는 대처를 능숙하게 할 수 있는 전문성을 갖추어야 합니다.

간호사는,

치료와 간호 업무에 대한 전문성을 갖추고, 병원 환경에서 자주 사용되는 의학 용어 및 의료 기술을 숙지해야 합니다.

보건교사는,

다양한 건강 문제의 원인과 대처, 예방 및 치료 방법 등에 대한 **의학적 지식과 기술**을 기반으로 교사로서의 자질과 능력을 추가적으로 갖추어야 합니다. **교육학적 지식, 수업 설계, 심리학적 지식, 상담 기법의 활용** 등 학교에서의 보건교육 운영에 필요한 지식, 기능 및 태도를 갖추어야 합니다. 특히, 학생들의 정신건강, 중독, 성문제 등 정신적·정서적 문제에 대한 상담활동을 실시하고, 적절한 해결책을 제안할 수 있어야 하며, 가정 및 외부 기관 등 다양한 주체들과 소통·협력하는 실질적인 능력을 갖추어야 합니다.

그렇다면, 법령에서는 보건교사의 직무에 대해 어떻게 규정하여 두었을까? '직무'는 직책이나 직업에서 맡은 임무, 해야 할 일을 뜻한다. 보건교사의 배치 기준 및 직무는 '학교보건법 및 동법 시행령'에 규정되어 있다. 보건교사의 직무를 법령에 명확히 규정한 것은 보건교사의 전문성을 강화하고, 국가 차원에서 보건교사의 직무 수행에 대한 일관된 기준을 제시하여 학교 구성원들의 건강과 안전을 보장하고자 한 것이다. 보건교사의 직무에 관한 법적 근거를 통해, 학교 내 업무 혼선을 방지하고 안정적인 학교보건 관리체계를 유지할 수 있다. 아래 정리한 보건교사의 직무는 예비 보건교사로서 학생들이 갖춰나가야 할 역량이자, 추후 학교현장실습을 통해 연습하고 훈련해야 할 내용이기도 하므로 꼼꼼히 확인하기 바란다.

(법) 제15조(학교에 두는 의료인·약사 및 보건교사)

② 학교(「고등교육법」 제2조 각 호에 따른 학교는 제외한다. 이하 이 조 및 제15조의2에서 같다)에 제9조의2에 따른 보건교육과 학생들의 건강관리를 담당하는 보건교사를 두어야 한다. 다만, 대통령령으로 정하는 일정 규모 이하의 학교에는 순회 보건교사를 둘 수 있다. 〈개정 2021. 6. 8.〉

③ 제2항에 따라 보건교사를 두는 경우 대통령령으로 정하는 일정 규모 이상의 학교(36학급 이상의 학교)에는 2명 이상의 보건교사를 두어야 한다. 〈신설 2021. 6. 8.〉

(시행령) 제23조(학교에 두는 의료인·약사 및 보건교사)

④ 보건교사의 직무는 다음 각 호와 같다.

3. 보건교사의 직무

가. 학교보건계획의 수립

나. 학교 환경위생의 유지·관리 및 개선에 관한 사항

다. 학생과 교직원에 대한 건강진단의 준비와 실시에 관한 협조

라. 각종 질병의 예방처치 및 보건지도
마. 학생과 교직원의 건강관찰과 학교의사의 건강상담, 건강평가 등의 실시에 관한 협조
바. 신체가 허약한 학생에 대한 보건지도
사. 보건지도를 위한 학생가정 방문
아. 교사의 보건교육 협조와 필요시의 보건교육
자. 보건실의 시설·설비 및 약품 등의 관리
차. 보건교육자료의 수집·관리
카. 학생건강기록부의 관리
타. 다음의 의료행위(간호사 면허를 가진 사람만 해당한다)
 1) 외상 등 흔히 볼 수 있는 환자의 치료
 2) 응급을 요하는 자에 대한 응급처치
 3) 부상과 질병의 악화를 방지하기 위한 처치
 4) 건강진단결과 발견된 질병자의 요양지도 및 관리
 5) 1)부터 4)까지의 질병자의 요양지도 및 관리
파. 그 밖에 학교의 보건관리

3. 보건교사의 역할

보건교사의 역할은 앞서 서술한 학교보건법 시행령에서의 '보건교사 직무'에 근거한다. 학교의 특성(학교급, 지리적 위치 등)이나 업무분장 등에 따라 보건교사가 학교 내에서 수행해야 하는 역할은 얼마든지 달라질 수 있다. 또한, 학교 규모에 따라 보건 업무 외에 다른 업무(예: 상담, 특수교육, 복지 등)를 수행하는 경우도 있고, 순회 보건교사로서 여러 학교의 보건교육 및 보건 업무를 담당하게 되는 경우도 있다. 법령의 내용은 보건교사의 직무에 대해 일반적으로 서술한 것이라면, 아래 내용은 실제 학교 현장에서 보건교사가 수행하고 있는 역할을 정리한 예시이다.

분야	구체적 역할
건강관리	•건강검진 시행 및 결과 관리 -건강조사(기초 건강 실태 조사) -건강검진, 구강검진, 신체발달상황 검사 -시력검사, 소변검사 -만성질환, 빈혈, 비만, 영양 불균형 등 건강 문제가 있는 학생 관리 -건강 정보의 기록 및 보관 -외부 의료기관 연계 •학교 내에서 응급상황에 대한 처치 -지침(매뉴얼)에 따라 즉각 대처 -보호자, 의료기관 연락(비상연락망) •질병 예방 -손 씻기, 마스크 착용 등 개인위생 실천

	-다중이용시설에서의 위생 -예방접종 안내 •감염병 예방 및 대응 -유행성 질병에 대한 예방 교육, 방역 활동 -감염병 발생에 대처(격리, 확산 방지 등) -유행 상황에 대한 정보 제공(학생, 학부모, 교직원)
보건교육	•보건교육계획 수립 및 운영 -법령, 교육부·교육(지원)청·학교 지침 등에 필수 이수 교육 확인 (학생, 교직원 등 대상에 따른 교육 시간, 내용, 방법 등 확인) -수업 연구, 교수·학습 과정안 작성 -교육 내용 평가 및 반성 •건강생활습관 교육 -건강생활습관(영양, 운동 등) 형성 및 유지 -흡연, 음주, 약물 남용 예방 교육 •성교육 -성폭력 예방 교육 -성 관련 질환 예방 교육 -성에 대한 올바른 가치관 형성 •생명존중교육 -정신건강 증진 교육 -자살 예방 -스트레스 관리 •응급대처 교육 -심폐소생술 -간단한 응급처치법
보건실 운영	•보건실 방문 학생 처치 및 상담 •시설 및 설비, 약품·소모품 관리 -의료적 처치를 위한 시설 등 조사, 필요 물품 구입 및 관리 -응급상황에 대비한 장비(자동제세동기, 구급상자 등) 점검 -보건실 내부 환경의 청결 유지 •학교보건 행정 처리 -예산 계획 및 지출 -보건실 운영 관련 자료 작성 및 제출 •보건일지 작성 및 관리
건강 상담과 협력적 지원 체계	•건강 관련 상담 -학생, 학부모, 교직원 등에게 건강 문제 관련 상담 -의료 관련 정보 제공 -학부모, 교직원 연수 -상담 내용 기록(필요시, 일지 작성) •학부모, 교직원과의 협력 -학생의 건강 상태에 대한 상담 기록, 보호자와의 협의 •외부 기관 연계 -병원, 보건소, 학생건강증진센터 등

학교 보건 체제를 안정적·체계적으로 운영하고 각종 법적 책임을 준수하기 위해 업무의 내용을 일련의 계획표(일정표)로 정리하여 관리하도록 한다. 보건교사의 직무가 체계적으로 정리되어야 하는 구체적인 이유는 다음과 같다.

- 학교보건법, 감염병예방법 등 각종 법령 및 교육청 지침을 체계적으로 이행할 수 있다. 건강검진, 각종 질병의 예방조치, 보고 의무 등에 대한 규정을 준수하여야 하며 기한 내에 처리하지 않으면 감사 지적사항이 되거나 행정처분이 내려지는 등의 불이익이 발생할 수 있다. 특히, 보고서 제출, 통계, 연간 계획 수립 및 평가 등 주요 행정 업무 처리는 잊지 않도록 메모해 두도록 한다.
- 각 계절별로 특화된 건강 문제가 존재하기 때문에 예방교육 및 각종 조치는 적절한 시기에 시행하여야 한다. 봄철 미세먼지와 황사, 여름철 식중독 및 열사병, 가을철 독감 등이 그 예이다. 시기에 맞추어 미리 교육을 준비하고 정해진 일정대로 교육을 실시하여야 한다.
- 보건교육의 여러 영역 간 중복된 학습을 예방하고 일회적인 교육이 아닌 연속적이고 시의적절한 교육이 가능하도록 돕는다.
- 보건교사의 업무는 연간 업무 흐름 및 계획표(일정표)에 근거하여 수행되지만, 예상치 못한 응급상황에 대처해야 하는 경우도 많이 발생한다. 이에 기본적인 업무 흐름을 정리하면 응급상황 발생 시 피해를 최소화할 수 있고, 비상상황에도 적절하게 대처할 수 있다. 일상적인 상황에서 기본적으로 수행되어야 하는 업무나 준비되어야 하는 사항들은 알아보기 쉽게 정리해둔다.

학교급 및 개별 학교의 상황과 여건에 따라 차이가 있을 수는 있으나(예: 교직원·보호자 연수 및 학생 보건교육 운영 시기와 내용, 각종 보건교육 주간 운영, 보건소식지 발행 횟수 등) 전체적인 업무의 흐름은 유사하므로, 아래 내용을 참고하여 보건교사가 1년 동안 수행해야 할 직무를 파악해보자.

월별	업무 내용(예시)
매월	1. 보건일지 작성 및 관리 2. 보건실 용품, 의약품 및 비품 관리(주기적으로 유효기간 점검) 3. 보건교육 운영(보건교육 운영계획 및 교육과정에 의거) 4. 보건소식지 발송 5. 학생 응급처치 및 건강 상담
3월	1. 학교보건 기본계획, 응급환자 이송 계획 등 각종 계획 수립 2. 보건실 환경 정비(의약품, 소모품, 비품 구입) 3. 학생 건강 기초조사 실시 4. 신입생 건강검진 안내 5. 건강기록부 확인·점검 6. 교직원 응급처치 기초 교육(심폐소생술, 기초 응급처치)
4월	1. 학생 예방접종 실시 현황 확인(신입생 관리) 2. 학생건강(구강)검진 실시기관 선정 3. 학생 건강 기초조사 결과 피드백(요보호학생 관리, 건강 상담 실시 등)

월별	업무 내용(예시)
5월	1. 학생건강(구강)검진 실시 2. 구강보건교육주간 운영 3. 환절기 건강관리법 안내(가정통신문 발송)
6월	1. 여름철 식중독 예방법 안내(학생 교육 및 가정통신문 발송) 2. 건강검진 결과 배부 및 추후 관리 3. 교직원 연수: 성폭력 예방교육
7-8월	1. 건강기록부 입력 확인 및 중간 점검 2. 1학기 보건업무 평가 및 2학기 보건계획 보완 3. 방학 중 보건실 정비(응급의약품 재점검, 소모품 구입 등)
9월	1. 요보호 학생 상담, 질병 고위험군 학생 교육 2. 정신건강 증진 및 생명 존중 교육 주간 운영 3. 가을철 유행 감염병 예방법 안내(학생 교육 및 가정통신문 발송)
10월	1. 질병 고위험군 학생 관리(예방 교육, 상담, 건강검진 결과 추후 관리 등) 2. 약물 안전교육(오·남용 예방) 실시
11월	1. 독감 예방접종 확인 및 안내 2. 겨울철 건강 관리법 안내(학생 교육 및 가정통신문 발송)
12월	1. 건강기록부 기록 최종 점검 2. 보건실 운영 관련 공문서 정리 3. 학교보건 업무 평가 및 반성
1-2월	1. 건강기록부 정리 및 마무리 2. 연간 보건계획 초안 작성 3. 신학기 준비

4. 다양한 사람과 협업하기

보건교사는 학교 공동체 전체의 건강을 증진하기 위한 본연의 업무를 수행하기 위해 다양한 사람들과 협력적 관계를 맺어야 한다. 보건 분야 프로그램이나 학교의 보건 정책 등에 대한 계획을 수립하고 실천하기 위해서는 **학교 관리자**와의 협력이 필수적이다. 또한, 학교 일과 전반에 걸쳐 학생들을 가장 가까이에서 자주 관찰하는 사람이 **담임교사와 교과 담당 교사**이므로 학생의 건강관리 및 건강 문제에 대한 효율적 지원을 위해서는 이들과 협력적으로 의사소통하여야 한다. 학생들의 정신건강 증진 및 정서적 어려움에 대한 지원을 위해서는 교내 **상담교사**와의 협력이 중요하며, 학생들의 개별화된 건강관리를 위해서는 **가정**과 원활하게 소통하여야만 한다. 학교 구성원들의 전문적이고 체계적인 건강관리를 위해서는 **지역사회 및 외부 기관**과의 연계가 필수적이다. 다음은 보건교사가 학교에서 협력적인 관계를 맺으며 협업하게 되는 다양한 사례를 정리한 내용이다.

- 학교 보건 관련 예산 계획, 보건교육 운영계획 등 각종 계획 수립을 위해 관리자와 협의
- 담임교사와 함께 만성질환이 있는 학생에 대한 정보를 공유하고 학급 내 관리 방안에 대해 논의
- 상담교사와 함께 학생들의 정서적 스트레스 완화를 위한 프로그램 공동 기획
- 학생자치회 업무 담당 교사와 함께 흡연 예방 캠페인 운영 협의
- 흡연 청소년과의 정기적인 상담, 외부 기관 연계 등을 위해 상담교사, 담임교사, 생활지도 담당 교사와 함께 지속적인 협의 진행
- 학부모와 학생 건강 상태(약물 복용, 질환 등)에 대한 상담 실시
- 가정통신문을 통해 건강한 생활 습관 형성을 위한 유의사항 안내
- 보건소, 병원과 협력하여 학생 건강검진 실시
- 보건실 운영 물품 구입을 위해 행정실 담당자와 업무 협의
- 전교생 대상 응급처치 실습 교육을 위해 교육 시간, 방법 및 장소를 회의를 거쳐 결정하고 실습교육 당일 학생들의 원활한 실습 참여를 위해 전 교직원의 협조 요청

협력의 과정에서는 의사소통 방식, 관점이나 견해, 교육적 가치관 등 다양한 차이로 인해 크고 작은 갈등 상황을 마주하게 된다. 아래 내용을 참고하여 다양한 사람들과 원만하게 협력하며 업무를 수행하는 역량을 갖추도록 노력해보자.

- 업무를 효율적으로 처리하고 갈등을 예방하기 위해 각자의 책임과 역할을 분명히 정한다.
- 상대방의 관점을 존중하고 이해하려는 태도를 가지며, 협력의 목표는 학생의 건강증진 및 삶의 질 향상에 있음을 잊지 않는다. 공동의 목표를 중심에 둔다.
- 의견 차이 또는 충돌이 있을 때는 대화를 통해 원만하게 조정하려고 노력하며, 논의 과정에서 근거 없는 비판보다는 대안을 제시하는 건설적인 대화가 이루어지도록 한다. 감정적 반응은 최대한 자제하고, 객관적인 언어를 사용하여 대화에 임한다.
- 의사소통 자료(공문, 안내문, 가정통신문 등)는 명확하고 객관적으로 작성하여 오해를 방지한다.
- 개인정보 등 학생들의 민감한 정보를 다룰 때에는 반드시 비밀을 유지하고, 당사자의 동의를 얻으며, 최소한의 정보만 다루도록 한다.
- 학부모나 비전문가와 소통할 때에는 어려운 용어보다는 이해하기 쉬운 용어를 사용한다.
- 의사소통능력 향상 및 원만한 관계 형성을 위한 역량 강화 연수에 적극적으로 참여한다.

Chapter 04

보건교사의 직무 이해: 보건실 관리 및 운영

1. 학생 건강 관리 및 상담

보건교사는 단순히 신체적 증상과 불편함을 느끼는 학생을 돌보는 업무만 수행하는 것이 아니라, 학생들의 건강을 '종합적'으로 관리하는 역할을 수행한다. 건강 이상 증상 및 응급상황에 대한 처치, 만성질환 학생 관리, 전염병 및 감염병 예방 관리, 학생 상담(예: 스트레스, 대인관계, 사춘기 및 성 관련 고민, 생활 습관 개선, 학교폭력) 등 학생의 건강 관리 및 상담 영역에서 보건교사가 수행하는 업무는 상당히 광범위하다. 해당 영역의 업무는 학생의 질병 예방과 조기 발견 및 정서적 안정을 위한 직접적인 지원 활동에 해당하는 것으로서, 학생의 신체적·정서적 발달을 도모하고 건강한 학교생활을 돕는다는 중요한 의미를 지닌다. 학생 건강관리 및 상담 관련 주요 업무 유형 및 유의사항은 다음과 같다.

구분	세부 내용
일상적 건강관리 및 응급처치	•일상 건강관리: 보건실 방문 학생이 안정을 취하여 빠른 시간 내에 학습활동에 복귀할 수 있도록 지원, 요양 중인 학생의 상태 파악 ※ 천식, 당뇨, 알레르기, 경련성 질환 등 요보호 학생은 특별히 주의깊게 관찰 •약물 안전 관리: 약물 복용 지도, 의약품 오남용 예방교육 실시 •장시간 요양이 필요한 학생은 보호자에게 연락하여 의료적 조치를 받을 수 있도록 안내 •인근 의료기관 및 가정과 협조 체제를 구축하여 학생 건강 증진 도모
보건실 운영	•보건실 환경은 쾌적하고 안전하게 유지 •보건실 입실 지도(보건실 사용 시간, 이유 등을 파악하고 교육 및 연수를 통해 보건실 이용 사항 안내) ※ 보건실 입실허가증: 출결사항 확인 및 학생 소재 파악을 위한 증빙자료가 될 수 있음 •보건교사 부재 시: 학교 내 응급처치 대응, 보건업무 처리 등을 위해 보건 업무 대행에 관한 사항은 학교 자체 계획에 포함하도록 함(학생, 교직원에게 해당 내용 안내)
학생 건강 상담	•학생 건강 상담 기록은 나이스에 실적을 등록할 수 있으며 필요한 경우 유선 상담, 가정통신문 등 다양한 방법을 활용함(가정, 담임교사 등과 상황 공유 및 공동 대처) •또래 갈등, 교우관계 등의 정서적 어려움을 호소하는 경우 적극적으로 경청하고 필요한

	경우 전문 기관과 연계하여 적절한 지원이 제공될 수 있도록 함 •보건실에 자주 방문하는 학생이나 상습적으로 통증을 호소하는 학생 등에 대해 주의깊은 관찰과 개별 상담 등을 통해 자해, 우울 등의 징후를 조기에 발견하도록 함 •학교급별로 성장·발달에 필요한 생활지도 상담을 실시(예: 청소년기 성상담, 영양·수면 등 생활습관 상담을 통한 건강한 생활습관 형성 지도) •정서·행동특성 검사 결과를 바탕으로 고위험군, 주의집단 학생 상담 협조

2. 보건실 시설·설비 및 약품 관리

보건실은 「학교보건법」에 따라 일정 규모의 면적을 확보하여야 하고, 학생·교직원이 이용하기 쉽고 통풍 및 채광이 잘 되는 곳에 설치하여야 한다. 약품 및 소모품은 학교 상황에 맞게 계획을 세워 구입·관리하고, 약품 사용 시에는 주의사항을 유의하여 보건교사가 직접 투여하고 복용을 확인하도록 한다. 약품 등의 유효기간을 주기적으로 확인하여 적절하게 폐기하고, 약품 등을 보관하는 수납장은 잠금장치를 하여 철저히 관리하도록 한다. 다음은 보건실 사용 의약품에 관한 예시이다.

◈ **학생 연령(학년)별 주 사용 약품**

구분	약품
전 연령 공통	외용 소독제, 연고 등
유·초등학생	복용량이 낮거나, 맛 또는 형태가 어린이용(시럽, 젤리)
중·고등학생	일반적으로 성인 기준 약물 사용 가능

◈ **약물 작용 기전 기반**

구분	약품	유의사항
진통제	아세트아미노펜, 이부프로펜	과용 주의, 공복 복용 유의(이부프로펜)
해열제	타이레놀, 부루펜	
항생제	연고형(겐타마이신, 바시트라신), 점안형	상처 부위에만 외용
항히스타민제	로라타딘(클라리틴), 세티리진(지르텍)	졸림 유발
진경제	부틸스코폴라민(부스코판)	공복 투약 유의

◈ **투여 경로 기반**

구분	약품	유의사항
경구용	해열진통제, 소화제, 감기약 등	연령·체중별 용량 확인
외용제	소독약, 항생제 연고, 화상 연고 등	청결한 손, 거즈 등으로 도포
점안/점비용	인공눈물, 항히스타민 점안액	안구 접촉 유의
흡입제	기관지 확장제	처방약 여부 확인(기저질환 유무 확인), 약 보관 철저
패치형	해열 패치, 근육통 완화 패치	피부 이상 시 제거

보건실에는 상시로 구비되어 있는 약품 및 소모품뿐 아니라 응급처치용 구급함을 준비하여 교내 응급상황에 대비하는 것이 좋다. 보건교사가 학교에 부재하는 상황에 대비하거나, 교무실 등 교내 다른 교실 또는 공간에 응급처치용 구급함을 비치하여 응급상황에 신속하게 대처할 수 있는 준비를 해 두는 것도 좋다. 응급처치용 구급함은 구급 물품을 담기에 충분하고 휴대가 쉬운 가방에 환자 사정용 물품(예: 혈압계, 체온계, 청진기, 혈당 측정기, 산소 포화도 측정기 등) 및 처치 물품(예: 멸균 생리식염수, 의료용 가위 및 장갑, 부목, 경추 보호대, 안대, 드레싱 용품 등) 등을 넣어 구성하도록 한다.

한편, 보건실의 주요 시설 및 공간이 노후되어 환경 개선이 필요하거나 시설·설비 기준에 맞는 현대화된 보건실 설치가 필요한 경우 '학교 보건실 개선(현대화) 사업'을 추진할 수 있다. 학교의 신축·증축 등으로 인한 보건실 (신규) 설치, 처치공간·상담실·대기 공간·보건 업무 공간 등의 전반적 환경 개선, 기존 공간에 책걸상·상담·교육용 교구를 교체하는 등 다양한 경우의 사업(업무)이 추진될 수 있다.

3. 학교 보건 소식 안내: 보건소식지

보건교사는 학생, 학부모 및 교직원을 대상으로 유용한 건강 정보를 제공하고 건강한 생활습관을 유도하여 질병을 예방하며 학교 구성원들의 건강을 증진하기 위해 보건 소식지를 제작하여 배포할 수 있다. 감염병 예방, 개인 위생 습관, 응급처치법, 생활 속 건강관리법 등에 대한 정보를 제공하여 건강관리역량을 강화하고 가정에서 실천할 수 있는 건강관리법, 건강검진 및 예방접종 안내 등을 통해 학부모와 함께 학생의 건강을 관리할 수 있는 환경을 조성하기도 한다. 특히, 계절별 유행 질환(봄: 알레르기, 황사·미세먼지; 여름: 식중독, 온열질환; 가을: 독감, 피부건강 관리; 겨울: 동상 예방, 실내 공기 질 관리)이나 최신 건강 이슈 및 정보 등을 이해하기 쉽게 제작하여 배포하면 건강관리 지원에 매우 유용할 것이다. 각 시·도교육청 홈페이지, 질병관리청 등 누리집에 접속하면 각종 카드뉴스, 홍보지, 영상자료, 교육자료, 웹툰자료, 건강소식지 등을 다운로드받아 활용할 수 있다.

다음은 진드기 대처에 관한 보건소식지 예시이며, 형식이나 내용 등은 교사가 자유롭게 결정하여 제작할 수 있다.

00중학교 제 ( )호 보건소식지(2025.5월)

진드기, 이렇게 대처하세요!

진드기는 무엇인가요?

진드기는 사람 또는 동물을 물어 피를 빨아먹습니다. 풀이 우거진 곳에 숨어있다가 지나가는 대상을 공격하죠. 진드기로 인해 중증열성혈소판감소증후군(SFTS), 라임병, 아나플라즈마증, 쯔쯔가무시증, 진드기매개뇌염 등 무서운 질병에 걸릴 수 있기 때문에 야외활동을 할 때에는 반드시 각별한 주의가 필요합니다.

진드기는 어떻게 제거하나요?

- 핀셋으로 진드기의 머리 부분을 피부와 최대한 가깝게 직각으로 잡아 천천히 빼냅니다. 진드기의 입 부위가 피부에 남아있다면 끝이 미세한 핀셋 등으로 깔끔하게 제거합니다.

진드기를 제거할 때에는...

- 진드기를 비틀거나 털어서 제거하면 진드기가 전부 제거되지 않을 수 있습니다. 일정한 압력을 주어, 고르고 빠르지 않은 속도로 당겨 제거합니다. 물고 있는 진드기는 쥐어짜거나 터뜨리지 않습니다.
- 제거한 진드기는 밀봉하여 버릴 수 있습니다.

진드기에 물리지 않으려면...

- 산책 전에 기피제를 사용하는 것이 좋습니다.
- 수풀에 들어가지 않도록 주의합니다.
- 주기적으로 진드기를 잘 확인합니다.
- 야외활동 후, 입었던 옷 등은 깨끗하게 세탁합니다.

4. 기록물 작성 및 관리: 보건일지

보건일지는 보건교사가 「학교보건법 시행령」 제23조에 근거하여 보건실 방문 학생 및 교직원에 대한 치료 및 응급처치, 부상·질병의 악화를 막기 위한 처치, 질병의 예방적 처치와 보건지도, 약품 소모 관계 등 매일의 직무 수행 내용을 기록하여 놓은 문서를 말한다. 보건일지를 통해 학생 및 교직원의 건강 상태 변화, 학교의 보건 관련 주요 이슈 등을 분석하여 다음 연도 계획 수립 및 예산 편성을 위한 기초정보를 얻을 수 있다.

보건일지에는 기본 정보(날짜, 요일, 보건실 근무자 등), 학생 방문 기록(방문 학생의 학년·반·이름, 처치 내용(예: 약물 투여, 상처 치료, 휴식 등, 귀가 또는 병원 이송 여부 등)), 건강 이상 및 질병 발생 현황, 교내 발생 사고(예: 운동장 부상, 실험실 사고 등)에 대한 응급처치 내용 및 후속 조치와 사고 발생 기록, 학생 대상 보건교육 및 개인·그룹 상담 내용, 보건실 운영에 관한 특이사항(예: 약품 재고 현황 파악, 보건실 시설·설비 점검 등) 등을 기록한다.

보건일지는 학생 및 교직원의 건강과 직결되는 중요한 기록이므로 정확하고 꼼꼼하게 작성한다. 전산 프로그램을 활용하여 작성한 보건일지는 한글파일, 엑셀파일 등으로 변환하여 전자문서 결재 절차를 거치도록 한다.

5. 기록물 작성 및 관리: 학생건강기록부

「학교보건법」 및 「학교건강검사규칙」에 따른 신체발달상황 및 신체능력검사 등의 결과는 학생건강기록부로 작성·관리한다. 학생건강기록부는 나이스(NEIS)로 작성·관리하므로 상급학교 진학 또는 전학 시 해당 학교장에게 송부하며, 고등학교 졸업 시에는 출력물을 학생 또는 보호자에게 교부 후 전산매체에 저장하여 5년간 보존한다. 학생건강기록부는 학생 또는 보호자가 열람할 수 있으며, 해당 서식은 다음과 같다

■ 학교건강검사규칙 [별지 제1호서식] 〈개정 2025. 3. 10.〉

학 생 건 강 기 록 부

(앞쪽)

1. 인적사항

성명		성별	□남 □여	주민등록번호	~

학 교	학 년	반(이수과정 / 학과)	번 호	담 임 성 명

2. 감염병 예방접종

가. 취학 전 예방접종

대상 감염병	접종여부					비 고
	1차	2차	3차	4차	5차	
디프테리아						
백 일 해						
파 상 풍						
홍 역						
유행성이하선염						
풍 진						
회색질척수염(polio)						
결 핵						
일본뇌염						
수 두						
B형 간염						

나. 취학 후 예방접종

대상 감염병	학교 / 학년	접종일	대상 감염병	학교 / 학년	접종일
일본뇌염					
디프테리아					
파 상 풍					
사람유두종바이러스					

(뒤쪽)

3. 건강검사 실시현황

가. 신체의 발달상황

구 분	초등학교						중학교			고등학교		
	1	2	3	4	5	6	1	2	3	1	2	3
키 (㎝)												
몸 무 게(㎏)												
비만도												

나. 신체의 능력

구 분		단위	초등학교				중학교			고등학교		
			3	4	5	6	1	2	3	1	2	3
왕 복 오 래 달 리 기		회										
오 래 달리기-걷기 (초5~고3)	1,000m(초)	분 : 초	빈 칸				빈 칸					
	1,600m(중 · 고 / 남)	분 : 초	빈 칸									
	1,200m(중 · 고 / 여)	분 : 초	빈 칸									
스 텝 검 사		PEI	빈 칸									
앉아윗몸앞으로굽히기		cm										
종 합 유 연 성		점										
(무릎대고)팔굽혀펴기(중 · 고)		회	빈 칸									
윗몸말아올리기		회										
악 력		kg										
50m 달 리 기		초										
제자리멀리뛰기		cm										
체 지 방 률		%										
신체의 능력점수		점										
신체의 능력등급		등급										

다. 건강검진 현황

구 분		초등학교						중학교	고등학교
		1학년	2학년	3학년	4학년	5학년	6학년	1학년	1학년
건강 검진	검 진 일		빈 칸			빈 칸			
	검진기관		빈 칸			빈 칸			
구강 검진	검 진 일								
	검진기관								

라. 별도검사 현황

검 사 일												
검 사 명												
검사기관												

210㎜×297㎜(백상지 80g/㎡)

출처: 학교건강검사규칙(교육부령 제354호, 2025.3.10.)

Chapter 05

보건교사의 직무 이해: 학생 및 교직원 건강 관리

1. 학생 건강검사 실시 및 결과 관리

학생 건강검사는 학생에 대한 정기적인 검진을 통해 질병을 예방하고, 건강문제가 발견된 학생에 대해 적절한 조치를 취하며, 건강검사 결과를 통해 학교 건강증진 계획을 수립하고 학생건강 증진을 위한 다양한 프로그램이나 사업 등을 추진하기 위한 목적에서 시행된다. 학생 건강검사는 관련 법령에 정해진 방법 및 절차 등에 따라 시행되어야 하고, 학교장은 검사 결과에 따른 적절한 대책을 마련할 책임이 있다. 학부모 상담, 외부 의료기관 등 연계 등을 통해 정밀검진 또는 적절한 치료를 받을 수 있도록 지체없이 결과를 보호자에게 안내하고 그 과정에서 학생 개인 신상에 관한 정보가 누출되지 않도록 정보보호에 유의한다. 특히, 건강문제가 발견된 학생의 경우 좌절감을 느끼거나 우울·불안 등의 심리·정서적 문제를 겪지 않도록 학생, 담임교사, 보호자 등과 상담을 하는 등 후속 조치를 마련한다. 학생건강검사와 관련된 주요 내용은 다음과 같다.

1) 학생건강검사 관련 법령

(1) 학교보건법

(제2조) 1. "건강검사"란 신체의 발달상황 및 능력, 정신건강 상태, 생활습관, 질병의 유무 등에 대하여 조사하거나 검사하는 것을 말함
(제7조) 질병의 유무 등을 조사하거나 검사하기 위해서 건강검진 실시 기관에 의뢰한 건강검사 실시
건강검사 이에 학생이 건강을 보호·증진하기 위하여 필요하다고 인정하면 별도검사 실시 가능
(제7조의2) 학교의 장은 건강검사의 결과를 평가하여 이를 바탕으로 학생건강증진계획을 수립·시행하여야 함
(제7조의3) 건강검사 결과 작성·관리 시 교육정보시스템을 이용하여 처리하여야 하는 자료
- 인적사항
- 신체의 발달상황 및 능력
- 예방접종 완료 여부
- 건강검진의 검진일자, 검진기관명
- 별도검사의 종류, 검사일자 및 검사기관명

(2) 학교건강검사 규칙(교육부령 제240호, 2021.6.30.)

◈ **건강검사**는 다음과 같이 구분함

① **신체의 발달상황**(학교장, 건강검진을 실시하는 학생은 검진기관에서 실시 가능)

-키, 몸무게 측정

-매학년도 1학기 말까지 실시(필요한 경우, 추가 실시 가능)

-신체의 발달상황에 대한 검사 방법(※ 별표1)

② **신체의 능력**(학교장)

-구분)

구분	내용	체력요소 및 검사항목
필수 평가	•체력요소를 평가하여 신체의 능력 등급 판정(1등급~5등급) •매 학년 초 실시	•심폐지구력: 왕복오래달리기, 오래달리기-걷기, 스텝검사 -유연성: 앉아윗몸앞으로굽히기, 종합유연성검사 -근력·지구력: 팔굽혀펴기(남)/무릎대고 팔굽혀펴기(여), 윗몸말아올리기, 악력 -순발력: 50미터 달리기, 제자리멀리뛰기 -비만: 체질량지수
선택 평가	•신체활동에 대한 인식 정도 등 필수 평가에 대한 심층평가 •학교장이 검사항목, 검사주기 등을 자율적으로 결정	-심폐지구력 정밀평가 -비만평가 -자기신체평가 -자세평가

-대상) 초등학교 5학년 및 6학년 학생, 중학교 및 고등학교 학생

-결과 관리) 학생 개인별 신체활동 처방을 제공하는 '학생건강체력평가시스템'을 교육정보시스템과 연계하여 구축, 학생 및 학부모가 조회할 수 있도록 관리

③ **건강조사**(학교장)

-병력, 식생활, 건강생활 습관 등

-매학년도 1학기 말까지 실시(필요한 경우, 추가 실시 가능)

-건강조사의 항목 및 방법(※ 별표1의2)

④ **정신건강 상태 검사**(학교장)

-설문조사 등의 방법으로 실시(교육정보시스템을 통해 시행 및 결과 처리 가능)

-검사에 대한 구체적 내용을 학부모에게 알려야 함

⑤ **건강검진**(검진기관: 보건소 등)

-척추, 눈·귀, 콧병·목병·피부병, 병리검사 등

-건강검진 항목 및 방법(※ 별표2)

◈ **별도검사**

① 소변검사 및 시력검사: 초등학교·중학교 및 고등학교의 학생 중 교육감이 지정하는 학년의 학생

② 결핵검사: 고등학교의 학생 중 교육감이 지정하는 학년의 학생

③ 구강검사: 중학교 및 고등학교의 학생 중 교육감이 지정하는 학년의 학생

2) 관련 서식 및 예시 자료(학교건강검사규칙(2025.3.10.시행) 별표)

[별표 1] 신체의 발달상황에 대한 검사항목 및 방법(제4조제2항 관련)

검사항목	측정단위	검사방법
키	센티미터 (㎝)	1. 검사대상자의 자세 가. 신발을 벗은 상태에서 발꿈치를 붙일 것 나. 등·엉덩이 및 발꿈치를 측정대에 붙일 것 다. 똑바로 서서 두 팔을 몸 옆에 자연스럽게 붙일 것 라. 눈과 귀는 수평인 상태를 유지할 것 2. 검사자는 검사대상자의 발바닥부터 머리끝까지의 높이를 측정
몸무게	킬로그램 (㎏)	옷을 입고 측정한 경우 옷의 무게를 뺄 것
비만도	-	1. 비만도는 학생의 키와 몸무게를 이용하여 계산된 체질량지수(BMI, Body Mass Index: ㎏/㎡)를 성별 · 나이별 체질량지수 백분위수 도표에 대비하여 판정한다. 2. 비만도의 표기방법은 다음 각 목과 같다. 가. 체질량지수 백분위수 도표의 5 미만인 경우: 저체중 나. 체질량지수 백분위수 도표의 85 이상 95 미만인 경우: 과체중 다. 체질량지수 백분위수 도표의 95 이상인 경우: 비만 라. 가목부터 다목까지의 규정에 해당되지 않는 경우: 정상

※ 비고: 수치는 소수 첫째자리까지 나타낸다(측정값이 소수 둘째자리 이상까지 나오는 경우에는 둘째자리에서 반올림한다).

[별표 1의2] 건강조사 항목 및 방법(제4조의2제2항 관련)

1. 조사항목 및 내용

조사항목	조사내용
1. 예방접종/병력	가. 전염병 예방접종 나. 가족병력 다. 개인병력
2. 식생활/비만	가. 식습관 나. 인스턴트 및 그 밖에 식품의 섭취형태 다. 다이어트 행태
3. 위생관리	가. 손 씻기 나. 양치질
4. 신체활동	가. 근지구력 향상을 위한 운동 나. 심폐기능 향상을 위한 운동 다. 수면
5. 학교생활/가정생활	가. 가족 내 지지 정도 나. 학교생활 적응 정도 다. 교우관계

6. 텔레비전/인터넷/음란물의 이용	가. 텔레비전 시청 나. 인터넷 이용 다. 음란물에의 노출 여부 및 정도
7. 안전의식	가. 안전에 대한 인식 나. 안전사고의 발생
8. 학교폭력	가. 학교폭력에의 노출 여부 및 정도
9. 흡연/음주/약물의 사용	가. 흡연 나. 음주 다. 흡입제의 사용 여부 및 약물의 오·남용 여부 등
10. 성 의식	가. 성문제 나. 성에 대한 인식
11. 사회성/정신건강	가. 사회성(자긍심, 적응력 등) 나. 정신적 건강(우울, 자살, 불안증, 주의력 결핍 등)
12. 건강상담	가. 건강에 대한 상담의 요구 등

2. 조사방법

시·도교육감은 위 조사항목 및 내용을 포함한 구조화된 설문지를 마련하고, 학교의 장을 통하여 조사할 수 있도록 한다.

※ 건강조사 설문지(예시)

1. 학생 건강상태 조사 (해당하는 경우 자세히 작성해 주시기 바랍니다)

① 현재 치료중이거나 과거에 치료받은 질병이 있으면 자세히 적어 주세요.	☞심혈관질환, 폐질환, 간질환, 당뇨병 등 내분기계 질환, 백혈병, 소아암, 간염, 신장질환, 면역저하 질환, 신경계질환, 경련이나 발작, 결핵, 발달장애, 소아정신건강의학과 질환, 기타 •질병명: •발병일: 년 월 / 진단받은 병원: •현재 상태 및 치료상황: •현재 복용중인 약물: •진료 병원: •수술 또는 입원 이력:
② 아동에게 해당되는 질병이 있으면 V표 하세요.	☞ 증상이 심한 아동만 체크하세요. (병원에서 진단은 받았으나 치료가 필요하지 않을 정도로 치유된 경우 제외) •아토피 피부염( ) •알레르기 비염( ) •기관지 천식( )
③ 약물, 음식, 기후, 주사 등에 대한 알레르기(특이체질)	•알레르기 여부: 있음( ), 없음( ) •알레르기 원인물질(약품명 또는 식품명 등):

④ 건강상 특별히 배려할 점 ※사유 및 주의사항을 구체적으로 기록해주세요.	

2. 기초 건강조사 (해당란에 ∨표 하세요.)

구분	내용	예	아니오
식생활 /신체활동	아침은 규칙적으로 먹는 편이다.		
	평소 단 음식이나 짠 음식을 거의 먹지 않는다.		
	매일 채소와 과일을 먹는다.		
	체중을 줄이기 위해 굶거나 약을 먹은 적이 있다.		
	주 3회 이상 땀이 나거나 숨이 찰 정도로 운동을 한다.		
	잠은 매일 7시간 이상 충분히 잔다.		
위생관리	밥을 먹기 전이나 밖에서 놀다 돌아와서 손을 씻는다.		
	하루에 두 번 이상 이를 닦는다.		
학교생활 /가정생활	지난 1년 동안 친구들에게 괴롭힘이나 따돌림을 당한 적이 있다.		
	우리 가족은 나의 이야기를 잘 들어주고 내 감정을 존중해준다.		
	가정(가족) 내의 문제에 대해 걱정이 된다.		
	고민이 있거나 괴로울 때 의논할 수 있는 사람이 있다.		
	집을 나가고 싶을 때가 자주 있다.		
	학교에서 폭력으로 인해 안전이 위협을 받고 있다고 느낀다.		
텔레비전 /인터넷	텔레비전을 하루에 2시간 이상 본다.		
	인터넷이나 게임을 하루에 2시간 이상 한다.		
안전의식	자동차를 탈 때 안전벨트를 항상 맨다.		
	자전거, 롤러블레이드, 스케이트보드 등을 탈 때 헬멧이나 보호구를 항상 착용한다.		
흡연/음주	지난 1개월 동안 담배를 피운 적이 있다.		
	지난 1개월 동안 술을 마신 적이 있다.		
	잠 안 오는 약이나 잠 오는 약, 살 빼는 약을 먹어 본 적이 있다.		
	주변에 담배를 많이 피우거나 술을 너무 많이 마셔 걱정되는 사람이 있다.		
성의식	성문제에 대해 고민이 된다.		
	육체적, 정신적, 성적으로 학대를 당한 적이 있다.		
사회성 /정신건강	차분하지 못하고 주변에 방해가 되는 경우가 있을 정도로 지나치게 활동적이다.		

	화가 나면 난폭한 행동을 한다.		
	외롭고 우울하다고 느끼는 때가 자주 있다.		
	무슨 일이든지 집중하지 못하고 쉽게 흥미를 잃어버린다.		
	모든 것이 귀찮고 희망이 없는 것처럼 느껴진다.		
	자살을 심각하게 생각하거나 시도한 적이 있다.		
건강상담	고민이나 괴로운 일에 대해 상담을 받고 싶다. ※ 담임선생님, 보건선생님, (　　　　선생님)		

[별표 2] 건강검진 항목 및 방법(제5조제2항 관련)

검진항목		검진방법(세부항목)
1. 척추		척추옆굽음증(척추측만증) 검사
2. 눈	가. 시력측정	1) 공인시력표에 의한 검사 2) 오른쪽과 왼쪽의 눈을 각각 구별하여 검사 3) 안경 등으로 시력을 교정한 경우에는 교정시력을 검사
	나. 안질환	결막염, 눈썹찔림증, 사시 등 검사
3. 귀	가. 청력	1) 청력계 등에 의한 검사 2) 오른쪽과 왼쪽의 귀를 각각 구별하여 검사
	나. 귓병	중이염, 바깥귀길염(외이도염) 등 검사
4. 콧병		코곁굴염(부비동염), 비염 등 검사
5. 목병		편도선비대·목부위림프절비대·갑상샘비대 등 검사
6. 피부병		아토피성피부염, 전염성피부염 등 검사
7. 구강	가. 치아상태	충치, 충치발생위험치아, 결손치아(영구치로 한정한다) 검사
	나. 구강상태	치주질환(잇몸병)·구내염 및 연조직질환, 부정교합, 구강위생상태 등 검사
8. 병리 검사 등	가. 소변	요컵 또는 시험관 등을 이용하여 신선한 요를 채취하며, 시험지를 사용하여 측정(요단백·요잠혈 검사)
	나. 혈액	1회용 주사기나 진공시험관으로 채혈하여 다음의 검사 1) 혈당(식전에 측정한다), 총콜레스테롤, 고밀도지단백(HDL) 콜레스테롤, 중성지방, 저밀도지단백(LDL) 콜레스테롤 및 간 세포 효소(AST · ALT) 2) 혈색소
	다. 결핵	흉부 X-선 촬영 및 판독
	라. 혈압	혈압계에 의한 수축기 및 이완기 혈압
9. 허리둘레		줄자를 이용하여 측정
10. 그 밖의 사항		제1호부터 제9호까지의 검진항목 외에 담당의사가 필요하다고 판단하여 추가하는 항목(검진비용이 추가되지 않는 경우로 한정한다)

3) 학생 건강검사 결과 관리

학교의 장은 「학교보건법」에 따라 건강검사를 실시하였을 때에는 「학교건강검사규칙」 제9조에 따라 실시결과를 작성·관리하여야 한다. 학생의 인적사항, 신체의 발달상황 및 능력 등은 교육정보시스템을 이용하여 처리한다. 신체발달상황 및 신체능력검사 결과는 학생건강기록부로 작성·관리하고, 건강검진결과는 검진기관이 통보한 자료를 학생건강기록부와 별도로 관리한다.

학교장은 건강검사 등의 실시결과에 따라 보건의료기관, 체육단체 및 대학 등의 협조를 받아 소속 학생 및 교직원에 대한 건강상담과 예방조치 및 체력증진 등 적절한 보호 또는 양호의 대책을 강구하여야 한다(「학교건강검사규칙」 제10조 제1항). 건강검사 등을 실시한 결과 수업면제·휴학·치료·보호 또는 교정 등을 필요로 하는 학생에 대해서는 본인 또는 그의 보호자에게 적정한 조치를 강구하도록 요청하여야 한다(「학교건강검사규칙」 제10조 제2항). 건강검사 등을 실시한 경우에는 통계표를 작성하여 정해진 기간 내에 교육감에게 보고하여야 하며(학교건강검사규칙」 제10조 제4항), 교육감은 학교장에게 학생건강증진계획의 수립·시행을 위하여 필요한 경우 건강조사 결과 및 건강검진 결과에 관한 통계자료를 제출하도록 할 수 있다(학교건강검사규칙」 제10조 제5항).

2. 질병 예방 및 의료적 처치

보건교사는 학생 및 교직원의 질병을 예방하고, 질병 또는 부상 등으로 인해 의료적 처치가 필요한 경우 적절한 처치 방법을 신속·정확하게 시행할 수 있어야 한다. 이하에서는 학교 현장실습에 대비하기 위해 기본적인 질병 예방, 의료적 중재 및 처치 방법을 간략하게 소개하고자 한다. 대학교에서의 강의 및 교재에서 접한 이론적 지식은 실제 상황에서 다양하게 변형될 수 있으며 학생마다 건강 상태, 질병 이력, 발달 단계 등에 차이가 있기 때문에 관련 연수, 전문자료 학습 등을 통해 심화된 의료적 지식 및 실제적인 적용 방법을 반드시 추가로 학습할 필요가 있다. 본 교재가 학교 현장에서 자주 접하게 될 주요한 건강 문제의 개요, 기본적인 대응 방법을 다루고 있으므로 실제 상황에 대비해 반복 학습하거나 보다 간단한 체크리스트 형태로 정리하는 등 현장실습 전 실천적 학습의 기반 자료로 활용할 것을 권장한다.

1) 근골격계 문제 관리

근골격계 건강문제 분류
•근육통, 부종, 염좌, 타박상, 탈구, 골절(폐쇄성 골절, 개방성 골절, 병적 골절 등), 절단

근골격계 건강문제 증상 및 징후
•압박 시 통증을 느낌. 통증을 느끼기 때문에 움직이려 하지 않거나 움직임이 제한됨 •손상 부위가 부어오르거나 피부 밑 출혈이 육안으로 확인됨(피부색의 변화) •골절된 뼈의 면이 부딪힐 때 마찰음이 감지됨 •관절 운동의 제한 또는 관절이 아닌 부위가 관절처럼 움직임

주요 중재 및 처치	
학생 상태 확인	활력징후, 다친 부위의 통증 및 부종, 운동 제한, 신경 및 혈관 상태(맥박소실, 창백, 통증, 감각이상, 마비, 냉감, 피부색, 부종 등을 확인)
초기 응급처치 및 대처	•응급처치요령(RICE): 타박상, 염좌, 골절 등의 증상에 공통된 대처 -Rest(안정): 손상 부위 안정, 부목 등으로 고정. 일어나거나 움직이지 않음 -Ice(냉찜질): 손상 부위의 부종 및 통증 감소(1일 4~8회) -Compression(압박): 적당한 강도로 압박·고정하여 부종 감소(탄력붕대) -Elevation(상승/거상): 손상 부위를 심장보다 높게 올려 부종을 예방
처치: 염좌	•손상된 관절의 움직임을 최소화함 •냉찜질로 통증 완화 및 압박, 이후에는 온찜질로 부종을 완화 •붕대로 감거나 부목으로 고정시킴
처치: 골절	•손상 부위를 부목 등을 활용하여 지지·고정 •변형된 위치 그대로 고정하여 움직임 최소화(2차 손상 예방) •출혈이 있을 시 깨끗한 거즈, 천으로 압박하여 지혈
처치: 탈구	•학생이 느끼기에 편안한 자세를 취해줌 •탈구 부위의 움직임 제한, 임의로 움직이지 말 것(2차 손상 예방)
처치: 절단	•절단 부위를 직접 압박하거나 높이 올려 지혈(솜을 대거나 직접 닦지 않음) •절단 부위 처치: 거즈에 생리식염수를 적셔 절단 부위를 싼 후 비닐로 밀봉, 밀봉한 비닐을 얼음(물)에 담가 보관하고 접합 수술이 가능한 병원으로 이송

건강문제 대처 시 유의사항
•골절이나 탈구가 의심되는 경우 해당 부위를 고정하고, 5~10분마다 부상 원위부의 신경 및 혈관 상태 등을 사정(응급수술이 필요한 경우를 대비하여 금식) •개방성 골절의 경우 뼈끝은 감염의 우려가 있으므로 다시 넣지 않음 •탈구된 관절을 원래대로 돌려놓으려 하지 않고, 신속하게 병원으로 이송하도록 함 •머리, 목, 척추에 손상을 입은 경우 절대로 함부로 이동하거나 움직이지 않음 •붕대는 신체의 말단 부위에서 중심 부위로 감으며, 상처 위에는 직접 감지 않도록 함. 혈액 순환이 가능할 정도의 적당한 압력으로 감아야 함 •부목으로 고정하기 전에 개방상처가 있는 경우 드레싱, 부목 전·후 혈액순환 상태를 확인함 •부목은 손상 부위를 포함하여 위·아래의 관절까지 포함하여 고정하고, 부목을 댄 후에는 손상 부위를 심장보다 높게 올림 •절단 부위를 찾지 못한 경우 빠른 시간 내에 찾아서 병원으로 가져오도록 함

♣학교 현장실습 TIP!♣

① **보건교육 또는 보건 교과 수업(실습) 주제**

•근골격계 부상을 예방하기 위한 실천 방법 학습

〈관련 교육과정 성취기준〉

중학교 선택 교과 교육과정(보건)

[9보04-01] 건강안전의 의미와 위험요인을 탐구하여 질병과 사고를 예방하고 관리하며 건강안전 지향적 환경 개선에 적극적인 태도를 갖는다.

-운동 전과 후 충분한 스트레칭을 통해 근육의 긴장을 완화
-활동 목적에 맞는 양말, 신발 착용(체육활동 시 슬리퍼 착용 금지, 운동화 착용)
-부상 직후에는 움직임을 최소화, 통증이 심한 경우 병원 진료를 받도록 함
-과격한 움직임, 격렬한 운동, 무거운 물체 들기 등의 행동은 신체에 무리가 되므로 주의할 것(활동 전 스트레칭)

•냉찜질과 온찜질 비교

〈관련 교육과정 성취기준〉

중학교 선택 교과 교육과정(보건)

[9보04-04] 상황에 따른 응급처치의 원리와 방법을 이해하고, 다양한 위기 및 응급상황에서 적절한 응급처치와 협력적 대응 방안을 탐색하여 적용한다.

-**냉찜질**: 부종, 염증, 근육 경련의 감소, 운동 후 통증 감소
1시간 간격 20분 정도. 손상 후 24~48시간 동안 시행
긴 시간 사용은 동상을 유발할 수 있으므로 주의
감각 저하 시에는 사용 금지
-**온찜질**: 불편감, 목과 등의 경련 및 통증 감소
부종, 출혈이 사라진 후 적용
1회당 20분 정도
부상 직후에는 금지. 피부에 감각이 떨어지는 부위에는 유의하여 사용
긴 시간 동안, 높은 온도의 찜질(팩) 사용은 화상을 유발할 수 있으므로 주의

•RICE 단계 익히고 직접 실습해보기

〈관련 교육과정 성취기준〉

중학교 선택 교과 교육과정(보건)

[9보04-04] 상황에 따른 응급처치의 원리와 방법을 이해하고, 다양한 위기 및 응급상황에서 적절한 응급처치와 협력적 대응 방안을 탐색하여 적용한다.

R(안정) / I(냉찜질) / C(압박) / E(거상)

② **학생 건강관리, 보건실 운영 및 연수 예시**

•근골격계 문제 대처 시 사정 내용

-활력징후 측정 / 운동 범위, 근력, 대칭 확인 등
-부상 부위 변형, 운동제한, 감각이상, 마비, 출혈 등

2) 소화기계 문제(복통 등) 관리

소화기계 건강문제 분류
•과식·배고픔으로 인한 복통, 설사, 식중독, 생리통, 변비, 복막염, 외상으로 인한 복통(타박상 등)

근골격계 건강문제 증상 및 징후
•타는 듯한 통증, 갑작스러운 극심한 통증, 찌르는 듯한 통증 •복부팽만, 복부 강직, 복부 불편감, 발열 등의 복막염 의심 증상 •오심, 발한, 발열, 창백, 구토 •변비, 설사, 혈변

주요 중재 및 처치	
학생 상태 확인	•소화불량: 갑자기 많은 양의 음식을 섭취하였을 때, 공복 상태에서 갑자기 음식을 섭취하였을 때(무엇을 먹었는지, 언제 먹었는지, 어떻게 아픈지 등에 대해 상세히 묻고 관찰하여 원인 파악하기)
처치: 복통	•통증의 양상 확인: 둔통, 타는 듯한 통증, 극심하고 갑작스러운 통증, 찌르는 듯한 통증, 반발통 •복통의 발생 부위, 발생 시간, 악화 및 완화 요인 확인 •과거 병력 점검, 활력징후 측정 •생리 여부, 외부 충격으로 인한 복통 여부, 임신 가능성 등의 유발 원인 사정 •동반 증상 확인: 오심, 구토, 발한, 창백, 변비, 설사, 발열 등 •필요시 금식
처치: 설사	•고열, 탈수 등을 확인 •따뜻한 물 섭취 •찬 음식, 알코올 등은 설사를 유발하므로 피하도록 교육 •다량의 설사를 3회 이상 지속적으로 하는 경우에는 약물 복용 및 병원 진료
처치: 구토	•어지럼증, 두통, 저혈압 등을 확인 •문진: 먹은 음식, 구토 전후의 상황, 정서 상태, 배변 여부 등 •구토한 후에는 입안을 청결하게 해 줌(양치질, 가글) •119 신고, 병원 진료 및 보호자 연락: 호흡곤란, 의식소실, 삼출성 구토, 고열 또는 심한 복통을 동반한 구토, 어지럼증 호소, 구토물에 피가 섞여 있을 경우
처치: 월경통	•통증 부위(하복부) 온찜질, 마사지, 이완 •통증이 심할 경우 약물(진통제) 복용 •오심, 구토 등의 동반 증상에 대한 처치

건강문제 대처 시 유의사항
•복통 시 의복을 느슨하게 해 주고, 복압을 감소시킬 수 있는 자세를 취해줌(무릎 구부리기) •염증, 출혈 등에 주의하여야 함(증상에 대한 판단·확인 없는 온찜질 유의) •식습관, 수면습관 등의 생활습관 개선을 통해 복통을 완화할 수 있으므로 관련 교육을 병행함 (예: 손 씻기, 수분과 섬유질의 적절한 섭취, 규칙적인 식사, 평소 수면의 양과 질, 배변 습관, 운동, 적정 체중 유지, 스트레스 관리 등) •반드시 병원 진료를 요하는 복통: 혈변이나 심한 설사 증상 동반, 체중 감소를 동반한 만성 복통, 담즙 섞인 구토 증상, 염증성 장질환의 가족력이 있는 학생, 등이나 옆구리로 전달되는 통증, 잠에서 깰 정도로 심한 정도의 복통

♣학교 현장실습 TIP!♣

① **보건교육 또는 보건 교과 수업(실습) 주제**

•복통을 유발하는 다양한 원인을 파악하여 예방법 실천하기

〈관련 교육과정 성취기준〉

중학교 선택 교과 교육과정(보건)

[9보01-03] 건강한 수면, 식습관, 신체활동에 대해 알아보고 건강생활습관을 계획하고 실천한다.

-건강한 생활 습관: 규칙적인 배변 습관, 적정 체중 유지, 식습관 개선(예: 섬유소 섭취가 적은 식단, 편식, 자극적인 음식 제한, 짜거나 단 음식 피하기, 카페인 섭취 제한, 양질의 비타민 섭취), 충분한 수분 섭취, 규칙적인 수면 습관
-건강한 정서 유지: 스트레스 해소, 불안 및 분노 줄이기, 정서적 안정 취하기
-위생 관리: 손 씻기, 배변 처리(배변 후 항문 관리)

•생리통 완화를 위한 생활 속 실천 방법

〈관련 교육과정 성취기준〉

중학교 선택 교과 교육과정(보건)

[9보01-04] 건강문제와 건강생활기술을 탐색하여 질병을 예방할 수 있도록 건강을 관리한다.

-진통제 복용 이해하기: 생리통은 자궁 내막에서 분비된 프로스타글란딘으로 인한 자궁 수축 때문에 발생함. 따라서 해당 호르몬 분비를 줄이기 위해 월경 시작 전 또는 시작 직후 진통제를 복용하여야 함
-월경증후군에 도움이 되는 음식: 녹황색 채소, 비타민·마그네슘·오메가3 영양소, 견과류, 우엉차(아르기닌 성분이 여성호르몬 조절에 도움), 계피차·쑥차(혈액순환)
-피해야 할 음식: 카페인(자궁의 근육이나 혈관 등이 수축됨), 나트륨(염증 유발)

② **학생 건강관리, 보건실 운영 및 연수 예시**

•소화기계 문제 대처 시 사정 내용

-소화기계 문제와 관련된 주요 병력 및 질환의 종류
-복막염 의심 증상
-복통을 유발하는 생활 습관 진단

•소화기 질환 학생(예: 위염, 크론병) 관리를 위한 협업체계 구축

*크론병(Crohn's disease): 만성 염증성 장질환이 하나로 소장, 대장, 항문 등 위장관 전체에 걸쳐 염증을 유발할 수 있는 자가면역 질환. 면역체계 이상으로 염증이 발생하며 재발과 완화를 반복함

-주요 증상: 지속적 또는 간헐적 복통, 영양소 흡수장애 및 식욕부진으로 인한 체중 변화, 구도, 메스꺼움, 무력감 및 피로감, 발열, 성장 지연
-주치의 또는 보호자와 협의하여 증상 발생 시 대응 요령, 약물 복용 시간 및 보관법, 복통 또는 설사 시 화장실 이용 보장 등에 대해 건강관리계획 수립
-담임교사, 영양교사, 상담교사에게 크론병에 대한 이해를 돕는 연수 실시 / 학업 부담을 최소화하고 학습을 지원할 수 있는 방안 협의

3) 신경계 문제 관리

신경계 건강문제 분류
•두통, 어지럼증, 발작, 두부외상

신경계 건강문제 증상 및 징후
•경미한 두통, 감기 증상, 발작 전조증상, 발열 •뇌전증, 발작(의식 저하, 타액 분비, 호흡 장애 등) •균형 이상, 시력 및 청력 저하, 마비, 저림

주요 중재 및 처치	
학생 상태 확인	•증상 시작 시간, 유발 요인, 기저 질환, 완화 또는 악화 요인 등
처치: 두통	•의식 수준, 활력징후, 신경계 이상 증상 등 확인 •긴장성 두통: 대부분 긴장과 스트레스로 인한 두통(마사지, 휴식, 적절한 운동, 건강한 식사 등으로 회복을 도움) •편두통: 스트레스, 냄새, 날씨 변화, 수면 부족 또는 과잉 수면 등으로 흔히 유발됨. 수면, 식사, 운동 등 생활 습관의 변화를 통해 중재 •의식 변화, 고혈압과 서맥, 외상, 구토 등을 동반하는 두통(이차성 두통 증상)은 주의깊게 관찰
처치: 발작	•발작 전조증상 면밀히 관찰 •호흡을 위해 목, 배 부위를 느슨히 해줌(벨트, 넥타이 등 제거), 주변의 위험한 물건(뾰족한 것, 깨지기 쉬운 물체, 높은 곳에서 떨어지기 쉬운 물건) 제거, 억지로 입을 벌리거나 자세를 바꾸려 하지 않음(팔다리를 주무르거나 잡지 않음) •주변 학생 관리 •발생 시간, 선행 상황, 의식 수준, 호흡 여부, 발작 지속 및 종료 시간 등에 대해 관찰·기록(학부모, 진료 병원 등에 정보를 제공하는 것이 도움이 될 수 있음) •발작 종료 후 회복 자세, 정서적 지지와 심리적 안정 도모, 충분한 휴식 제공
처치: 어지럼증	•주요 질환: 이석증, 메니에르병, 중추성 어지럼증(뇌졸중, 뇌종양, 퇴행성 뇌 질환 등 뇌 질환으로 유발되는 어지럼증), 기립성 저혈압 •관련 요인: 빈혈, 저혈당, 스트레스, 늦은 수면 등 다양한 요인과 관련될 수 있으므로 원인에 따라 처치 •동반 증상 확인: 심한 구토, 의식이 없음, 흉부 통증, 듣거나 말하기 곤란함, 저리거나 따끔거리는 증상, 마비, 고열
처치: 두부외상	•활력징후, 신경계 이상, 운동 기능, 감각 이상 관찰 •응급 이송: 심한 두통, 반복적인 구토, 발작, 뇌척수액 누출, 의식수준 저하, 비정상적인 활력징후, 신경학적 이상

건강문제 대처 시 유의사항
•두부외상 시 증상이 없는 경우에도 안정을 취하고, 위험징후에 대해 교육 •경추손상 우려 시 사고 경위를 확인하고 경추를 고정함 •경련을 멈춘 후 회복 자세를 취해주고 정서적으로 위축되지 않도록 상황을 확인함 •커피, 알코올, 탄산음료, 초콜릿 등은 두통을 유발할 수 있으므로 섭취에 유의

♣학교 현장실습 TIP!♣

① **보건교육 또는 보건 교과 수업(실습) 주제**

•활력징후 알아보기

〈관련 교육과정 성취기준〉

중학교 선택 교과 교육과정(보건)

[9보01-02] 몸과 마음의 신호와 건강지표를 통해 건강상태를 평가하여 건강관리에 적용한다.

고등학교 보건

[12보건01-02] 몸과 마음의 신호와 건강지표를 통해 개인적, 사회적 건강상태를 평가하여 건강관리를 계획하고 생활화한다.

-몸과 마음의 신호: 활력징후(Vital Sign), 이상 증상, 통증, 다양한 감정, 편안하고 불편함을 느끼는 마음 등
-활력징후: 혈압, 맥박, 호흡, 체온 등의 활력징후는 기초적인 건강 지표로서 그 의미와 측정법을 학습하여 개인의 건강관리에 활용할 수 있도록 함
측정 및 결과 해석(진단) 실습: 측정 기기, 모바일 앱(App) 등을 활용

•생활습관 교육: 성인병 관리

〈관련 교육과정 성취기준〉

중학교 선택 교과 교육과정(보건)

[9보01-03] 건강한 수면, 식습관, 신체활동에 대해 알아보고 건강생활습관을 계획하고 실천한다.

-수면, 식습관, 신체활동 등 전반적인 생활습관을 관리하는 역량을 기르도록 함
(예) 생활 습관 점검 체크리스트를 직접 만들고, 자신의 생활 습관 점검해보기
식습관 개선 방안 토의하기
유산소 운동, 근력 운동, 뼈 성장 운동 등 신체 활동 계획표 세우기
수면의 질 측정하기(불면증 측정 도구, 주간 졸음증 척도 등), 건강한 수면 지침 정리하고 실천하기
-고혈압, 당뇨, 고지혈증 등의 성인병을 예방하기 위해 생활습관 개선하기
(예) 생활습관 개선을 위한 포스터, 인포그래픽 만들기
생활습관 개선 캠페인 주간 운영

② **학생 건강관리, 보건실 운영 및 연수 예시**

•뇌전증(Epilepsy)의 이해와 대처 방안

-뇌전증: 반복적인 발작(경련)을 특징으로 하는 만성 신경계 질환
-뇌의 전기적 신호 이상으로 인해 발생하며 의식 소실, 근육 경련, 이상 행동 동반
-발작은 수 초에서 수 분 정도 지속되며 대부분 일시적이나 응급처치를 필요로 함
: 5분 이상 지속, 연속적인 발작이 이어짐, 호흡이 멈추거나 의식이 돌아오지 않는 경우는 119에 신고 및 보호자에게 연락
-개인의 병력 확인: 뇌전증 진단 이력, 약물 복용 여부, 과거 발작 경험 등
-건강하게 학교생활이 가능하므로 정기 복약, 스트레스 관리, 수면 유지 등에 유의하고 주변 학생들이 증상 및 학생에 대해 이해할 수 있도록 교육 필요

4) 피부계 문제 관리

피부계 건강문제 분류
•상처(열상, 찰과상, 자상, 절상), 화상, 교상, 두드러기, 아토피 피부염

피부계 건강문제 증상 및 징후
•피부가 손상되어 벌어져 있는 상처, 봉합을 요하는 상처, 이물질이 피부를 관통한 상처 •화상: 피부 홍반, 수포, 부종, 진물, 피부 변색 •심한 가려움증, 거칠고 건조한 피부, 출혈

주요 중재 및 처치	
학생 상태 확인	•피부 손상 기전, 상처 발생 시간, 문제 유발 원인 및 관련 요인 파악 •화상: 면적 및 유형 확인(열 화상, 전기 화상, 흡인 화상, 화학 물질 화상)
처치: 상처	•흐르는 물로 상처를 씻어 오염 물질을 최소화함 •출혈 시 깨끗한 거즈로 닦고 상처 부위를 압박하여 지혈. 지혈 후 드레싱 적용 •필요한 경우, 파상풍 예방접종 안내 ※ 예방접종 안내: DTaP(디프테리아, 파상풍, 백일해)를 총 5회(만 2개월, 만 4개월, 만 6개월, 만 15~18개월, 만 4~6세) / 추가 접종 1회(만 11~12세) •응급 상황 판단 시 119 신고 및 보호자 인계
처치: 화상	•열 화상: 손상 부위 오염 방지를 위해 멸균 거즈로 드레싱, 피부에 직접 녹아 부착된 물질은 떼어 내려고 시도하지 않음. 젖은 거즈로 덮어 열을 식히거나 상처가 깊어지는 것을 방지하기 위해 찬물 세척 •화학 화상: 액체 물질은 다량의 흐르는 물로 20분 이상 세척하고, 가루 등은 흡인을 주의하며 브러쉬 등으로 제거함. 병원 진료 안내 •전기 화상: 현장 안전 확보(전기 스위치 내리기), 기도 확보, 화상 부위를 차갑게 한 후 드레싱. 필요한 경우 심폐소생술 시행
처치: 교상	•상처를 비누로 깨끗이 세척, 통증·부종·간지럼증 완화를 위해 약물 사용 •벌에 쏘임: 벌침 제거 및 손상 부위 세척, 손상 부위를 심장보다 낮게 유지 •뱀에 물림: 독사 여부 확인, 현장 안전 확보, 탄력붕대를 이용하여 물린 부위 묶기, 전신 증상 여부 관찰 •개·고양이·사람에 물림: 손상 부위 세척 및 드레싱, 파상풍 접종 여부 확인
처치: 아토피 피부염	•피부염을 유발하는 악화 요인 제거 –식생활: 채소·과일 등의 섭취, 인스턴트 식품 줄이기 –부드러운 면 종류의 의복 착용, 보습제 사용 –적정 실내온도 및 습도 유지 •크림 등을 사용하여 피부 보습, 연고 도포

건강문제 대처 시 유의사항
•상처 부위는 2차 감염 예방을 위해 멸균 생리식염수로 세척. 상처 드레싱을 사용하는 경우에는 사용 부위를 완전히 건조한 후 사용 •세균 감염에 의한 화농성 상처의 경우에는 드레싱을 사용하지 않음. 가려움증, 홍반 등의 피부 이상이 발생하거나 피부 상태가 악화될 경우에는 병원 진료 안내 •두드러기 유발 원인 및 관련 요인을 회피하도록 주의하고, 두드러기 난 부위를 긁지 않도록 지도

♣학교 현장실습 TIP!♣

① **보건교육 또는 보건 교과 수업(실습) 주제**

• **생활 속 응급처치: 적절한 상처 드레싱 사용법(실습)**

〈관련 교육과정 성취기준〉

중학교 선택 교과 교육과정(보건)

[9보04-04] 상황에 따른 응급처치의 원리와 방법을 이해하고, 다양한 위기 및 응급상황에서 적절한 응급처치와 협력적 대응 방안을 탐색하여 적용한다.

*드레싱(Dressing)이란?
-상처를 보호하고, 감염을 방지하며, 치유를 촉진하는 재료로서 상처 부위에 직접 사용함. 습윤 환경을 유지하고 세포 성장 환경을 조성하여 상처 치유를 촉진
*상처 드레싱의 종류
-거즈: 일상적 상처에 사용되며 흡수력이 좋지만 건조 시 상처에 붙을 수 있으므로, 상처에 직접 닿는 경우에는 습윤드레싱을 함께 사용
-하이드로겔(Hydrogel)형: 겔 형태의 수분 드레싱으로 통증 완화에 유용함
-필름형: 투명하고 얇은 드레싱으로 산소 통과가 가능하여 작은 찰과상이나 주사 부위에 사용(삼출물이 많은 상처에는 적합하지 않음)
-폼형: 얇고 폭신한 스펀지 형태로서 흡수력이 뛰어남. 움직임 많은 부위에 적합
-하이드로콜로이드(Hydrocolloid)형: 얇고 접착성이 있는 드레싱으로 젤이 삼출물을 흡수하여 습윤을 유지함. 표면이 마른 상처, 욕창 등에 사용함
*올바른 사용 방법
-손 위생 철저, 상처 상태를 확인한 후 알맞은 드레싱을 선택함
-드레싱 부착 전 피부 건조
-시트 타입 드레싱은 3~5일 주기로 교체. 드레싱이 하얗게 변하거나 오염 물질이 묻은 경우에는 즉시 교체
*주의사항
-상처 드레싱 사용 설명서 및 주의사항을 읽고 해당 내용 숙지
-가렵거나 피부가 빨갛게 변하는 등 피부 이상(알레르기)이 생기면 사용 중지
-드레싱 교체 주기 지키기, 과다 사용 금지(감염 우려)

② **학생 건강관리, 보건실 운영 및 연수 예시**

• **아토피 피부염 관리하기**

*아토피 피부염(Atopic Dermatitis): 만성적이고 재발성인 염증성 피부질환으로, 유아기~청소년기에 흔히 발생함. 유전적 요인과 환경적 요인이 복합적으로 작용
-주요 증상: 피부 건조, 가려움증(상처 유발), 홍반, 진물, 부종, 태선화(피부 두꺼워짐, 색소침착 발생), 알레르기 비염·천식 등 알레르기 질환과 동반되기도 함
-지원 방안: 학교 환경 관리(먼지·곰팡이 방지, 청결 유지, 화학 탈취제 사용 줄이기), 건강 상담, 증상 관리, 알레르기 유발 물질 줄이기, 아토피 이해 교육 및 연수, 정서적 지원(자존감 유지, 스트레스 완화), 아토피 대처 교육(피부 관리, 환경 관리, 의복 관리 등), 영양교사 협력(식품 알레르기 확인, 달걀·우유·견과류 회피)

5) 기타: 비출혈

비출혈 관련 증상	
•출혈, 어지러움, 두통, 창백, 불안	
주요 중재 및 처치	
학생 상태 확인	•출혈 유발 원인 및 관련 요인 파악 •안면 열상, 두부 또는 경추 손상 동반 여부 확인 •혈압, 피부색, 의식 수준, 기도 폐쇄 여부, 심리 상태 확인
처치: 비출혈	•혈액이 목 뒤로 넘어가지 않도록 주의하고, 머리를 약간 숙인 자세 취하기 •양 손가락을 이용하여 양쪽 콧방울을 압박 •목 뒤로 넘어가는 피는 뱉어내도록 하고 구강 호흡 안내 : 코피가 날 때 코로 숨을 쉬면 출혈이 더 심해질 수 있음 : 코피가 나면 당황하거나 불안할 수 있으므로, 입으로 천천히 숨을 쉬게 하면서 진정할 수 있도록 중재("코로 숨 쉬지 말고 천천히 입으로 숨을 쉬어 보자.") : 초등학생은 숨 쉬는 법을 함께 따라 하며 익힐 수 있도록 도와줌 •코 또는 목 뒤에 얼음주머니로 냉찜질(손상 부위에 직접 압력을 주지 않음)

건강문제 대처 시 유의사항
•유발 원인 중재: 코를 자주 후비는 습관, 코를 세게 풀거나 후비는 습관, 충격(안전사고 유의), 이물로 인한 출혈 등 학생이 자각하고 대처할 수 있도록 지도 •당일은 심한 운동이나 격렬한 활동을 자제할 수 있도록 지도 •병원 진료가 필요한 경우: 30분 이상 출혈이 멈추지 않을 때, 코뼈 골절 의심, 기저 질환으로 인해 혈액 응고 장애가 있는 경우, 고혈압, 아스피린 복용 학생, 머리를 다친 후의 출혈, 하루에 여러 번 반복되는 경우(만성 비출혈, 혈액 질환 의심), 다른 부위에도 발생되는 출혈

6) 기타: 치아손상

치아손상 관련 증상	
•치아 빠짐, 치아 부러짐, 치통, 출혈, 부종, 안면 외상, 구강 내 열상	
주요 중재 및 처치	
학생 상태 확인	•파절 치아 확인, 탈구된 치아 확보 •심리적 안정 취하기 •구강 내 손상, 유치/영구치 확인
처치: 치아손상	•냉찜질: 부종, 동통 •유치가 빠진 경우: 깨끗한 거즈로 지혈(출혈이 멈추지 않으면 치과 진료) •빠진 치아를 지참하여 최대한 빨리 병원 이송. 빠진 치아는 입 안(혀 밑), 우유, 생리식염수 등에 보관함. 치아를 찾을 수 없는 경우에도 병원으로 신속히 이송 •구강 내 출혈 제거: 생리식염수 세척 후 압박하여 지혈

건강문제 대처 시 유의사항
•치아가 흔들리는 경우 치과 진료를 받도록 안내함 •빠진 치아에 붙어있는 섬유조직은 제거하거나 문지르지 않음. 수돗물, 알코올 등으로 세척 금지

3. 시력·구강 관리 및 생활습관병 예방

1) 시력 관리

학생의 시력을 측정하기 위해 교내에서 별도검사를 실시한다. 보건교사는 시력검사의 결과 및 올바른 관리 방법을 가정에 안내하여 시력 관리를 지원할 수 있다.

가정통신문(예시)

제 목 : 20XX년 학생 시력검사 결과 및 관리 안내

본교에서는 학생의 건강상태를 알아보기 위해 시력검사를 실시하였습니다. 이에 따라 시력검사 결과를 안내드리오니 자녀의 건강관리에 참고하시기 바랍니다.

1. 시력검사 결과

: 어느 한쪽 눈이라도 시력 저하(0.7 이하)가 의심되는 학생은 교정 대상이며, 안과를 방문하여 보다 정확한 검사와 교정을 받도록 해주시기 바랍니다.

학년반/이름	시력		교정(O,X)
	좌	우	

2. 시력검사 안내

- ■ 학교에서 측정한 시력은 시력표 화면의 밝기, 주변 환경 등에 따라 오차가 발생할 수 있습니다. 학생의 굴절이상 유무, 사시, 약시 등의 진단을 내리는 데에는 한계가 있습니다.

3. 시력관리 방법

- ■ 스마트폰은 눈과 30cm 이상, 컴퓨터는 화면과 최소 50cm 거리를 두어 사용합니다. 주변 환경과 비슷한 밝기(눈에 부담을 주지 않는 밝기)로 설정하여 사용하며, 어두운 곳에서는 되도록 사용을 자제합니다.
- ■ 독서 및 필기 시 책과 눈 사이는 30~40cm 거리를 유지하며, 엎드려서 책을 보거나 얼굴을 가까이 대는 행동은 자제하도록 합니다.
- ■ 20-20-20 원칙: 20분 동안 집중했다면, 20초 동안, 20피트(약 6m) 거리의 먼 곳을 바라보며 눈에 휴식을 취합니다.
- ■ 눈에 좋은 음식을 섭취합니다.

•비타민 A: 당근, 고구마, 시금치, 달걀
•오메가-3 지방산: 참치, 견과류, 연어
•루테인&제아잔틴: 브로콜리, 케일, 계란 노른자

20 . . .

○○ 고 등 학 교 장(직인생략)

2) 구강 건강 관리

보건교사는 구강질환 조기 발견 및 치료 지원을 통해 자기주도적 구강 건강관리 실천을 습관화하고 구강질환을 예방하기 위해 구강위생 도구 준비, 중식 후 양치질 지도, 보건소와 연계한 구강보건사업, 교내 개인위생 시설 확충(잇솔질 시설 제공) 등의 업무를 수행할 수 있다. 충치의 발생 과정과 예방법, 올바른 잇솔질 방법, 구강건강을 위한 입체조 등 다양한 교육을 통해 학생들의 구강 건강을 지원할 수 있다.

청소년기에는 12~13세경 영구치가 완성되기 때문에 충치 및 잇몸질환 예방을 위한 체계적으로 구강 건강을 관리하여야 하며 흡연 예방 교육 시에도 구강 질환 발생과 연계하여 해당 내용을 교육할 수 있다. 치아교정을 하는 학생들의 경우, 관리에 소홀하면 충치와 잇몸질환의 위험성이 증가하기 때문에 스스로 구강 건강을 책임지려는 자세가 요구된다(청결 유지, 구강 청결 도구 소지 등의 별도 유의 사항 실천). 치실 사용 습관화, 가글 사용법 지도, 식습관 개선 지도, 구강 건강 자가 점검법(체크리스트) 안내 등을 통해 구강 건강 관리 역량을 강화할 수 있도록 지원한다.

3) 생활습관병 예방: 건강생활 실천 능력 함양

(1) 건강한 체중 유지 및 관리

저체중 및 비만 예방교육 프로그램 등을 통해 적정 체중을 유지하고 올바른 생활습관을 형성하여 고혈압, 당뇨 등의 질환을 예방한다. 보건교사는 학교 교육과정 내에서 실시하고 있는 프로그램(예: 틈새 놀이활동, 저염식 식단의 날 등)과 연계하여 건강관리를 시행하거나 '건강 상담의 날'을 운영하여 생활습관 형성에 도움을 주는 등 다양한 방법으로 건강증진 교육을 운영할 수 있다.

특히, 청소년기는 신체 성장과 발달의 핵심 시기로 다양한 신체적·정서적 변화를 겪게 되고 해당 시기에 형성된 각종 생활습관은 성인기까지 이어지는 경우가 많으므로 평생 건강 유지의 기반을 마련하기 위해 노력하여야 한다. 과체중이나 저체중으로 인한 외모 스트레스, 또래 관계 갈등, 우울감, 섭식장애 등은 성장지연이나 발달 이상으로 이어질 수 있으므로 정상 체중을 유지하고 긍정적 자기 이미지를 형성할 수 있도록 지원하여야 한다. 또한, 청소년기의 비만은 성인기 비만으로 이어질 확률이 매우 높고 고혈압, 당뇨병, 고지혈증, 관절 통증 등 각종 만성 질환의 유발 요인이 되기 때문에 적극적이고 체계적인 관리가 필요하다.

(2) 바른 체형 유지, 불균형 체형 예방 및 관리

최근 컴퓨터 및 스마트기기 사용 시간 증가, 활동량 감소 등으로 인해 거북목, 굽은등, 척추측만 등 불균형 체형 진단 문제가 대두되고 있다. 체형불균형의 원인으로는 과도한 근긴장, 나쁜 학업(작업) 자세, 만성피로, 운동 부족으로 인한 근력 약화, 과거의 뼈 또는 연부조직의 손상, 디스크, 악관절 구조의 비정상 등을 들 수 있다. 신체 불균형 진단검사를 통해 불균형 체형(앞뒤 불균형, 좌우 불균형, 상하 불균형 등)을 조기에 발견하고, 성장기 학생들이 불균형 체형 예방법을 실천하여 평생 건강의 기틀을 마련한다. 검사 결과를 가정과 공유하여 개인별 맞춤형 체형 관리를 지원하고, 관련 교과(체육, 창의적 체험활동 등)와 연계하여 바른 체형 관리를 위한 다양한 방법을 모색한다.

[체형 불균형 자가진단 체크리스트]

∨ 신발 밑창이 서로 다르게 닳는다.
∨ 기방끈, 디셔츠 등이 한쪽으로 자꾸 흘러내린다.
∨ 뒷목이 늘 뻐근하고 편두통을 자주 겪는다.
∨ 자세가 구부정하고 실제 키보다 작아 보인다는 소리를 자주 듣는다.
∨ 사진이나 거울을 보면 목이 기울어져 있고, 얼굴을 앞으로 내밀고 있다.
∨ 어깨를 움직일 때 관절에서 뚝뚝 소리가 난다.
∨ 오래 앉아 있으면 골반이나 엉덩이 쪽이 불편하다.
∨ 몸이나 손, 다리가 잘 붓는 편이다.
∨ 뒤뚱거리면서 걷거나 팔자걸음이다.
∨ 엉덩이가 심하게 처져 있다.

4. 감염병 예방 및 대응

1) 목적 및 배경

학교는 다양한 연령대의 구성원들이 여러 활동을 통해 일상을 공유하는 공간이므로 신종 및 기존 감염병의 위험으로부터 학생과 교직원을 안전하게 보호하기 위해 노력해야 한다. 학교의 감염병 예방·관리 및 위기 대응 역량을 강화하기 위한 구체적인 목표는 다음과 같다.

- 일상적인 감염병 예방 활동을 통해 감염병에 걸리는 것을 **사전에 방지**한다.
- 학교 내 감염병을 조기에 발견하고 신속·정확한 사후 조치를 통해 **확산을 방지**한다.
- 감염병 유행 시 학교의 기능을 유지하고 지역사회로의 **전파를 차단**한다.

교육부에서는 감염병의 위협으로부터 학생과 교직원의 건강을 보호하고 감염병 발생 시 체계적인 대응을 위해 다양한 매뉴얼을 보급하고 있다. 메르스(MERS) 유행 이후 2016년에는 감염병 발생 상황에 따른 대응체계와 기관별 역할, 감염병 대응 조직의 강화, 학교 현장에서 적용 및 활용 가능성을 향상시킨 「학생 감염병 예방·관리 매뉴얼」을 개정하여 배포하였다. 최근 2020년 코로나-19 대유행 이후에는 교육부, 중앙재난안전대책본부, 중앙사고수습본부·중앙방역대책본부·식품의약품안전처 등 관계 기관의 협의를 통해 「유·초·중등 및 특수학교 코로나19 대응 안내」를 제10판까지 개정하여 배포하기도 하였다.

2) 평상시 학교의 대비

교육부, 시·도교육청의 업무 매뉴얼을 바탕으로 학교의 환경, 상황 및 여건을 고려하여 감염병 예방·관리 연간 계획을 수립한다. 교육부의 매뉴얼은 감염병 상황을 '평상시, 감염병 발생 시, 국가감염병 위기 상황 시'로 구분한 후 예방부터 복구 단계까지 각 단계별 조치사항을 제시하여 두었다. 학교에서도 각 상황과 단계에 따른 담당자(교사)의 역할을 명시하면 체계적인 대응이 가능할 것이다.

감염병에 관한 특이사항이 없는 일반적인 상황에서, 학교는 '감염병 예방·관리 연간 계획을 수립'하여 감염병 환자 발생에 대비한 대응체계를 구축하고 각종 예방 활동을 수행하여 학교 구성원의 건강과 안전을 보호할 수 있다. 교육부의 '학교 감염병 예방·위기대응 매뉴얼 제3차 개정판'에 따르면 학교 감염병 관리 조직 구성, 감염병 예방 교육, 학교 내 감염병 발생 시 보고 및 대응, 방역 활동 등의 내용을 '감염병 예방·관리 연간 계획'에 포함할 수 있다. 특히, 보건교사는 감염병 (의심) 환자의 신속한 파악, 예방접종 관리, 위생수칙 등의 보건교육, 방역 물품 수요 파악 및 관리, 보건소 등 외부기관에서 역학조사 시 협조 등의 업무를 수행할 수 있다. 예방접종 관리의 경우 '표준예방접종 일정표'에 따라 적절한 시기에 예방접종을 실시하도록 가정통신문 발송 등의 방법을 통해 가정과 연계한 교육을 실시할 수 있으며, 감염병 의심 또는 발생 시 필요한 경우 학생과 교직원을 대상으로 감염병 예방 교육을 실시할 수도 있다.

(1) 감염병 예방 교육

감염병 예방 교육의 경우 질병관리청 등 유관기관에서 발행한 카드뉴스, 교육자료 등을 활용하여 일상생활 속에서 감염병을 예방할 수 있도록 이론 및 실천을 병행한 교육을 실시한다. 교육내용으로는 월별·계절별 주의해야 할 감염병의 종류 및 예방·관리 방법,

일반 예방 수칙 등이 포함될 수 있다. 다음 표에 제시된 학교 내 주요 빈발 감염병의 발생 시기 및 임상 특징 등을 참고하여 적절한 교육을 실시하도록 한다.

주요 감염병	빈발 시기	특징	등교 중지(격리) 기간
수두	•5~6월, 12월	•수포, 발열, 피로감, 피부 발진 •잠복기: 평균 14~16일	•모든 수포에 가피가 형성될 때까지
수족구	•5~9월	•손·발바닥과 구강 내 수포, 궤양, 발열 •발병 후 7일간은 가장 전염력이 강한 시기이므로 주의할 것 •잠복기: 3~7일	•수포 발생 후 6일간 •가피 형성 시까지
유행성 각결막염	•7~10월	•안통, 이물감, 많은 눈물, 눈곱, 눈부심, 충혈 •잠복기: 5~7일	•발병 후 14일까지 감염이 가능하므로 주의
유행성 이하선염	•1~4월, 12월	•이하선 부종, 발열, 근육통, 두통 •잠복기: 평균 16~18일	•증상 발생 후 5일까지
인플루엔자	•1~4월, 11~12월	•근육통, 발열, 두통, 인후통, 기침 •잠복기: 1~4일(평균 2일)	•학생 상태에 따라 판단(증상 발생 1일 전부터 5일까지 감염이 가능하므로 주의)

(2) 감염병 대응 모의훈련

학교 내에서 발생할 수 있는 다양한 감염병 발생 상황에 대해 각 구성원이 자신의 역할을 명확하게 인식하고 효과적으로 대처하기 위해 모든 교직원이 함께 참여하는 훈련을 실시할 수 있다. 학교 내 유증상자 발견 시(예: 고열과 심한 기침, 가슴 통증 등의 증상을 호소하는 학생이 발생한 경우), 학교 내 감염병 (의심)환자 발생 시(예: 결석한 학생이 유행성 독감으로 확진받고 치료 중이라는 사실을 통보받은 경우), 감염병 (의심)환자가 2명 이상 발생 시 등 다양한 상황에 대한 시나리오를 사전에 작성하고 이를 토대로 모의훈련을 실시할 수 있다. 인플루엔자, A형간염 등 학생이 보이는 증상이나 질병 종류 등에 따라 훈련 내용을 달리 구성할 수도 있다.

5. 약물 오·남용 예방 교육(흡연·음주 포함)

각종 통계자료에 따르면 청소년의 음주율 및 흡연율, 마약류 사범 중 19세 이하 비율 등이 증가하는 추세에 있다. 따라서 약물에 처음 노출되기 전(초등학교 저학년)부터 지속적인 예방 교육 및 홍보의 중요성이 어느 때보다 강조된다. 학생들의 흡연·음주 및 약물 오·남용은 청소년 건강에 악영향을 끼칠 뿐만 아니라 추가적인 일탈 행위로 이어질 수 있는 가능성이 높기 때문에 학교·가정과의 소통을 활성화하고 가정통신문, 카드뉴스 제작·안내 등을 통해 교육의 효과를 높일 필요가 있다. 또한, 교원 연수를 통해 마약류 등 예방 교육 실시 역량을 강화하고, 특별교육주간을 운영하여 집중적인 홍보 및 교육 활동이 이루어지도록 하며 실질적인 성과로 이어질 수 있도록 체험형 교육, 교과 연계형 교육, 토론형 수업 등 실제 사례 중심으로 교육을 운영하는 것이 중요하다.

6. 학생 정신건강 증진: 학생정서·행동특성검사의 이해

교육부에서는 교육기본법, 학교보건기본법, 학교건강검사규칙 등의 법령을 근거로, 매년 학생이 경험할 수 있는 학교생활 및 학습의 어려움을 예방·관리하고 학생의 성격특성 및 아동·청소년의 정서·발달 정도를 평가하기 위해 '학생정서·행동특성검사'를 실시한다. 검사 제도의 개요는 다음과 같다.

- **검사 근거**: 교육기본법, 학교보건법, 학교건강검사규칙 등
- **검사 목적**: 학생의 성격특성 파악 및 관리체계 구축으로 정서·행동문제의 조기 발견
  학생 정서·행동문제에 적절히 개입하여 학교생활 부적응 학생 관리
  학생의 성격특성에 맞는 교육적 제안 제시
  유관기관 협조 체제 구축으로 학생의 정서·행동문제 대응의 효율성 제고
- **검사 일정**: (3월) 기본계획 수립, 교직원연수 및 가정통신 등 검사 실시 기반 조성
  (4월) 검사 실시, 학교 내 면담(문제 유형, 심각성 확인)
  관심군 선별(우선관리, 일반관리, 자살위험)
  (4월 ~) 전문기관 연계(Wee센터, 청소년상담복지센터, 정신건강복지센터 등)
  병·의원(전문치료, 상담)
  학교 내 지속관리 체계 구축 등 사후 관리
- **검사 대상**: 초등학교 1·4학년, 중학교 1학년, 고등학교 1학년 학생, 특수학교, 각종학교
- **검사 절차**: 2단계 검사(1차 학교, 2차 전문기관)
- **검사 방법**: 온라인 검사, 서면 검사
- **검사 도구**: 학교급별 1종 사용(초등학교: CPSQ-II / 중·고등학교: AMPQ-III)

Chapter 06

보건교사의 직무 이해: 요보호학생 및 응급환자 관리

1. 요보호학생 파악 및 관리

1) 학교 내 요보호학생 조사

학교는 학기 초 학생 건강실태조사를 실시하여 제1형 당뇨, 희귀난치질환 학생 등의 재학 여부를 조사하고 질병이나 장애로 인해 보호 또는 관리가 필요한 학생을 지원하기 위해 노력하여야 한다. 전교생을 대상으로 가정통신문을 통해 학생의 건강실태와 보호자의 응급관리 동의 및 연락처 등을 조사하고 학급별 건강 이상 학생 명단을 통해 건강 상담 대상자를 선별한다. 과거 병력, 현재의 건강문제, 약물 복용 등으로 인해 지속적인 관리와 상담이 필요한 학생을 선정하고 중점 관리가 필요한 사항을 기록하여 내부결재를 받은 후 교직원들에게 연수를 통해 해당 내용을 안내한다. 학생 명단, 건강상태, 지도 시 유의사항 등을 기록한 문서(내용)는 외부로 유출되지 않도록 개인정보를 철저히 관리한다. 다음은 요보호학생 범주, 요보호학생 선정을 위한 가정통신문, 요보호학생 명단의 예시이다.

◈ 요보호학생 범주(예시)
- 당뇨병(제1형, 제2형): 인슐린 주사 필요 여부, 식사 및 운동 관리 지원
- 천식: 급성 발작 시 응급 처치 필요, 알레르기 회피 환경 조성
- 뇌전증: 발작 발생 시 대처법 숙지 필요, 약물 복용 여부 확인
- 선천성 심장 질환 등 심장 질환: 과도하거나 격렬한 운동(활동) 제한, 응급상황 대비
- 알레르기: 유발 요인 확인
- 장애 유무: 특수교육대상자 선정 여부 및 유형 확인, 필요 지원 제공
  ※ 시각/청각장애: 보조공학기기 지원, 수업 자료 및 평가 조정
  ※ 지체장애(근이영양증, 뇌성마비): 보조공학기기 지원, 이동 및 활동 지원, 응급상황 대비
- 소화기 질환(크론병, 궤양성 대장염 등): 복통, 설사 등 증상 관찰
- 정신건강: 우울증, 불안장애, 조현병, 자해 또는 자살 시도 이력 확인

(예시) 학교 내 응급환자 관리 안내 가정통신문

1. 응급처치에 대한 동의서

학년, 반	번호	이름	성별	보호자 연락처
-				부 ☎:
주소				모 ☎:
보호자 부재 시 통화 가능한 전화번호	1) 학생과의 관계: 2) 연락처 ☎:			
주로 이용하는 병·의원	병·의원명: ☎:			

◈ **응급상황 발생 시**

병원의뢰가 필요한 경우 **〈응급증상 및 이에 준하는 증상 - 응급의료에 관한 법률 시행규칙 제2조 1항의 별표1〉** 등으로 위급하거나 위독한 경우를 제외하고 보호자에게 연락하여 인계함을 원칙으로 합니다.

단, 응급상황 또는 보호자 연락이 되지 않을 경우에는 인근 병원이나 119구조대, 학생이 주로 이용하는 병원으로 이송하는 것에 동의합니다.

□예 □아니오

◈ **개인 정보 수집·이용 안내**

◉ 목적: 학생 응급이송, 보건일지 기록, 건강검사

◉ 보유 및 이용기간 : 2025.3.4. ~ 2026.2.28. 이용 후 파기

◉ 위 개인 정보 수집·이용에 동의합니다. □예 □아니오

◉ 민감정보(질환 등) 수집·이용에 동의합니다. □예 □아니오

(※ **동의서를 미제출하거나 체크, 서명하지 않고 제출한 경우는 동의한 것으로 간주**합니다. 동의를 거부할 권리가 있으나, 거부에 따른 불이익에 대한 책임은 본인에게 있습니다.)

2025년 월 일 학 생 (서명)

2025년 월 일 보호자 (서명)

2. 학교에서의 응급환자 관리

1) 환자 발생 시 보건실에서 응급처치를 하고 일반의약품(해열 진통제(소아용 타이레놀), 소화제 등)을 투약하고 있습니다. 투약에 동의하지 않으시면 보건실 또는 담임 선생님께 꼭 연락하시기 바랍니다. 위급하지는 않으나 병원 진료가 필요한 경우 보호자에게 연락하여 병원으로 이송합니다.
2) 응급 상황 발생 시 보호자에게 연락 후 담임교사, 보건교사 등의 동행 하에 학교 인근 병·의원으로 후송조치되며, 필요한 경우 119구조대를 이용할 수 있습니다. 보호자에게 연락이 되지 않는 경우도 이에 해당함을 안내드립니다.

20○○학년도 요보호 학생 명단(예시)

순	학년	반	번	성명	병명	현재 건강 상태	주의사항
1					청각장애 (1급)	인공와우이식	머리에 심한 충격 주의 외부 기기 손상 주의
2					1형 당뇨	양호	글루카곤 보관(보건실 냉장고) 저혈당 주의
3					뇌전증	허약체질	전조증상 관찰 요망 (멍하니 한 곳을 바라봄, 말이 느려짐) 발작 시 보호자에게 연락
4					모야모야병	현재 일상생활 가능	과호흡주의 팔·다리 마비, 두통, 구토 시 보호자에게 연락
5					(우)무릎 성장판 수술	양쪽 다리 길이 다름	과격한 체육 활동 금지 안전사고 주의
6					천식	일상생활 가능	미세먼지 유의 심한 운동 시 증상 악화됨
7					척추측만증	양쪽 다리 길이 다름	교정용 신발 착용 중 통증 유발에 따른 체육활동 고려
8					빈혈	허약체질	쓰러지는 증상을 보임 얼굴이 창백해지거나 어지러움을 호소하는 경우 즉시 휴식 철분 보충제 복용

※ 요보호 학생 명단 정보 관리 철저(공개 금지), 명단 확인 후 파기하시기 바람

※ 체육활동 및 교내·외 활동 시 각종 안전사고 유의

2) 학교 내 요보호학생을 위한 지원

요보호학생을 위한 학교지원체계는 담임교사, 보건교사, 영양교사, 체육교사 등 다양한 구성원이 포함될 수 있으며, 다음의 지원이 제공될 수 있다.

- 투약이 필요한 경우, 보건실 등의 공간을 마련해준다.
- 칸막이(파티션), 커튼 등을 이용하여 투약행위가 다른 사람에게 노출되지 않도록 주의한다.
- 학생이 처방받은 응급의약품에 대한 보관장소를 마련하고, 의약품을 안전하게 관리한다.
- 학생 및 교직원을 대상으로 요보호학생에 대한 인식 개선 교육, 응급상황 발생 시 대처 요령 등을 교육할 수 있다. 학생의 건강 상태, 지도 시 유의사항, 관찰 중점 사항 등에 대해 교직원 연수를 실시하여 학생의 건강한 학교 생활을 지원하고 응급상황 발생에 적절하게 대처하도록 한다.
- 학생의 병력, 현재 건강 문제, 진료 병원, 응급 시 연락처, 투약 관련 내용, 학교 중점 관리 사항 및 특이사항 등을 건강상담기록으로 작성한다.
- 학교 복귀 시 보충수업, 학습자료 제공 등을 통해 학교생활 적응을 돕는다.

2. 다양한 건강문제 관리하기

1) 당뇨병 학생 관리하기

최근 소아에게서도 제2형 당뇨병의 발생이 증가하고 있지만, 아동에게서 발생되는 대부분의 당뇨병은 제1형 당뇨병이다. 당뇨병의 적절한 관리를 위해서는 하루 최소 1~2회의 인슐린 주사를 맞아야 하고, 이에 따른 자가혈당측정을 하여야 한다. 당뇨병 학생의 일반적인 관리법은 다음과 같다.

① 학업 활동
- 혈당이 너무 높거나 낮으면 집중력이 떨어질 수 있다.
- 저혈당 시 휴식, 간식이 필요할 수 있으므로 수업(시험) 시간 조정, 중간 휴식 시간 제공 등의 배려가 필요할 수 있다.
- 인슐린 주사를 맞은 학생은 저혈당에 대비하여 사탕이나 젤리 등을 가지고 다니도록 한다.

② 신체 활동
- 당뇨병 환자는 운동 시 저혈당이나 고혈당 증세가 모두 유발될 수 있다. 인슐린 최대 작용시간에 운동을 하게 되면 운동 중 혹은 운동 후에 저혈당 증세가 나타날 수 있으며, 혈당조절이 잘 되지 않는 상태에서 무리한 운동을 하면 오히려 고혈당 증세가 나타날 수도 있다.
- 운동 시 필요한 보충식품은 개인에 따라 다르므로 수차례에 걸쳐 음식물의 양을 다르게 보충하면서 학생에게 맞는 식품의 종류와 양을 조절하도록 한다.

③ 식이 및 급식 관리
- 학교급식을 이용하는 경우, 식품을 선택하는 방법을 학생이 알도록 교육한다. 학교급식 식단을 보고 어떻게 조절해서 먹을지 미리 계획하고 생각할 수 있도록 하여, 아동의 자기 조절능력을 향상시키는 방향으로 교육을 실시한다. 가정과 연계하여 지도한다.
- 현장체험학습, 체육대회 등에서 간식 및 식사 준비를 개별화하거나 사전 안내가 필요할 수 있다(단체행사 시 주의).

한편, 보건교사는 의료적 처치를 기반으로 한 지원뿐 아니라 예방 및 관리 교육에도 초점을 맞추어야 한다. 건강관리 방법을 일회적인 실천에 그치는 것이 아니라 생활습관으로 자리잡을 수 있도록 하는 것이 무엇보다 중요하므로 가정(보호자)과의 협력·협조가 필수적이다. 학교에 당뇨병 학생이 있는 경우 응급상황 대처 교육, 질환에 대한 이해를 목적으로 하는 교육·연수 등에 아래 내용을 참고하면 도움이 된다.

대상	지원 내용 및 유의점
당뇨병 학생	•스스로 자신의 혈당을 모니터링·관리할 수 있도록 교육한다. 초등학생의 경우, 혈당 측정 시간을 잊지 않도록 정기적으로 확인해줄 수 있다. •혈당 측정과 인슐린 투여를 스스로 할 수 있도록 도와주고 이를 관리할 시간을 허용한다. 보건교사는 혈당 측정 및 인슐린 투여를 위해 조용한 장소(공간)를 마련하여 주고, 학교 내 응급키트(글루카곤 주사, 포도당 음료 등)를 배치하며, 학생의 당뇨 관리 용품(혈당계, 인슐린 펌프, 주사기 등)의 보관 장소를 마련해줄 수 있다. •학생이 학교생활 중 건강문제로 인해 우울, 불안, 위축 등의 심리·정서적 어려움을 겪지 않도록 상담 등을 통해 심리적 지지를 제공한다. 보건교사는 스트레스나 학교생활의 어려움을 청취하고 적절한 조언을 통해 학생을 지원할 수 있다.
교사 및 또래 학생	•당뇨병에 대한 기본 이해: 당뇨병의 원인, 증상, 관리 방법 등에 대한 의학적 설명을 통해 질병에 대한 편견이나 오해를 없앤다. •증상에 대한 이해: 저혈당(어지러움, 떨림, 식은땀, 두근거림 등) 및 고혈당(잦은 소변, 목마름, 피로감 등) 증상을 학생이 보이면 보건교사에게 알리도록 지도한다. •응급상황 대처 방법: 저혈당 시 간단한 당 섭취 후 회복을 기다리도록 교육하고, 심각한 상황에서는 주사를 투여할 수 있음을 알린다. •심리적 지원: 당뇨병 학생이 따돌림, 놀림의 대상이 되지 않도록 주의하되 과도하게 배려하는 것도 좋지 않을 수 있다.

2) 뇌전증 학생 관리하기

◈ '뇌전증(epilepsy)'이란?

- 몸 전체 또는 일부 근육이 자신의 의사와 관계없이 급격히 수축하거나 떠는 모습을 '경련(convulsion)'이라고 하며, 경련의 원인이 대뇌 뇌신경세포의 전기적 방전에 의한 경우를 '발작(seizure)'이라고 지칭함. 이러한 발작이 반복되는 질환을 과거에는 '간질'이라고 불렀으나, 이 용어에 대한 사회적 편견이 심하고 용어가 주는 사회적 낙인이 심하여 2010년부터 '뇌전증(epilepsy)'으로 개명하게 되었음
- 뇌신경세포가 평상시 형성하는 미세한 전기신호의 질서가 깨지면 수천억 개의 뇌신경세포 중 일부가 짧은 시간 동안 발작적으로 과도한 전류를 발생시킴으로써 나타나는 이상을 '발작' 혹은 '뇌전증발작'이라고 함. 이러한 발작이 두 번 이상 자발적으로 반복해서 생기는 것을 '뇌전증'이라고 함

◈ 뇌전증의 치료

- 크게 약물치료와 수술치료가 시행됨. 뇌전증은 10명 중 7-8명은 약으로 조절되고, 이 중 3명은 2-5년간의 약물치료 후 약을 중단하여도 뇌전증의 재발이 없이 약물치료만으로도 완치가 가능함
- 약물로 조절되는 나머지 3-4명은 약을 끊으면 뇌전증이 재발하기 때문에 평생 항발작제를 복용해야 하지만, 약 먹는 것 외에는 일상생활에 큰 지장은 없음

◈ **뇌전증발작의 대처 요령**

- 발작이 시작되면 학생을 편안한 자세로 바닥에 눕혀 놓는다.
- 학생이 다치지 않도록 주위에 부딪힐만한 것은 제거한다. 특히, 주변에 뾰족하거나 단단한 물건들은 치우도록 한다.
- 발작 중인 학생을 누르거나 팔다리를 억지로 붙잡지 않도록 한다.
- 숨쉬기 편하도록 목 주위의 넥타이, 단추, 허리띠 등을 느슨하게 해준다.
- 학생을 옆으로 눕혀 침 등 분비물이 입 밖으로 흘러내리게 하여 기도로 흡인되지 않도록 하고, 혀가 뒤로 넘어가 기도를 막지 않고 숨쉬기 편하게 해 준다.
- 손가락을 입 안에 넣어 억지로 입을 벌리려 하지 않는다. 필요시, 혀를 깨물지 않도록 손수건 등을 말아서 치아 사이에 끼워줄 수는 있지만 일단 발작이 시작되어 입을 다문 상태에서는 입을 억지로 벌리려고 시도하지 않는다.
- 발작이 끝날 때까지 옆에서 대기하여 예기치 못한 일에 대비한다.
- 발작이 끝난 후 의식이 명료해질 때까지 학생을 옆으로 안전하게 편안히 눕혀 놓고 신체의 보온을 유지한다.
- 대부분 몇 분이 경과하면 자연적으로 회복되나, 하루에도 수회 이상 발작이 계속 반복되거나 5분 이상 지속되는 경우 119 신고를 통해 적절한 치료를 받도록 한다.
- 발작 상황에 대한 관찰기록을 남기면 학생의 진단 및 치료 계획 수립에 큰 도움이 된다.
  - 발작 시간: 언제 시작했는지, 얼마나 지속되었는지, 몇 번이나 반복하는지 등
  - 발작 모습: 전조증상 유무, 발작이 시작된 신체 부위, 처음에 나타나는 증상, 환자의 머리·눈동자·팔다리의 움직임, 발작 증상의 진행 과정, 의식이 있는지 등
  - 발작 이후: 소변이나 대변 실금이 있는지, 청색증·구토·출혈 등의 증상 유무, 발작 후 두통이나 마비 증상이 있는지 등

출처: 대한뇌전증학회(2024), 「뇌전증, 무엇이 궁금하십니까?」.

3) 주의력결핍-과잉행동장애(ADHD) 학생 지도하기

◈ **ADHD(Attention Deficit Hyperactivity Disorder)란?**

- 주로 초기 아동기(12세 이전)에 나타나며 주의력 부족, 과잉행동, 충동성을 주 증상으로 함. 아동의 정상적인 학교생활, 학업수행 및 가정생활에 영향을 미침

◈ **주요 증상(진단기준: DSM-5-TR)**

부주의	•학업, 일 또는 다른 활동에서 세심한 주의를 기울이지 못하거나, 부주의한 실수를 자주 한다. •과제 수행이나 놀이를 할 때 주의 집중을 지속하는데 어려움을 자주 갖는다. •대놓고 이야기하는데도 듣지 않는 것처럼 보일 때가 자주 있다. •지시를 따라오지 않거나 학업, 심부름, 업무를 끝내지 못하는 경우가 자주 있다. •과제나 활동을 조직적으로 하는 것에 곤란을 자주 겪는다. •지속적으로 정신을 쏟아야 하는 일을 피하거나, 싫어하고, 거부하는 것이 자주 있다. •활동하거나 숙제하는 데 필요한 물건들(예: 숙제, 연필, 책 등)을 자주 잃어버린다. •외부의 자극에 의해 쉽게 주의가 산만해진다. •일상적인 일들을 자주 잊어버린다.

과잉행동	•손발을 가만히 두지 못하거나 자리에서 꼬무락거린다. •가만히 앉아 있어야 하는 상황에서 자주 자리를 뜬다. •부적절한 상황에서 지나치게 달리거나 기어오른다. •조용히 놀거나 레저 활동을 하지 못하는 경우가 자주 있다. •"쉴 새 없이 활동하거나" 혹은 마치 "모터가 달린 것 같이" 행동하는 경우가 자주 있다. •지나치게 말을 많이 하는 경우가 자주 있다.
충동성	•질문이 채 끝나기 전에 대답해 버리는 경우가 자주 있다. •차례를 기다리는 것을 자주 어려워한다. •다른 사람이 하는 것을 중단시키거나 무턱대고 끼어드는 경우가 자주 있다.

◈ **ADHD 학생을 위한 교육 TIP**

- 주의력 결핍, 과잉행동 및 충동성의 정도는 학생마다 다르게 나타날 수 있음을 인지한다.
- 학급규칙, 시간표, 과제, 하루일과표 등을 명확하게 인지할 수 있도록 교실환경을 구조화한다.
- 교사가 학생을 쉽게 관찰할 수 있고, 수업 참여에 도움을 줄 수 있는 학생이 가까이 있는 좌석에 학생을 배치하여 학업 수행에 도움을 준다.
- 행동수정을 위해 토큰경제, 행동계약, 칭찬 등 다양한 행동중재전략을 활용한다.
- 중요한 정보나 수업 중 핵심적인 내용을 강조하여 학생의 주의집중을 돕는다.
- 약물을 복용하면 주의집중력 향상, 과잉행동 감소 등의 효과를 볼 수 있으나 식욕 저하, 두통, 불면, 기분 변화 등의 부작용이 생기기도 하므로 주의깊게 관찰한다. 부작용이 심각한 경우 보호자에게 해당 내용을 공유하도록 한다.

4) 틱장애 학생 지도하기

◈ **'틱 장애'란?**

- 자신의 의지와 상관없이 근육이 빠르게 반복하여 움직이거나 무의미한 소리를 내는 장애로 단순 운동틱, 복합 운동틱, 음성틱 등으로 구분될 수 있음

◈ **주요 증상**

단순 운동틱	•이미 찌푸리기 •눈 깜빡이기 •어깨 으쓱하기 •무릎이나 발을 흔들거리기 등
복합 운동틱	•얼굴 표정, 손 제스처 등과 같이 목적이 있는 행동처럼 보임
단순 음성틱	•목구멍에서 '음음' 소리를 냄 •콧바람, 코 훌쩍임 •헛기침, 혀 차기 •비명, 중얼거림
복합 음성틱	•욕이나 외설적인 말을 함(욕설증) •남의 말을 따라 함(반향언어)

◈ 틱 장애를 가진 학생을 위한 교육 TIP

- 뚜렛장애, 만성 운동성/음성 틱장애: 증상의 빈도와 강도는 호전 및 악화를 반복한다.
- 틱 증상 악화(완화) 요인에는 개인별로 차이가 있으므로, 선행 요인을 찾아 악화 요인들은 가급적 피하도록 한다. 일반적으로 틱 증상을 악화시키거나 유발시키는 선행 요인으로는 흥분, 피로, 수동적인 활동, 불안, 지루함, 스트레스(사건), 틱과 유사한 소리를 듣는 경우, 틱과 관련된 대화 등을 들 수 있다. 좋아하는 활동을 하는 경우, 무언가에 집중하는 경우 등에 틱 증상이 완화될 수 있다.
- 가족들에게 틱장애의 임상증상, 경과, 치료법 등을 교육할 수 있다.
- 약물 효과와 부작용의 손익을 따져 치료한다. 약물치료는 증상을 조절할 수는 있으나, 틱의 예후를 바꾸기는 어렵다. 틱 증상으로 학생이 힘들어한다면, 정상 발달에 부정적 영향을 끼치므로 약물 치료를 고려한다.

3. 응급상황 관리체계 구축 및 대응

학교에서 이루어지는 다양한 교육활동 중에는 크고 작은 안전사고의 발생 위험이 늘 존재한다. 안전사고에 적절하게 대처하지 않으면 응급상황이 발생할 수 있고, 이에 대해 충분한 조치가 이루어지지 못하면 교직원의 건강과 생명을 위협하는 사안까지 이어질 수 있다. 따라서 평상시 교직원의 건강 및 안전 보호에 대한 경각심을 가지고 철저하게 예방 교육 및 연수를 실시함과 동시에 불가피하게 발생할 수 있는 각종 응급상황에 대한 대응 역량을 강화하는 것이 매우 중요하다. 특히, 초기 응급처치는 이차적인 손상 및 사망사고를 예방하는 데 핵심적인 역할을 하므로 응급상황에 대한 관리체계를 구축하고 신속·정확하게 응급상황에 대처할 수 있도록 학교 전체의 관리 역량을 강화해야 한다.

1) 학교 내 응급증상 및 이에 준하는 증상

「응급의료에 관한 법률(이하 "응급의료법")」 제2조 제1호에 따르면 '응급환자'란 질병, 분만, 각종 사고 및 재해로 인한 부상이나 그 밖의 위급한 상태로 인하여 즉시 필요한 응급 처치를 받지 아니하면 생명을 보존할 수 없거나 심신에 중대한 위해가 발생할 가능성이 있는 환자 또는 이에 준하는 사람으로서 동법 시행규칙 제2조에 응급증상 및 이에 준하는 증상이 규정되어 있다. 응급의료법 제3조에 따라 모든 국민은 성별, 나이, 민족, 종교, 사회적 신분 또는 경제적 사정 등을 이유로 차별받지 아니하고 응급의료를 받을 권리를 가지며 응급상황에서의 응급처치 요령, 응급의료기관 등의 안내 등 기본적인 대응방법을 아는 것은 동법 제4조에 따라 모든 국민이 갖는 권리이다. 따라서 학교는 이에 대한 교육 및 홍보 등 필요한 조치를 마련하여야 한다. 응급의료법 시행규칙 제2조 제1호에 따른 응급증상 및 이에 준하는 증상은 다음과 같다.

■ **응급의료에 관한 법률 시행규칙 [별표 1]**

응급증상 및 이에 준하는 증상(제2조제1호관련)

1. 응급증상

가. 신경학적 응급증상 : 급성의식장애, 급성신경학적 이상, 구토·의식장애 등의 증상이 있는 두부 손상
나. 심혈관계 응급증상 : 심폐소생술이 필요한 증상, 급성호흡곤란, 심장질환으로 인한 급성 흉통, 심계항진, 박동이상 및 쇼크
다. 중독 및 대사장애 : 심한 탈수, 약물·알콜 또는 기타 물질의 과다복용이나 중독, 급성대사장애(간부전·신부전·당뇨병 등)
라. 외과적 응급증상 : 개복술을 요하는 급성복증(급성복막염·장폐색증·급성췌장염 등 중한 경우에 한함), 광범위한 화상(외부신체 표면적의 18% 이상), 관통상, 개방성·다발성 골절 또는 대퇴부 척추의 골절, 사지를 절단할 우려가 있는 혈관 손상, 전신마취하에 응급수술을 요하는 중상, 다발성 외상
마. 출혈 : 계속되는 각혈, 지혈이 안 되는 출혈, 급성 위장관 출혈
바. 안과적 응급증상 : 화학물질에 의한 눈의 손상, 급성 시력 손실
사. 알러지 : 얼굴 부종을 동반한 알러지 반응
아. 소아과적 응급증상 : 소아경련성 장애
자. 정신과적 응급증상 : 자신 또는 다른 사람을 해할 우려가 있는 정신장애

2. 응급증상에 준하는 증상

가. 신경학적 응급증상 : 의식장애, 현훈
나. 심혈관계 응급증상 : 호흡곤란, 과호흡
다. 외과적 응급증상 : 화상, 급성복증을 포함한 배의 전반적인 이상증상, 골절·외상 또는 탈골, 그 밖에 응급수술을 요하는 증상, 배뇨장애
라. 출혈 : 혈관손상
마. 소아과적 응급증상 : 소아 경련, 38℃ 이상인 소아 고열(공휴일·야간 등 의료서비스가 제공되기 어려운 때에 8세 이하의 소아에게 나타나는 증상을 말한다)
바. 산부인과적 응급증상 : 분만 또는 성폭력으로 인하여 산부인과적 검사 또는 처치가 필요한 증상
사. 이물에 의한 응급증상 : 귀·눈·코·항문 등에 이물이 들어가 제거술이 필요한 환자

2) 응급상황 발생 시 교내 대응

학교는 학생 및 교직원의 안전 확보를 위해 교육활동 중 발생할 수 있는 응급상황에 대처하기 위한 계획을 수립하여 운영하여야 한다. 응급상황 관리 계획 수립 시 학교 실정에 맞게 교직원의 역할을 체계적으로 분담하고, 구체적으로 명시하여 신속하고 정확하게 대처할 수 있도록 한다. 특히, 보건교사 부재 시 응급상황에 대처하고 담당 업무를 맡을 책임자를 정하여 응급상황에 효과적으로 대처할 수 있도록 대비하는 것이 중요하다. 또한, 누구라도 응급사고를 최초 발견하는 사람이 될 수 있으므로 평상시 철저한 교육 및 연수를 통해 응급상황에 대응하는 역량을 강화하도록 한다. 일반적으로 학교장은 총괄책임자로서 응급사고 전반에 대해 관리하고, 교감은 필요한 행정적 지원 및 조치를 지휘·감독한다. 교직원들은 응급처치반, 환자이송반, 행정지원반 등으로 역할을 나누어 상황에 대처하며 구체적인 역할의 예시는 다음과 같다.

<table>
<tr><th>구분</th><th>세부 역할(업무)</th></tr>
<tr><td colspan="2">최초발견자: 담임교사, 보건교사(보건 업무 담당 교사) 연락 / 호흡, 의식 등 확인
119 신고, 필요시 심폐소생술 시행</td></tr>
<tr><td>응급처치반</td><td>•보건교사(보건 업무 담당 교사), 심폐소생술 연수 이수 교사 등
•병원 이송 전까지의 초기 응급처치 담당
•환자 상태를 신속하게 평가, 처치와 이송절차에 대한 판단 및 의사결정</td></tr>
<tr><td>환자이송반</td><td>•불가피한 경우를 제외하고는 병원으로 이송 시 동행하는 것을 원칙으로 함
•보건교사가 이송에 동행하는 경우를 대비하여 대체 업무자 지정
•담임교사: 보호자에게 연락, 사고발생 경위 보고
•이송 담당 교직원: 응급이송차량 준비, 환자운반용 들것 등을 사용하여 안전하게 병원으로 이송</td></tr>
<tr><td>행정지원반</td><td>•병원 이송 시 발생되는 치료비, 공제회 공제, 보상 등에 필요한 행정조치(서류 증빙 및 작성 등에 대한 협조)
•병원 이송교사의 복무 처리, 비용 청구 등에 관한 사항</td></tr>
</table>

3) 응급상황에서 보건교사의 역할

- 업무분담에 따라 환자 발생 상황에 대해 교감(교장)에게 보고할 수 있다.
- 응급사고 현장에서 중추적인 역할을 담당하며 처치와 이송절차에 대한 판단을 통해 결정을 내린다.
- 환자의 상태를 신속하게 평가하고, 상황을 판단하여 위급한 경우 의료기관으로 이송을 결정한다.
- 전문적 지식과 태도로 신속·정확하게 응급처치를 실시한다.
- 현장에서의 심폐소생술이 요구되는 경우는 심폐소생술 연수 이수 교사와 협동하여 심폐소생술을 시행한다.
- 치료 후 의료적인 지원 및 상담을 실시한다.
- 보건교사가 응급환자 이송에 참여하여 보건실 업무를 수행하기 어려운 경우에, 사전에 지정된 보건실 업무 대행자가 업무를 수행하도록 한다.
- 의료인에게 환자 인계 전까지 전 과정의 응급처치 상황을 처치 기록지에 기록·보관한다.
- 위급하지는 않으나 병원으로 이송이 필요할 경우(예: 염좌, 단순 골절 의심, 열성질환, 단순외상, 기타 병원 진료가 필요한 경우 등) 상황에 따라 응급조치 후 담임교사에게 연락하여 학부모에게 인계 또는 학부모와 함께 병원으로 이송될 수 있도록 한다.
- 사전에 학부모의 동의와 전문의약품을 처방한 의사의 자문을 받은 경우, 제1형 당뇨로 인한 저혈당쇼크 또는 아나필락시스 쇼크로 인하여 생명이 위급한 학생에게 투약행위 등 응급처치를 제공할 수 있다(학교보건법 제15조의2 제1항).

※ 생명이 위급한 학생에게 응급처치를 제공하여 발생한 재산상 손해와 사상(死傷)에 대하여 고의 또는 중대한 과실이 없는 경우 해당 보건교사는 민사책임과 상해에 대한 형사책임을 지지 아니하며 사망에 대한 형사책임은 감경하거나 면제할 수 있다(학교보건법 제15조의2 제2항).

Chapter 07

보건교사의 직무 이해: 보건교육 계획하기

1. 학교 보건교육과정 및 보건교육계획 수립

삶의 질 향상을 위해서는 학생이 스스로 자신의 건강 문제를 인식하고 관리할 수 있는 능력을 갖추어 건강 증진을 위한 다양한 활동을 습관화하는 것이 필수적이다. 이를 위해서는 학생의 발달단계에 따른 보건교육이 체계적으로 이루어져 학생들이 건강의 가치를 올바르게 이해하고, 질병을 예방하기 위해 필요한 지식과 태도를 실생활에 적용하며, 자신의 건강 관리에서 나아가 지역사회 및 국가 공동체의 건강 역량을 강화하는 데 기여할 수 있도록 해야 한다.

중·고등학교의 경우 '보건'교과를 선택교과로 채택하여 운영할 수 있고, 선택과목으로 운영하지 않는 초·중·고등학교에서는 최소한 1개 이상의 학년을 대상으로 연간 17시간 기준의 정기적인 보건교육 시간을 편성·운영하여야 한다. 체계적인 보건교육을 위해서는 중·고등학교 선택과목 채택 여부, 수업 시수 등을 고려하여 질병예방 및 관리, 약물 오·남용 예방, 흡연 예방, 감염병 예방, 응급처치 등 7대 학교안전교육의 내용 및 영역을 포함한 연간 계획을 수립·운영하도록 한다.

2. 2022 개정 교육과정 살펴보기

국가교육위원회 고시 제2024-3호(2024.8.16.)에 따라, 2025년 3월 1일부터 2027년 3월 1일까지 초등학교 1학년~고등학교 3학년에 걸쳐 개정된 교육과정을 적용하여 학교 교육과정이 편성·운영된다. 교사가 수업을 설계하기 위해서 가장 기본적으로, 가장 첫 단계에 해야 할 일은 국가 및 시·도교육청 수준의 교육과정의 체계와 내용을 이해하는 것이다.

1) 초·중등학교 교육과정의 총론

초·중등학교 교육과정의 총론은 다음과 같은 체계로 구성되어 있다.

Ⅰ. 교육과정 구성의 방향
1. 교육과정 구성의 중점
2. 추구하는 인간상과 핵심역량
3. 학교급별 교육 목표

Ⅱ. 학교 교육과정 설계와 운영
1. 설계의 원칙
2. 교수·학습
3. 평가
4. 모든 학생을 위한 교육기회의 제공

Ⅲ. 학교급별 교육과정 편성·운영의 기준
1. 기본 사항
2. 초등학교
3. 중학교
4. 고등학교
5. 특수한 학교

Ⅳ. 학교 교육과정 지원
1. 교육과정 질 관리
2. 학습자 맞춤교육 강화
3. 학교의 교육 환경 조성

초·중등학교 교육 목적의 달성을 위해 각 학교에서 운영하여야 할 학교 교육과정의 공통적이고 일반적인 기준을 국가 수준에서 제시한 것으로, **교육과정 기준의 성격**을 다음과 같이 서술하고 있다.

가. 국가 수준의 공통성을 토대로 지역, 학교, 개인 수준의 다양성을 추구하도록 학교 교육과정의 기준 및 내용에 관한 기본적인 사항을 제시한다.
나. 학교 교육과정은 학생을 중심에 두고 주도성, 자율성, 창의성 신장 등 학습자 성장을 지원하도록 교육과정의 기준 및 내용을 제시한다.
다. 학교의 교육체제를 교육과정 중심으로 운영하도록 교육과정 기준 및 내용을 제시한다.
라. 학교 교육 목적을 실현하기 위해 학교와 시·도 교육청, 학생, 학부모, 교원 등이 함께 협력적으로 참여하기 위해 필요한 사항을 제시한다.

사회의 새로운 변화와 시대적 요구에 대응하기 위해 우리나라 초·중등학교 교육과정에 변화를 요구하는 **주요한 배경**에 대해 다음과 같이 설명하고 있다.

1. 인공지능 기술이 발전하면서 디지털 전환, 감염병 대유행, 기후변화 등으로 인해 사회의 불확실성이 증가하고 있다.
2. 사회의 복잡성·다양성, 사회적 문제 해결을 위한 협력의 필요성이 증가하면서 상호 존중 및 공동체 의식을 기르는 것에 대한 중요성이 커지고 있다.
3. 학생 개개인에 대한 맞춤형 교육에 대한 요구가 커지고 있다.
4. 교육과정 의사 결정 과정에 교육 주체들의 참여를 늘리고 교육과정 자율화 및 분권화를 활성화해야 한다는 요구가 커지고 있다.

우리나라 교육과정이 추구해 온 교육 이념과 인간상을 바탕으로, 미래 사회가 요구하는 핵심역량을 함양하여 자신의 삶을 주도적으로 이끌어가고 포용성과 창의성을 갖춘 주체적인 사람으로 성장하게 하도록 교육과정을 구성한다고 하였다. **교육과정 구성의 중점**은 다음과 같다.

1. 미래 사회의 불확실성에 능동적으로 대응하는 능력과 자신의 삶, 학습을 스스로 이끌어가는 주도성을 기른다.
2. 학생 개개인이 인격적으로 성장할 수 있도록 지원하고, 사회 구성원 모두가 행복할 수 있도록 서로 존중하고 협력하는 공동체 의식을 기른다.
3. 학습의 기초인 언어·수리·디지털 기초소양을 갖추도록 하여 학교교육 및 평생 학습에서 학습을 계속할 수 있게 한다.
4. 학생들이 자신의 진로와 학습을 스스로 설계하고, 적절한 시기에 학습하도록 학습자 맞춤형 교육과정 체제를 구축하도록 한다.
5. 교과 교육 영역에서 깊이 있는 학습을 통해 역량을 함양하도록 교과 간 통합과 연계, 학생의 삶과 연계된 학습, 학습과정의 성찰 등을 강조한다.
6. 학생 참여형 수업을 확대하고, 문제 해결과 사고의 과정을 강조하는 평가를 실시하여 학습의 질을 높인다.

우리나라의 교육은 홍익인간의 이념 아래 모든 국민으로 하여금 인격을 도야하고, 자주적 생활능력과 민주시민으로서 필요한 자질을 갖추어 인간다운 삶을 영위하고, 민주국가의 발전과 인류 공영의 이상을 실현할 수 있도록 함을 목적으로 한다. 이를 바탕으로 **교육과정이 추구하는 인간상**을 다음과 같이 제시하고 있다.

1. 전인적 성장을 바탕으로 자아정체성을 확립하고 자신의 진로와 삶을 스스로 개척하는 자기주도적인 사람
2. 폭넓은 기초 능력을 바탕으로 진취적 발상과 도전을 통해 새로운 가치를 창출하는 창의적인 사람
3. 문화적 소양, 다원적 가치의 이해를 토대로 인류 문화를 향유하고 발전시키고자 노력하는 교양있는 사람
4. 다양성을 이해하고 존중하며 세계와 소통하는 민주시민으로 배려, 나눔, 협력을 실천하며 더불어 사는 사람

교육과정이 추구하는 인간상을 구현하기 위해 교과 교육과 창의적 체험활동을 포함한 학교 교육 전 과정을 통해 다음의 **핵심역량**을 중점적으로 기르고자 한다고 하였다.

1. 자아정체성과 자신감을 가지고 자신의 삶과 진로를 스스로 설계하며 이에 필요한 기초능력과 자질을 갖추어 자기주도적으로 살아갈 수 있는 자기관리 역량
2. 문제를 합리적으로 해결하기 위하여 다양한 영역의 지식과 정보를 깊이 있게 이해하고 비판적으로 탐구하며 활용할 수 있는 지식정보처리 역량
3. 폭넓은 기초 지식을 바탕으로 다양한 전문 분야의 지식, 기술, 경험을 융합적으로 활용하여 새로운 것을 창출하는 창의적 사고 역량
4. 인간에 대한 공감적 이해와 문화적 감수성을 바탕으로 삶의 의미와 가치를 성찰하고 향유하는 심미적 감성 역량
5. 다른 사람의 관점을 존중하고 경청하는 가운데 자신의 생각과 감정을 효과적으로 표현하며 상호협력적인 관계에서 공동의 목적을 구현하는 협력적 소통 역량
6. 지역·국가·세계 공동체의 구성원에게 요구되는 개방적·포용적 가치와 태도로 지속 가능한 인류 공동체 발전에 적극적이고 책임감 있게 참여하는 공동체 역량

각 학교급별로 교육의 중점 및 교육 목표를 다음과 같이 제시하고 있다.

[초등학교]

◈ **중점:** 학생의 일상생활과 학습에 필요한 기본 습관 및 기초 능력, 바른 인성 함양

◈ **교육 목표**

- 자신의 소중함을 알고 건강한 생활 습관을 기르며, 풍부한 학습 경험을 통해 자신의 꿈을 키운다.
- 학습과 생활에서 문제를 발견하고 해결하는 기초 능력을 기르고, 이를 새롭게 경험할 수 있는 상상력을 키운다.
- 다양한 문화 활동을 즐기며 자연과 생활 속에서 아름다움과 행복을 느낄 수 있는 심성을 기른다.
- 일상생활과 학습에 필요한 규칙과 질서를 지키고 서로 돕고 배려하는 태도를 기른다.

[중학교]

◈ **중점:** 초등학교 교육의 성과를 바탕으로 학생의 일상생활과 학습에 필요한 기본 능력, 바른 인성 및 민주시민의 자질 함양

◈ **교육 목표**

- 심신의 조화로운 발달을 바탕으로 자아존중감을 기르고, 다양한 지식과 경험을 통해 책임감을 가지고 적극적으로 삶의 방향과 진로를 탐색한다.
- 학습과 생활에 필요한 기본 능력 및 문제해결력을 바탕으로, 도전정신과 창의적 사고력을 기른다.
- 자신을 둘러싼 세계에서 경험한 내용을 토대로 우리나라와 세계의 다양한 문화를 이해하고 공감하는 태도를 기른다.
- 공동체 의식을 바탕으로 타인을 존중하고 서로 소통하는 민주시민의 자질과 태도를 기른다.

[고등학교]

◈ **중점:** 중학교 교육의 성과를 바탕으로 학생의 적성과 소질에 맞는 진로 개척, 세계와 소통하는 민주시민으로서의 자질 함양

◈ **교육 목표**

- 성숙한 자아의식과 인간의 존엄성에 대한 존중을 바탕으로 일의 가치를 이해하고, 자신의 진로에 맞는 지식과 기능을 익히며 평생 학습의 기본 능력을 기른다.
- 다양한 분야의 지식과 경험을 융합하여 창의적으로 문제를 해결하고, 새로운 상황에 능동적으로 대처하는 능력을 기른다.
- 다양한 문화에 대한 이해를 바탕으로 자신의 삶을 성찰하고 새로운 문화 창출에 기여할 수 있는 자질과 태도를 기른다.
- 국가 공동체에 대한 책임감을 바탕으로 배려와 나눔을 실천하며 세계와 소통하는 민주시민으로서의 자질과 태도를 기른다.

2) 초등학교 교육과정(국가교육위원회 고시 제2024-3호)

초·중등학교 교육과정 총론에 의하면 초등학교의 보건교육은 관련 교과와 창의적 체험활동 시간을 활용하여 체계적인 지도가 이루어질 수 있도록 한다. 2022 개정 교육과정에서 제시한 안전교육 및 보건교육의 교육 주제 및 학년별 시수 예시를 참고하도록 한다.

3) 중학교 선택 교과 교육과정

중학교의 경우 한문, 환경, 생활 외국어, 진로와 직업 등과 함께 ‘보건’ 교과가 선택 교과목으로 운영된다. 보건과 교육과정은 건강과 질병, 보건의료에 대한 지식을 바탕으로 자유와 평등, 공동체, 성인지, 문화 다양성, 기후위기 대응, 지속 가능한 발전, 디지털 소양 등 건강한 시민성을 함양하여 생활 속에서 건강을 실천하며 건강하고 행복한 시민으로 성장하도록 한다. 보건과 교육과정을 통해 학생들은 일상의 건강을 관리할 수 있는 역량(건강관리 역량), 건강 문제가 있을 때 이를 해결할 수 있는 역량(건강문제해결 역량), 자신만이 아니라 공동체의 건강을 함께 옹호하며 사회적 환경을 개선할 수 있는 역량(건강옹호 역량)을 기를 수 있다.

보건과는 ‘건강증진과 질병 예방, 정서와 정신건강, 성과 건강, 건강안전과 응급처치, 건강자원과 건강 문화’의 5개 영역으로 구성되어 있다. 보건과는 건강문해력, 협력적 의사소통능력, 심미적 감성, 협업능력, 생활기술 활용능력 등을 배양하여 포용적이고 협력적으로 건강을 추구하는 사람을 양성하고자 한다.

보건과 교육과정은 다음과 같이 구성되어 있으며, 교육과정 원문은 '국가교육과정 정보센터' 홈페이지에서 다운로드 받을 수 있다.

1. 성격 및 목표
가. 성격
나. 목표
2. 내용 체계 및 성취기준
가. 내용 체계
(1) 건강증진과 질병 예방
(2) 정서와 정신건강
(3) 성과 건강
(4) 건강안전과 응급처치
(5) 건강자원과 건강문화
나. 성취기준
(1) 건강증진과 질병 예방([9보01-01]~[9보01-05])
(2) 정서와 정신건강([9보02-01]~[9보02-05])
(3) 성과 건강([9보03-01]~[9보03-06])
(4) 건강안전과 응급처치([9보04-01]~[9보04-05])
(5) 건강자원과 건강문화([9보05-01]~[9보05-05])
3. 교수·학습 및 평가
가. 교수·학습
(1) 교수·학습의 방향
(2) 교수·학습 방법
나. 평가
(1) 평가의 방향
(2) 평가 방법

보건과 교육과정 내용 중, 수업을 설계할 때 유념해야 할 내용들을 정리해보고자 한다.

(1) 보건과의 성격 및 목표

중학교 보건 과목은 단순히 질병이 없는 상태를 넘어 신체·정신·사회적으로 다양한 차원과 측면에서 건강에 영향을 미치는 요인들을 파악하고, 건강 지식과 기술·정보·자원을 토대로 건강생활을 실천하며, 개인과 공동체의 건강 역량을 발전시킴으로써 더 행복한 삶을 누릴 수 있도록 한다. 특히, 청소년기는 아동기에서 성인기로 이행하는 과도기로 급격한 발달을 경험하는 시기임과 동시에 흡연·음주, 마약, 성 문제, 스트레스, 기후 변화로 인한 건강 문제, 각종 급·만성 질병 등 다양한 건강 위험 요인에 노출되어 있다는 점을 반드시 고려해야 한다. 이 시기에 형성된 건강에 대한 가치와 태도, 생활 습관은 평생의 삶의 질을 좌우할 수 있으므로 학생 스스로 주변의 영향을 인식하고 건강생활

기술을 단련하여 건강 문제를 해결하기 위한 조절 및 대처 능력을 함양할 수 있도록 해야 한다.

중요한 점은 자신뿐만 아니라 공동체의 건강증진을 위해 정보 및 건강자원 활용 능력, 비판적·창조적 사고 능력, 대안 탐색 능력, 공동체의 건강 문화에 대한 소통 능력 등을 길러 사회·문화적 환경 문제에 주도적으로 대처할 수 있어야 한다는 것이다. 건강권에 대한 이해를 바탕으로 다양한 건강 정보를 탐색하고 건강 문해력 및 디지털 문해력을 배양하며 기후변화, 감염병 등 사회·문화적 환경 변화와 관련된 문제들을 탐색하고 건강 문화의 변화를 도모하여 국제적이고 통합적인 건강 역량을 기르도록 한다.

(2) 내용체계 및 성취기준

◎ **건강증진과 질병예방**

핵심 아이디어		•우리 삶의 질에 중요한 건강을 유지, 증진하기 위해서는 건강의 연속성과 항상성 및 다양한 영향요인을 고려한 건강관리가 중요하다. •건강관리의 생활화를 위해서는 몸과 마음의 신호를 알아차리고, 건강관리 모델과 전략, 건강생활기술, 정보, 자원을 활용할 수 있는 건강관리 역량과 사회적 지지가 중요하다.
범주		**내용 요소**
지식·이해	**건강과 건강증진**	•건강 개념과 영향요인 •건강관리모델 •건강에 대한 사회적 지지
	건강신호와 생활주기	•몸과 마음의 신호와 건강지표 •생활주기와 건강생활습관
	질병예방과 건강생활기술	•건강문제 및 질병 예방과 건강관리 •건강생활기술 •건강옹호와 협력
과정·기능	**건강이해**	•건강 개념 및 가치와 영향요인 탐색하기 •몸과 마음의 신호 이해하기
	건강탐구	•건강상태를 확인하고 건강관리 방안 제시하기 •건강관리 모델을 알아보고 생활에 적용하기 •건강관리 목표와 전략을 세우고 평가하기
	실천적용	•건강문제와 건강생활기술을 탐색하여 건강관리 실천하기 •건강옹호활동을 이해하여 사례에 적용하기
가치·태도		•건강과 행복의 소중함 •건강의 가치 내면화 및 건강을 관리하려는 태도 •몸과 마음의 신호에 대한 민감성 •건강생활기술 활용 및 옹호와 협력에 대한 적극성

삶의 질에 중요한 건강을 유지·증진하기 위해서는 건강관리가 중요하며 건강관리의 생활화를 위해서는 몸과 마음의 신호 감지, 건강생활기술과 정보 및 자원을 활용할 수 있는 역량, 그리고 사회적 지지가 중요하다는 것을 학습할 수 있어야 한다. 학생들은 건강 개념과 영향 요인, 몸과 마음의 신호와 건강지표, 생활주기와 건강생활습관, 질병 예방과 건강관리, 건강생활기술 등에 대한 지식을 바탕으로 건강과 행복의 소중함, 건강을 관리하려는 태도, 몸과 마음의 신호에 대한 민감성 등을 기를 수 있다. 해당 내용 체계를 포함한 수업을 설계할 때, 교사는 성취기준 적용을 위해 다음 사항들을 고려해야 한다.

첫째, 자신의 생활과 연계하여 건강과 관련된 경험을 성찰하고, 일상생활에서 흔히 접하는 건강문제를 찾아내어 학생들이 **자기주도적으로 건강을 관리하는 태도**를 가질 수 있도록 지도한다.

둘째, 건강을 관리하는 기본 능력 및 안목을 함양하는 것은 지역사회, 국가 그리고 세계시민으로서 필요한 소양과 능력이라는 점을 알도록 지도한다.

셋째, 건강 문해력 및 디지털 활용 능력을 기르기 위해 **디지털 미디어를 활용한 다양한 매체 자료를 수업에 활용**한다(예: 언론 보도 자료, 다양한 의학 정보, 건강 실태 조사 자료 등).

넷째, 건강에 대한 이해와 실천으로 **건강과 관련된 다양한 진로 방향을 스스로 탐색·계획하는 기회를 제공**한다.

다섯째, 건강 개념 및 가치와 영향요인 탐색하기, 건강관리 모델을 생활에 적용하기, 건강관리 목표와 전략을 세우고 평가하기, 건강옹호활동을 이해하여 사례에 적용하기 등 **다양한 사고 및 탐구 과정 또는 기능이 수업에 활용**될 수 있도록 한다.

◎ **정서와 정신건강**

핵심 아이디어		•자신과 삶의 소중함에 대한 인식, 다양성 존중, 적절한 유대와 지지적 환경은 청소년기와 성인기의 건강하고 행복한 삶의 기초가 된다. •흡연·음주 및 의약품의 오·남용은 개인과 사회의 건강 및 사회문제와 관련이 있으므로 내적인 힘과 생활기술 및 지지체계가 중요하다.
범주		**내용 요소**
지식·이해	**중독과 건강**	•흡연·음주·약물 오·남용 •행위 중독
	정서· 정신건강	•감정·공감 및 지지 •자아 존중감 •스트레스 관리 •삶·죽음·상실의 의미
과정·기능	**건강이해 건강탐구 실천적용**	•정서와 정신건강 및 영향요인 알아보기 •약물과 중독의 기전을 이해하고 조절하기 •건강하고 안전한 선택 지지하기 •감정을 이해하고 적절하게 표현하여 행복한 관계 맺기 •유혹과 압력 등에 대처 및 옹호하기 •다양성을 존중하며 유대 강화 및 환경 개선하기
가치·태도		•자신과 타인의 삶을 소중히 여기고 존중하는 태도 •건강한 자아상·유대와 행복 추구 •위험요인 감수성과 중독에 대한 비판적 태도

청소년기와 성인기의 건강하고 행복한 삶을 위해서는 다양성 존중, 유대와 지지적 환경이 중요한 요인임을 학습할 수 있어야 한다. 학생들은 흡연·음주 및 약물 오·남용, 행위 중독, 자아 존중감, 스트레스 관리, 삶·죽음·상실의 의미에 대한 지식과 이해를 바탕으로 자신과 타인의 삶을 소중히 여기고 존중하는 태도를 기르고 위험 요인에 대한 비판적 태도와 감수성을 가질 수 있게 된다. 특히, 청소년기는 친구, 가족, 매체 등 주변의 영향에 민감한 시기이므로 자신과 타인의 감정 및 스트레스를 적절하게 인식·표현하고 조절과 지지를 통해 행복한 상태를 경험하며 유대를 강화해야 한다. 해당 내용 체계를 포함한 수업을 설계할 때, 교사는 성취기준 적용을 위해 다음 사항들을 고려해야 한다.

첫째, 학습 활동 결과가 교실 안에서 그치지 않고 학교 행사, 마을 축제, 지역 문화 행사 등 교실 밖 활동으로 **확장**될 수 있도록 격려한다.

둘째, 다른 관점을 가진 타인을 이해하고 배려하는 태도를 기르며 가족과 친구 등 **주변의 다양한 타인과 관계를 형성하는 능력**을 기를 수 있도록 지도한다.

셋째, 현실 세계에서 교류하는 타인뿐만 아니라 메타버스와 같은 **확장된 가상 세계의 생활환경에서 교류하는 타인과의 관계**도 함께 다루도록 한다.

◎ 성과 건강

핵심 아이디어		•성 건강은 개인과 가족의 행복, 국가 발전에 기본이 된다. •성 건강관리는 성인지 관점 및 서로 다른 입장에 대한 균형 있는 접근과 이해를 필요로 한다.
범주		**내용 요소**
지식·이해	성과 성 발달	•성의 개념 •성적 발달과 신체상
	사랑, 권리와 책임	•성적자기결정권 •이성교제와 경계 존중 •성역할 및 임신과 피임
	성문화와 위험관리	•성폭력·성매개감염병 등 성 건강위험 •성 건강문제와 관리·옹호 •성문화
과정·기능	건강이해 건강탐구 실천적용	•성 건강에 관련된 생리와 주제, 제도, 권리 탐색하기 •성적 발달과 관계에 대해 알아보고 건강하게 관리하기 •디지털 미디어와 성문화를 탐색하여 개선하기 •안전하고 행복한 선택을 위한 균형 있는 관점으로 대처전략 세우기 •청소년 성 건강문제를 알아보고 예방·관리하기 •성과 관련된 차별과 고정관념, 평등과 존중에 대해 알아보고 평가하기
가치·태도		•안전하고 행복한 성의식과 성문화 함양 •성인지 감수성 및 차이를 존중하고 공감·배려하는 자세 •성 건강을 근거를 가지고 관리하는 태도 •성 미디어 문해력 함양

성의 개념, 성적 발달과 신체상, 성적자기결정권, 성역할 및 임신과 피임, 성문화 등에 대한 지식과 이해를 바탕으로 학생들은 안전하고 행복한 성의식과 성문화를 함양하고 차이를 존중하고 공감·배려하는 자세를 가질 수 있게 된다. 개인적 차원과 관련된 청소년기 성과 관련된 발달과 관계, 건강 위험 요소에 대한 학습뿐 아니라 사회적 쟁점이 있는 이슈 또는 사회적으로 널리 공론화된 이슈들도 함께 다룸으로써 사회적 맥락 속에서 성 건강관리를 균형있게 인식하는 데에 중점을 둔다. 해당 내용 체계를 포함한 수업을 설계할 때, 교사는 성취기준 적용을 위해 다음 사항들을 고려한다.

첫째, '성적자기결정권'은 성적 강압에 대처하고 왜곡된 성 정보와 유해 환경으로부터 자신을 보호하는 근거가 될 수 있으며, 다른 의미로 해석되지 않도록 주의한다.

둘째, 개인차를 존중하고 **현실적이며 균형 있는 관점**을 갖도록 지도한다. 서로 입장이 다를 경우 근거를 비교하여 사고하고, 판단할 수 있도록 지도한다.

셋째, 성폭력, 경계 존중, 인권, 사회적 소수자 등과 관련된 내용을 주제로 학습할 때에는 이해와 공감을 바탕으로 **사회적 맥락을 고려**할 수 있도록 지도한다.

◎ 건강안전과 응급처치

핵심 아이디어		•생활 속에는 늘 위험이 있을 수 있고, 다양한 건강위험은 문제가 되기 전 대체로 신호가 있으며, 도미노처럼 주변의 건강문제로 이어질 수 있으므로, 개인과 공동체의 안전 감수성 및 참여와 협력에 기반한 예방과 관리가 중요하다. •위급 상황에서 공동체의 준비된 안전수칙 및 응급처치의 적용과 협력은 개인과 공동체의 사망 및 손상 악화 방지와 질병 회복의 결정 요인으로 작용한다.
범주		내용 요소
지식·이해	건강 안전	•건강 안전의 의미와 위험요인 •급·만성 질병 및 관리 •면역과 감염병 예방 및 관리
	사고예방 응급처치	•공동체의 문화와 건강 안전 및 관리 •건강수칙·응급처치·협력
과정·기능	건강이해 건강탐구 실천적용	•건강 안전의 개념 및 위험요인을 탐구하여 예방·대처방안 탐색하기 •질병과 면역의 원리를 이해하고 건강수칙 탐색하기 •위급 상황에서 협력적 건강 안전 관리 방안을 탐색하고 실천하기 •질병과 함께 건강하게 살아갈 방안을 탐색하여 생활에 적용하기 •다양한 응급상황에서 협력적 응급처치와 심폐소생술·자동심장충격기 사용 방법을 익히고 실천하기
가치·태도		•건강과 안전에 대한 감수성 내면화 •건강안전 관리 방안에 대한 탐색적 태도 •질병 예방과 응급처치에 대한 관심과 참여

생활 속 늘 존재하는 위험에 대해 개인 및 공동체의 안전 감수성을 함양하고, 참여와 협력을 바탕으로 하는 예방과 관리 및 위급 상황에서의 적절한 처치 등은 사망 및 손상을 방지하고 질병 회복의 결정적 요인으로 작용함을 학습한다. 건강 안전의 의미, 급·만성 질병 및 관리, 면역, 감염병 예방과 관리, 응급처치 등에 대한 지식을 바탕으로 건강과 안전에 대한 감수성을 내면화하고 공동체의 협력을 위해 질병 예방 및 응급처치에 관심을 가지며 적극적으로 참여하는 태도를 기르도록 한다. 해당 내용 체계를 포함한 수업을 설계할 때, 교사는 성취기준 적용을 위해 다음 사항들을 고려한다.

첫째, 안전 방안에는 사고 예방 및 안전 수칙, 구조 활동에 대한 협력, 위험 발생 시 적극적인 대처전략 등이 포함될 수 있다.

둘째, 사회적 상황이나 학교의 여건 등을 고려하여 아나필락시스 쇼크의 위험이 있는 알레르기, 심장병, 제1형 당뇨 등 혼자 대처하기에 위험한 건강문제나 질병을 알아보고 유사시 함께 대비할 방안을 실제로 적용해봄으로써 **공동체와 함께 건강하게 살아가는 것을 배울 수 있도록 지도**한다.

셋째, 건강수칙을 수동적으로 학습하는 수준에 머물지 않고 능동적으로 탐구하고 제안하도록 하며, **공동체적 관점**에서 개인과 지역사회의 감염병 예방대책을 토론하고 평가하는 등 감염병 예방·관리에 주도적으로 참여하도록 지도한다.

넷째, 응급처치는 위기 상황의 정도에 따라 협력적으로 대처해야 효과적일 수 있으므로 응급처치 방법에 대한 학습뿐 아니라 **협력하여 대응하는 태도도 함께 학습하도록 지도**한다.

다섯째, 건강안전 및 응급처치와 관련된 딜레마 상황을 통해 윤리적 쟁점에 대해 학습함으로써 공동체의 일원으로서 윤리적 책임을 인식하고 건강문제 해결에 필요한 **윤리적 태도**를 함양하도록 지도한다.

◎ 건강자원과 건강문화

핵심 아이디어		•건강 수준은 가정환경, 성, 경제 수준 등에 따라 차이가 있으므로 건강을 옹호하고 지지하는 건강지향적인 사회 환경이 필요하다. •디지털 기술과 미디어, 인공지능 시대의 보건의료 환경 및 의료서비스의 변화는 사람들의 건강정보와 건강자원의 선택 및 활용에 영향을 미친다. •인류의 건강을 위협하는 기후변화는 지속가능한 사회를 위한 건강문화 조성 및 공동체의 책임감과 연대를 필요로 한다.
범주		내용 요소
지식·이해	건강권과 건강자원	•건강권 •건강정보와 보건의료서비스 건강자원 •디지털·인공지능 시대 건강자원의 변화·위험
	건강문화	•건강 문해력과 디지털 문해력 •기후변화와 사회적 건강문제 •건강 신념과 규범·관행 등 건강문화와 지속가능한 환경
과정·기능	건강이해 건강탐구	•건강권을 위한 노력과 자원 탐색하기 •디지털·인공지능 건강정보와 보건의료서비스 및 건강자원의 변화와 활용 탐색하기 •문화와 기후변화가 건강에 미치는 영향 탐색하기
	실천적용	•건강옹호활동 주도하기 •건강지향적 문화와 환경 지지·옹호하기
가치·태도		•건강에 대한 권리와 책임 인식 •건강한 문화와 환경 변화를 위한 참여 의식 내면화 •건강의 가치화와 다양성 존중

학생들은 건강을 옹호하고 지지하는 건강지향적인 사회 환경의 필요성, 디지털 기술과 인공지능 시대의 변화가 미치는 영향, 기후변화에 대처하기 위한 공동체의 책임감과 연대의 중요성을 학습하여 건강에 대한 권리와 책임을 인식하고 참여 의식을 내면화할 수 있다. 건강권, 기후변화와 사회적 건강문제, 디지털·인공지능 시대의 건강자원의

변화와 위험 등에 대한 지식과 이해를 바탕으로 건강을 가치화하고 다양성을 존중하는 세계시민으로 성장할 수 있게 된다. 특히, 공동체의 건강권 향상을 위한 활동에 관심을 갖고 적극적으로 참여하며 4차 산업혁명, 기후변화 등 전세계적인 책임과 연대를 필요로 하는 시대적 변화 속에서 개인과 공동체의 건강 증진에 관심을 갖는 태도를 함양한다. 해당 내용 체계를 포함한 수업을 설계할 때, 교사는 성취기준 적용을 위해 다음 사항들을 고려한다.

첫째, 다양한 사례에 대한 조사·탐구 활동을 통해 현실적·구체적인 실천 방안을 도출할 수 있도록 지도한다. 통계 및 논문, 뉴스, 인터넷 자료 등 다양한 매체를 활용하고 다양한 상황에 따른 올바른 선택 전략을 실천하도록 상황극, 토의 토론 등의 방법을 적용한다. 다양한 매체의 활용, 교수·학습 방법의 적용은 학생의 자발적이고 능동적인 참여와도 관계가 깊다.

둘째, 건강 취약계층, 다문화 가정 학생 등 모두의 건강을 위한 건강자원과 건강문화를 생각하도록 지도한다.

(3) 교수·학습 및 평가

보건과 교수·학습 및 평가 과정에서 다음 사항을 유의하여 수업을 설계·운영하도록 한다.

① 교수·학습의 방향

- 건강지식은 과학적 근거를 토대로 몸과 마음의 신호 및 건강평가와 연계하여 이해한다.
- 건강생활기술은 사회적 맥락 속에서 자신과 주변의 대처 능력과 활용 가능한 자원을 파악하여 현실적으로 기능할 수 있도록 한다.
- 건강생활습관은 가정과 연계하여 지도 방안을 모색한다.
- 건강과 관련된 잘못된 고정관념과 편견, 차별 등을 올바로 인식하되 서로 다른 입장에 대해 근거를 공유하고 균형 있는 관점을 유지하도록 한다.
- 건강을 추구하려는 바람직한 태도에도 불구하고 관계 속에서 오히려 건강을 저해하는 일이 발생하지 않도록 유의한다.
- 건강을 단순한 생활습관의 문제로 보면서 개인에게만 건강에 대한 책임을 지게 하거나 낙인을 찍지 않도록 유의한다.
- 디지털 기술과 기후변화 등 사회 환경의 변화로 생기는 신종 감염병, 디지털 건강문제에 대해서는 새로운 인식과 소양, 연대, 옹호활동이 가능하도록 다양한 활동 사례와 네트워크를 활용하도록 한다.

② 교수·학습 방법

- 학습자에 대한 다양한 고려를 바탕으로 한 학생 맞춤형 수업을 도모하고, 보건교육의 특성과 다양한 변인 및 학생들의 수준과 흥미를 고려하여 적절한 교육매체를 선택·적용하도록 한다. 교수·학습 자료는 다양하면서도 생활과 연계성이 높은 구체적인 것을 사용한다.
- 토의와 토론, 주제 발표, 소집단 협력 수업, 다양한 디지털 기기 활용, 게임 활용, 견학 등 체험 중심의 다양한 학습 방법을 활용한다.
- 디지털 지식정보사회의 특성을 살려 원격 수업, 가상 공간을 활용한 수업, 온오프라인 연계 학습 등을 통해 디지털 문해력 소양을 향상한다.
- 학습자가 자신의 삶과 연계하여 주도적으로 탐구하고, 급변하는 환경과 미래 세대에 주도적으로 대처하는 능력을 기르도록 한다.
- 수업의 결과가 지식 습득에 그치지 않고 건강에 유익한 태도와 건강생활습관 형성, 건강 생활 실천과 연계되도록 한다.

③ 평가

- 보건과의 평가는 실천이 중요한 생활교육의 성격과 특성을 반영한다. 일정 기간의 학습 후에는 학습한 내용과 그 과정에서 습득된 지식, 태도, 건강역량을 새로운 맥락과 상황에서 적용할 수 있는지 평가한다.
- 디지털 도구를 활용한 평가, 디지털 기술 발달로 인한 새로운 건강문제에 창의적·주도적으로 대응하는 태도 평가 등 디지털 교육 환경의 변화상을 반영한다. 온라인 수업의 경우에는 수업 환경이나 수업 매체에 적합한 평가가 이루어질 수 있도록 다양한 평가 방법을 활용한다.
- 평가 결과에 대한 피드백을 통해 학습자 스스로 학습 전과 학습 후 변화 과정을 비교하여 성장이나 변화를 객관적으로 인지할 수 있는 기회를 제공한다.
- 학습 부진, 학습 속도가 느린 학습자 등 다양한 학습자에 대한 맞춤형 평가 방안을 마련하고, 성취기준에 도달하지 못한 학생들을 위한 보충 학습 및 평가 대체 방법 자료를 제시하도록 한다.
- 주로 과정을 중심으로 한 평가에 중점을 두고 수행 평가, 서술형 및 논술형 평가, 활동 평가, 학생 간 평가, 소집단·공동체 활동에 대한 평가 등 다양한 형태의 평가를 적절하게 혼합하여 지식·기능·태도(인지적·정의적·행동적 측면)를 아우르는 종합적이고 균형있는 평가가 이루어지도록 한다.
- 일회적인 평가보다는 학습 과정 및 생활 속의 건강관리에 대한 지속적인 성찰과 개선을 도모한다.

4) 고등학교 교양 교과 교육과정

고등학교의 경우에는 '선택 중심 교육과정(일반 선택 과목, 진로 선택 과목, 융합 선택 과목)' 내 '진로 선택 과목(인간과 철학, 논리와 사고, 인간과 심리, 교육의 이해, 삶과 종교, 보건)'에 '보건' 교과가 포함되어 있다.

보건과 교육과정은 중학교 선택 교과 교육과정과 유사하게 건강관리 역량, 건강문제 해결 역량, 건강옹호 역량이 통합되어 있는 '건강역량'을 함양하여 건강관리를 실천하며 인문학적 소양, 공동체, 건강 문해력, 비판적·균형적 사고력, 협력적 의사소통 능력, 창의적 문제 해결 능력 등을 갖추어 건강하고 행복한 시민으로 성장하는 것을 지원하도록 설계

되었다. 보건과 교육과정은 '건강증진과 질병 예방, 정서와 정신건강, 성과 건강, 건강안전과 응급처치, 건강자원과 건강 문화'의 5개 영역으로 구성되어 있다.

교육과정 원문은 국가교육과정정보센터 홈페이지에서 다운로드 받을 수 있으며, 보건과 교육과정은 다음과 같이 구성되어 있다.

국가교육과정정보센터(https://ncic.re.kr/index.cs) - 교육과정 자료실 - 교육과정 원문 및 해설서

1. 성격 및 목표

가. 성격

나. 목표

2. 내용 체계 및 성취기준

가. 내용 체계

(1) 건강증진과 질병 예방　　(2) 정서와 정신건강

(3) 성과 건강　　(4) 건강안전과 응급처치

(5) 건강자원과 건강문화

나. 성취기준

(1) 건강증진과 질병 예방([12보01-01]~[12보01-05])

(2) 정서와 정신건강([12보02-01]~[12보02-05])

(3) 성과 건강([12보03-01]~[12보03-06])

(4) 건강안전과 응급처치([12보04-01]~[12보04-05])

(5) 건강자원과 건강문화([12보05-01]~[12보05-05])

3. 교수·학습 및 평가

가. 교수·학습

(1) 교수·학습의 방향　　(2) 교수·학습 방법

나. 평가

(1) 평가의 방향　　(2) 평가 방법

보건과 교육과정 내용 중, 수업을 설계할 때 유념해야 할 내용을 정리해보고자 한다.

(1) 보건과의 성격 및 목표

고등학교 보건 과목에서는 중학교에서 습득한 건강에 대한 가치, 지식, 태도, 기술 및 역량을 강화하는 한편, 건강 영향요인과 건강정보 및 자원을 분석하고 평가하여 건강 증진과 질병 예방의 개인적·사회적 실천을 탐색한다. 건강은 직업, 가정환경, 사회경제적 상태 등 사회적 환경에 따라 격차가 생길 수 있으므로 사회적 책임과 권리를 인식하고 공동체의 건강을 옹호함으로써 모두 함께 건강할 수 있는 사회·문화적 환경을 만들어 가야 한다. 이를 위해 협력적 의사소통과 공감적 이해력 등을 바탕으로 건강을 옹호하고, 국제적 연대와 협력 방안을 적극적으로 탐색하며, 건강문화를 건강지향적으로 개선하려는 태도를 갖추는 등 다각적 차원의 방안을 주도적으로 찾아 실천하도록 하여야 한다.

특히, 청소년기 이후에는 각종 급·만성 질병 및 사고, 직업병, 기후변화와 감염병 등 전 지구적인 건강문제도 심각해지고 있으므로 사회적 맥락 속에서 다양한 건강 영향 요인을 분석하고, 생활기술 및 건강정보와 자원을 활용하여 건강문제를 해결할 수 있는 능력이 필요하며, 질병이 있어도 서로 함께 지지하고 위급한 상황에 대처하는 역량을 기르는 것이 중요하다.

(2) 내용체계 및 성취기준

(※ 중학교 보건 교과와 비교하여 내용·범위·영역 등이 심화·확장되거나, 동일 영역 내에서도 차이를 보이는 부분 등을 **진하게** 표기하였음)

◎ **건강증진과 질병예방**

핵심 아이디어		•건강은 우리 삶의 질에 중요한 가치를 가지며 **총체적으로 행복한 상태**를 추구하는 공통성이 있지만 **여러 측면**이 있으므로 **해석과 수용이 다양하다**. •개인과 공동체의 건강증진은 건강에 영향을 미치는 다양한 요인을 고려한 **포용성, 시민성**을 토대로 건강관리 역량을 강화하고, **공동체가 함께** 전략을 수립하며 협력적으로 실천할 때 가능하다.
범주		**내용 요소**
지식·이해	**건강과 건강증진**	•**다차원적 건강** 개념과 건강영향요인 •**건강지표와 건강 평가** •건강관리의 **역사**와 제도 및 모델 •건강에 대한 사회적 지지와 **역할 및 책임**
	신호와 생활주기	•몸과 마음의 신호와 변화 •**생애주기별** 건강 특성과 건강관리 및 **제도**
	질병예방과 건강생활 기술	•**개인과 공동체, 국가**의 질병예방과 건강관리 •건강생활기술과 건강자원 •**개인·공동체·국가**의 건강옹호와 협력 및 네트워크
과정·기능	**건강이해**	•건강의 가치와 **다차원적** 개념 탐구하기 •건강요구와 지지·장애요인 분석하기 •생애주기별 건강 특성을 **제도와 연관하여** 이해하기
	건강탐구	•몸과 마음의 신호를 평가하고 해석하기 •건강상태 및 건강관리 모델을 평가하여 건강관리 계획하기 •건강 지표를 분석하여 활용하기
	실천적용	•건강관리하기 •네트워크 활용 및 건강옹호하기
가치·태도		•건강 가치화와 건강관리 및 건강증진 실천 의지 •건강지향적 환경 개선 의지 •소통과 협력하며 반성과 개선 인식 •건강관리의 생활화

중학교 보건 교과가 다양한 영향 요인을 토대로 건강관리의 중요성을 토대로 건강관리의 생활화에 중점을 두고 건강을 관리하려는 태도와 민감성, 옹호와 협력에 대한 적극성 등의 가치를 강조했다면 고등학교 보건과는 **건강의 '다차원적' 개념을 탐구하고 '포용성·시민성'을 토대로 '공동체·국가'의 협력적 실천으로 그 영역을 확장하고 있음**을 알 수 있다. 또한, 건강에 대한 역할과 '책임'을 강조하고, 건강 특성 및 건강 관리에 대한 요인을 '제도'와 연관지어 탐색할 수 있도록 하였다. 해당 내용 체계를 포함한 수업을 설계할 때, 교사는 성취기준 적용을 위해 다음 사항들을 고려해야 한다.

첫째, 건강 상태 평가는 건강 조사, 건강검사, 건강통계의 데이터 등 다양한 지표를 활용하되 가능한 공식적인 기관이나 연구 등의 통계를 활용하도록 한다.

둘째, 건강에 영향을 미치는 사회적 요인과 불평등한 환경을 고려하고, 건강을 단순한 생활 습관의 문제로 한정하는 등 개인에게만 건강에 대한 책임을 씌우거나 낙인을 찍지 않도록 유의한다.

셋째, 건강안전과 응급처치 단원과 연계하여 비만, 암 등 주요 만성질환의 현황·특성·문제점 등을 탐색하여 예방을 위한 건강관리의 중요성을 인식하게 하거나 학생 자신의 건강변화 및 성장 자료를 다양하게 수집하여 자신의 건강을 점검하고 건강 평가를 실천할 수 있도록 포트폴리오를 활용하는 등 학생들이 자기주도적으로 학습할 수 있는 환경을 조성한다.

넷째, 건강생활기술은 사회적 맥락 속에서 이해하고 자신의 대처 능력과 활용 가능한 자원을 파악하여 현실적인 수준에서 기능할 수 있도록 한다.

◎ **정서와 정신건강**

핵심 아이디어		•물질 오·남용과 행위 중독은 개인과 사회의 건강 및 사회 문제와 관련이 있으므로 문제에 대처할 수 있는 내적인 힘, 생활기술과 지지체계 및 환경조성이 중요하다. •감정, 성격, 유대 등 정신건강을 이루는 요소들은 개인적 특성과 사회, 문화, 환경적 요인의 상호 작용에 영향을 받으며 삶의 질에 영향을 준다.
범주		**내용 요소**
지식·이해	중독과 건강	•의약품 오·남용 •**물질 및** 행위 중독
	정서·정신건강	•정서·정신건강 이해 •감정과 성격의 이해와 관리 •**우울 및 불안**과 스트레스 관리 •삶과 죽음·상실의 개인적·**사회·문화적 의미**
과정·기능	개념이해 건강탐구 실천적용	•정서·정신건강의 의의와 영향 요인을 탐색하여 관리하기 •약물과 중독의 기전을 이해하고 조절하기 •건강하고 안전한 선택을 지지하고 **다양성을 존중하며 지지체계 및 제도 개선하기** •정서·정신건강의 문제와 위험을 **사회적 환경과 연계하여 관리하기** •감정과 성격을 **사회적 조건과 관련지어 이해**하고 행복한 삶의 양식 발전시키기 •내적인 힘, 생활기술 및 미디어와 자원을 활용하여 유혹과 압력, 폭력에 대처·옹호하기
가치·태도		•건강한 자아상과 유대 및 행복 추구 •자아 존중감과 회복탄력성 •위험요인 감수성 및 중독에 대한 **사회적 관점**과 비판적 태도

고등학교 보건과는 중학교 보건과에서 학습한 내용을 토대로 **중독, 정서·정신 건강에 있어 '사회·문화적 관점'으로 현상을 탐색하고, 정신건강을 이루는 요소들을 '사회적 조건'과 연계하여 이해·관리하며, 지지체계 및 제도 등과 같이 '사회적 환경' 차원에서 문제를 개선해 나가는 것을 강조**하고 있다. 의약품 오·남용의 개인적 위험과 영향요인뿐 아니라 사회적 위험과 영향요인도 함께 분석하고 문화적·제도적 변화를 고려하기, 개인적 및 사회적 측면에서 중독 예방과 지지체계 제시하기, 정신건강을 이루는 요소와 개인적 및 사회적 요인을 연계하여 탐구하기, 삶과 죽음 및 상실의 개인적 및 사회적 문화적 의미를 이해하기 등과 같이 개인적 차원과 사회적 차원의 요인들을 동시에 고려하도록 내용 요소를 구성하였다. 해당 내용 체계를 포함한 수업을 설계할 때, 교사는 성취기준 적용을 위해 다음 사항들을 고려해야 한다.

첫째, 의료화 및 개별화, 인구 고령화 및 만성질환자 수의 증가로 의약품 오남용, 약물 다제병용, 중독성 약물 사용 인구가 증가하고 있는 현상을 조사하여 부작용과 폐해에 대처하고 지지체계를 탐색하도록 지도한다. 통계 및 논문, 뉴스, 연구보고서, 인터넷 자료 등을 활용하여 문제점을 탐색하고 적절한 이론과 사실에 근거하여 설명·대처하는 능력을 함양한다.

둘째, 정서·정신건강 상태 및 관련된 병리가 개인적·사회적 조건과 관련되어 있음을 인식하도록 하며, 국가나 공동체에 관한 관심과 애정을 토대로 이루어지는 적극적인 참여의 태도 등 시민성을 기르며 건강을 추구할 수 있도록 지도한다.

◎ 성과 건강

핵심 아이디어		•성 건강은 개인과 가족의 행복과 국가 발전에 중요한 토대가 된다. •성의 다양한 측면에 대해 사회적 맥락을 고려하여 평등하고 균형 있는 시각으로 이해하는 것이 성 건강관리의 기초가 된다.
범주		내용 요소
지식·이해	성과 성 발달	•성의 **다양한** 개념 •생애주기별 성적 특성과 관리 •성적 발달과 건강관리 •신체상과 **몸에 대한 권리**
	사랑, 권리와 책임	•**사랑**과 성적자기결정권 •성 건강 및 권리와 임신·피임·**미혼부모** •성 역할과 성인지 감수성
	성문화와 성적 위험	•성 건강문제와 성매개감염병 및 위험 이슈 •성문화와 **성폭력·성매매 예방대책** •성미디어 문해력 •**성 건강 관련 제도와 정책**

과정·기능	건강이해 실천적용	•성 건강문제를 균형 있게 탐색하여 건강을 관리하고 개선하기 •성과 건강, 발달, 사랑, 위험, 담론에 작용하는 요인 탐색하기 •안전하고 행복한 선택이 가능한 조건을 탐색하여 관리하고 실천하기 •성 건강 관련 제도와 정책 및 환경을 탐색하여 건강관리에 적용하고 개선·옹호하기
가치·태도		•개인과 **공동체**의 행복과 안전·평등 추구 •비판적이고 **균형** 있는 태도 •공감과 객관화 및 **균형** •건강을 저해하는 편견과 차별 및 위험요인 감수성 •취약성에 대한 주의

고등학교 보건과에서는 중학교 보건과에서 다루었던 성의 개념, 성적자기결정권, 성 건강 및 권리와 임신·피임, 성문화 등 주요 내용을 심화하여 학습하게 된다. **성의 '다양한' 개념을 학습하고, '사랑'과 성적자기결정권을 사회적 조건과 연계하여 탐색하며, 성문화 뿐 아니라 '성폭력·성매매 예방대책, 성 건강 관련 제도와 정책'을 심화하여 학습하게 된다.** 학생들은 중학교 보건과의 학습 내용을 바탕으로 **법·제도·정책·문화 등 개인을 둘러싼 환경적 차원에서의 사회적 실천 대안을 제안**할 수 있어야 한다. 해당 내용 체계를 포함한 수업을 설계할 때, 교사는 성취기준 적용을 위해 다음 사항들을 고려한다.

첫째, 성적 변화와 욕구 및 표현 방식을 자신과 주변, 다른 나라의 사례나 담론과 비교하여 균형 있게 탐색하도록 지도한다. 옷차림, 다이어트 등 몸과 신체상에 관련있는 의사 결정을 할 때 친구, 가족, 미디어, 문화 등 사회적 영향을 통찰하여 건강에 유익하게 결정하고 관리하도록 지도하며 인권 침해(예: 놀림)가 발생하지 않도록 충분히 안내한다.

둘째, 대중매체에 나타나는 성 고정관념 및 차별적 요소를 비판적으로 통찰하도록 지도하고, 건전한 문화형성을 위한 개선방안을 개인·공동체·국가 수준에서 제시하도록 지도한다.

셋째, 성에 대한 자연스러운 의사 표현과 담론이 가능한 분위기를 조성하여 성교육이 형식적이지 않고 학생 스스로 참여하여 수용적인 의사소통이 가능하도록 유도하되, 성 고정관념이나 낙인 등 문화적으로 부적절한 방식이 되지 않도록 유의하여 지도한다.

◎ **건강안전과 응급처치**

핵심 아이디어		• 생활 속에는 늘 위험이 있을 수 있고, 이러한 건강위험은 문제가 되기 전에 대체로 신호가 있으며, 도미노처럼 주변의 문제로 이어질 수 있으므로, 건강 안전을 위해서는 개인과 공동체의 안전감수성, 사전 위험요인 평가, 참여와 협력에 기반한 예방 및 대비 체계가 필요하다. • 위급 상황에서 **골든타임 내** 안전 수칙 및 응급처치의 신속하고 정확한 적용과 적절한 자원 및 협력 체계는 사망 및 손상 악화 방지와 질병 회복의 결정 요인으로 작용한다.
범주		내용 요소
지식·이해	건강안전	• 건강 안전과 개인적 **사회적** 위험요인 • **암·심혈관계 질환 등 주요 급·만성 질병**과 **직업병 안전관리·제도** • 면역과 감염병 관리체계 및 제도
	사고예방 응급처치	• 공동체 문화와 건강 안전 및 자원 • 안전수칙과 응급처치·협력**체계 및 제도**
과정·기능	건강이해	• 개인과 공동체의 위험요인을 평가하고 예방·대처방안 탐색하기 • 인체와 **주요 급만성 질병의 기초 생리와 병리 이해하기** • 질병과 함께 건강하게 살아가며 건강한 환경 추구하기
	건강탐구 실천적용	• 위험 상황에서 협력적으로 건강과 안전을 지키는 수칙, 제도를 탐색하여 활용하기 • 다양한 응급처치와 심폐소생술 및 자동심장충격기 사용을 익히고 협력 체계와 자원을 탐색하여 다양한 응급상황에 대처하기
가치·태도		• 건강과 안전에 대한 공동체 감수성 • 공감과 협력적 소통 • 응급처치 및 협력적 대처 방안 탐색 및 실천 의지

고등학교 보건과는 인체의 기초 생리와 병리에 대한 이해를 바탕으로 주요 급·만성 질병의 위험 요인을 '사회적 조건'과 관련지어 탐색하고, 감염병과 면역의 원리에 대한 이해를 바탕으로 개인과 공동체가 지켜야 할 건강수칙과 대응 방안을 '사회적 차원'에서 탐색하는 등 **공동체·국가 수준에서의 실천적 건강 안전 방안을 강조**하고 있다. 고등학교 보건과에는 직업병의 기본적인 개념, 발생 원리, 분류에 대한 이론, 우리나라 주요 직업병 발생 현황 등을 학습하는 과정을 통해 **직업병 예방과 질병 부담 감소에 필요한 개인적·사회제도적 노력을 알아보고 대안을 탐색하는 내용이 추가**되었다. 해당 내용 체계를 포함한 수업을 설계할 때, 교사는 성취기준 적용을 위해 다음 사항들을 고려한다.

첫째, 단순한 의학적 지식의 전달이나 병원 및 전문가에게 지나치게 의존하는 의료화를 지양하고 질병 발생과 예방, 치료 과정이 다양한 요인들 간의 역동적인 상호 작용 과정임을 이해하도록 지도한다. 질병에 영향을 미치는 개인적·사회경제적·문화적·환경적 요인을 개인과 공동체의 질병 예방과 관리에 활용하고 질병이 있어도 안전하고 행복하게 살아가는 방안을 모색할 수 있도록 지도한다.

둘째, 공동체와 국가의 감염병 관리체계와 지침을 무조건 수용하거나 반대하기보다, 비판적인 시각으로 분석하고 의견을 제시하며 정책에 참여하는 태도를 기르도록 지도한다.

셋째, 응급상황을 파악하고 대처하며 협력하는 데 필요한 실질적인 지식을 학습하고 훈련하여 일상생활에 적용할 수 있도록 하기 위해 가능한 실제 상황과 최대한 비슷한 실습 환경을 조성하여 훈련하고, 다양한 상황에 대한 시뮬레이션을 통해 종합적 평가 및 피드백을 제공하도록 한다.

넷째, 개인적 차원뿐만 아니라 '구조적 차원'에서 직업병의 발생과 예방에 영향을 미치는 다양한 요인을 탐색하도록 한다.

◎ **건강자원과 건강문화**

핵심 아이디어		•건강 수준은 성, 가정환경, 경제 수준 등에 따라 차이가 있으므로 **건강에 대한 권리의식과 책임의식, 균형 있는 가치관**에 기반한 건강옹호와 사회적 환경 개선이 필요하다. •디지털 기술과 미디어, 인공지능 시대의 보건의료 환경 및 의료서비스의 급격한 변화는 사람들의 건강 정보와 건강자원의 선택 및 활용에 영향을 미친다. •인류의 건강을 위협하는 **부적절한 관행** 및 기후·생태환경의 변화는 지속가능한 사회를 위한 건강문화와 환경조성에 공동체의 책임감과 연대를 필요로 한다.
범주		내용 요소
지식·이해	건강권과 건강자원	•건강권의 **역사와 의료보장** •건강정보와 보건의료서비스 체계 •건강자원과 **건강정책 및 제도·건강지향적 환경** •디지털·인공지능 시대 건강자원
	건강문화	•건강 문해력과 **건강 데이터**·디지털 문해력 •기후변화와 사회적 건강문제 및 **국제 연대** •건강 신념·규범·관행 등 건강문화와 지속 가능한 환경
과정·기능	건강이해 건강탐구 실천적용	•건강권 보장을 위한 사회·제도적 노력과 건강지향적 환경 개선을 탐색하고 제안하기 •디지털·인공지능 건강정보와 보건의료서비스를 포함한 건강자원의 변화와 활용 방안을 제안하기 •건강문화와 기후변화가 **개인과 공동체의** 건강과 **윤리**에 미치는 영향을 탐색하여 지속가능한 발전을 위한 협력과 연대, 옹호하기
가치·태도		•건강정보·자원의 비판적 탐색과 활용 생활화 •건강과 상호 작용하는 사회적·문화적 요인에 대한 감수성 •공동체 건강문제에 대한 심미적 감수성

고등학교 보건과에서는 **건강권의 역사적 확립 과정과 변천에 대한 이해, 건강 데이터, 국제 연대, 개인과 공동체의 윤리와 옹호 등의 내용 요소를 심화하여 다루고 있다.** 해당 내용 체계를 포함한 수업을 설계할 때, 교사는 성취기준 적용을 위해 다음 사항을 고려한다.

첫째, 시대별, 문화별 건강자원이 개인적·사회적 건강관리와 증진 행태 및 제도, 성과에 미치는 영향을 분석하고 현대 사회에 새롭게 등장한 건강자원을 활용하는 데서 발생하는 윤리적·사회적 문제를 검토하여 적절한 활용 방안을 경험하는 데 중점을 두어 지도한다.

둘째, 생활 속의 건강문화를 사례로 선정하여 자료 조사 및 분석, 토론, 논술, 팀 프로젝트와 보고서 작성, 발표 등을 통해 건강문화 활용 및 개선 방안을 스스로 설계하고 수행하는지를 평가할 수 있다.

(3) 교수·학습 및 평가

보건과 교수·학습 및 평가 과정에서 다음의 사항을 유의하여 수업을 설계·운영하도록 한다.

① 교수·학습의 방향

- 단순한 지식의 암기가 아니라 상황과 맥락을 고려한 균형 잡힌 시각으로 건강에 대한 지식·기능·태도의 변화를 도모한다. 건강과 관련된 잘못된 고정관념, 편견, 차별 등을 올바로 인식하도록 하는 한편 서로 다른 입장에 대해 근거를 공유하고 균형 있는 관점을 유지하도록 한다.
- 유의미한 맥락을 제공하여 학습한 내용을 새로운 상황에 적용할 수 있도록 하고, 가능한 실질적인 상황과 유사한 경험의 기회를 제공한다.
- 개인, 가족, 공동체와의 관계 속에서 차이와 다양성을 인정하고 존중하며, 공동체의 건강문제에 감수성을 높여 상호 협력과 소통·연대를 통해 모두가 건강한 삶을 유지하는 다양한 방안과 권리, 제도를 모색하도록 한다.
- 최소 성취 수준 보장이 어려운 학생에 대한 조기 발견, 수업·평가 방법의 다양화, 지속적인 학업 상담 및 컨설팅, 예방 차원의 과제 부여 등을 통해 학습 상황을 점검하고 피드백하여 학업 곤란 상황을 극복할 수 있도록 지도한다.

② 교수·학습 방법

- 의사소통 기술, 의사 결정 기술, 목표 설정 기술 등의 건강기술을 사회적 맥락 속에서 파악하도록 지도하고 건강목표 설정 및 전략 수립, 실행, 평가, 피드백 등 건강관리모델을 활용하여 건강관리의 생활화를 연습한다.
- 주제 발표 수업, 소집단 협동 수업, 다양한 디지털 기기 활용 수업, 팀 게임 활용 수업, 견학 수업, 지역사회 전문가와의 협력 수업, 지역사회 기관을 이용한 다양한 체험, 실험 실습, 가치 탐구, 의사 결정, 역할 놀이, 드라마, 사례 연구 등 다양한 학습 방법을 활용하여 학습 효과를 높인다.
- 신체 구조와 기능, 질병 중심에서 탈피하여 신체적·정신적·사회적·성적 건강을 추구하기 위한 실천적 건강관리를 강조하고 개인·가족·공동체와의 관계 속에서 건강생활을 실천할 수 있는 건강생활 기술을 단련한다.
- 학교와 지역사회의 특수성, 행사, 계절별 질병 발생 상황 등을 보건수업과 건강관리에 유익하게 연계하여 탄력적으로 운영한다.

③ 평가

- 평가는 학습 과정에 통합하여 학생이 자신의 학습을 성찰하는 기회가 되도록 하고, 일정 기간 학습을 마친 후의 평가는 학습 내용을 새로운 상황과 맥락에서 적용하는 데 초점을 맞춘다.
- 상황과 맥락에 적절한 의사소통, 의사결정, 목표설정과 전략 수립 능력, 공감적 이해력, 포용적·협력적 의사소통 등 다양한 능력 및 소양을 강화하는 평가가 되도록 학생 상호 간의 평가, 소집단·공동체 활동에 대한 평가, 메타 평가를 적절하게 배치하여 운영한다.
- 건강의 다차원적 측면과 인지적·정의적·행동적 측면을 모두 고려하여 종합적이고 균형적인 평가가 되도록 한다.
- 평가의 목표는 보건과의 성격, 목표, 내용을 종합적으로 고려하여 설정하며 평가가 특정한 영역에 편중되거나 건강을 저해하는 역효과로 이어지지 않도록 유의한다.
- 단순한 지식이나 표면적인 성과로 평가하기보다는 실제 생활 속에서 제대로 기능하는지에 중점을 두어 평가하며 평가와 실천이 분리되지 않도록 유의한다.

3. 보건교육 운영: 교사 교육과정 설계의 실제

앞서 설명하였듯이, 보건 수업을 설계하기 위해서는 국가 수준 교육과정 및 학교 교육과정을 토대로 교사가 자신만의 철학과 목표를 수업에 구현하기 위한 과정이 필수적이다. 수업은 교과서나 문서화된 교육과정만으로 이루어지는 것이 아니다. 교사가 자신의 철학과 가치관을 수업에 담기 위한 고민이 선행되어야 하고, 학생의 발단 단계와 특성을 반영한 활동을 통해 설계한 교육과정을 실천할 수 있어야 하며, 수업 이후에 학생들이 자신의 삶에 유익한 무언가를 실천할 수 있도록 지도해야 한다. 다음은 보건교육 운영을 위해 교사 교육과정을 설계하는 과정을 간략하게 정리한 내용이다.

단계		내용
설계	교육 과정 파악 하기	**•국가, 지역, 학교 수준 교육과정 문서 및 자료를 자세히 살펴보고 교육 활동 시사점 찾기** –'전반적인 생활습관을 관리하는 역량을 기르는 것은 건강 관리의 기본이다. 중학교 보건 교과 교육과정 분석 결과, 생활 주기와 건강 생활 습관에 관한 내용 요소를 발견하였고 이를 주제로 교육과정을 구성하려고 한다.' –'중학교 교육과정 구성의 중점은 미래 사회 불확실성에 대응하는 능력, 자신의 삶을 스스로 이끄는 주도성을 함양하는 것이다.' **•교사의 교육철학과 학년(학급) 교육 목표를 연관지어 생각하기** "행복한 삶을 위한 내 삶에 중요한 가치는 자신의 삶과 관련된 사소한 일부터 스스로 고민하고, 선택하고 결정하며, 그 결과에 책임을 지는 '자기주도성'이다. 어떠한 선택과 결정을 해야 하거나, 삶을 더 풍족하게 만들기 위해 내가 가진 장점이나 단점을 파악하고 그에 따라 대책을 계획적으로 수립하여 실천해나가는 활동을 선호한다. 그래서 학생들도 타인의 의지가 아닌, 자신의 의지로 내 인생의 방향을 만들어갈 수 있는 능력을 갖추기를 바란다. 이는 국가 교육과정이 추구하는 인간상(자신의 진로와 삶을 스스로 개척하는 자기주도적인 사람)과도 닮아 있다."

<table>
<tr>
<td rowspan="2"></td>
<td>교사의
철학을
바탕으로
교육목표
및 중점
과제
세우기</td>
<td>
• 교사 교육과정 설계를 위한 진단하기
<table>
<tr><td>학생</td><td>• 여학생 12명, 남학생 8명으로 구성된 학급
• 개별 활동, 모둠 활동 모두를 선호하며 전반적으로 학습 동기와 열의가 높음. 다만, 모둠 활동 시 다소 교실 분위기가 산만하고 시끄러워지는 경향이 있으므로 유의가 필요함
• 학급 내 비만 및 저체중 학생이 있어 전반적인 생활습관에 대한 점검이 필요함(비만 5명, 저체중 1명)
• 여학생들 중 과도한 다이어트로 인해 스트레스를 호소하는 학생이 있고, 전반적으로 외모에 관심이 많음
• 개별 학생 특성
-◇◇◇: 특수교육대상학생(지적장애). 학습 목표, 내용 및 방법에 있어 수준에 맞춘 재구성이 필요함
-○○○: 스마트기기 과의존으로 주의가 필요함. 밤늦게까지 게임을 하여 수업 시간에 자주 잠을 잠</td></tr>
<tr><td>학급
환경</td><td>• 스마트 기기(노트북, 태블릿 PC)를 학생 1인당 1대씩 사용할 수 있음</td></tr>
</table>
• 학교 및 지역 교육환경, 학년별 학생 발달 단계 특성을 고려하며 중점 지도 사항에 대해 생각하기
<table>
<tr><td>-자기관리 역량, 학습 기초 소양, 문제해결력 함양에 중점을 두어 지도함
-건강한 생활습관 형성을 통해 건강관리 역량 강화의 기반을 마련함</td></tr>
</table>
• 교사 자신의 교육목표 수립하기
<table>
<tr><td>[교육목표]
“건강 생활 습관(수면, 식습관, 신체 활동)을 계획하고 실천할 수 있다.”</td></tr>
</table>
</td>
</tr>
<tr>
<td>교사의
철학을
반영한
교육과정
구성하기</td>
<td>
• 교사 교육과정이 의도하는 목표와 중점 과제를 실천하는 데 중심이 될 성취기준 선정하기
<table>
<tr><td>중학교 보건과 성취기준
[09보01-03] 건강한 수면, 식습관, 신체활동에 대해 알아보고 건강생활습관을 계획하고 실천한다.</td></tr>
</table>
• 교사 교육과정 설계 점검하기
<table>
<tr><td>∨ 교과 목표, 내용, 활동이 교사 자신의 철학적 신념과 일관되어 있는가?
∨ 학생들의 개별성과 다양성을 고려하여 설계되었는가?
∨ 학생들이 학습한 내용을 실제 삶 속에서 적용하고 확장할 수 있도록 지원하고 있는가?
∨ 교육 목표가 단기적 성취뿐 아니라 장기적 변화를 고려하고 있는가?
∨ 학생 간 협력, 반성적 사고, 탐구를 촉진하는 방법이 포함되어 있는가?
∨ 평가는 학생들에게 동기 부여와 성찰의 기회를 제공하고 있는가?</td></tr>
</table>
</td>
</tr>
<tr>
<td colspan="2">실행하기</td>
<td>• 학생의 참여를 유도하는 다양한 학습활동 운영
-‘수면-각성’ 리듬에 대한 검사도구를 활용하여 자신의 생체 리듬 파악하기. 친구들과 각자의 생체 리듬에 대해 공유·발표하기
-자신의 24시간 생활 패턴을 분석하여 생활 습관 파악하기. 가족의 생활 패턴 조사해보기
-스마트기기 활용하기: 좋은 수면 리듬을 위한 습관을 조사하여 발표하기, 생체 리듬</td>
</tr>
</table>

	유지에 좋은 식사 습관이 무엇인지 예측하고 조사하여 발표하기, 다양한 신체 활동의 유형과 종류 조사하기 -자신에게 적합한 생체 리듬 시간표 작성하여 발표하기 -작성한 생체 리듬 시간표를 실천한 뒤, 소감 나누기. 일회성 실천에 그치지 않고, 건강한 생활습관 정착으로 이어질 수 있도록 동기 부여하기(1달 주기로 생활습관 점검표를 통해 스스로 각자의 생활습관을 점검함으로써 학생들의 건강 증진에 기여하고, 정해진 보상을 제공함) •**다양한 학습자의 특성 고려하기** -스마트기기를 활용한 활동 시간을 미리 공지하고, 정해진 시간만 수업 시간에 활용하도록 지도함 -지적장애 학생의 참여 지원하기 : 좋은 수면 습관, 식사 습관, 신체 활동을 표현하는 그림 또는 사진 자료를 함께 제시하여 수업 내용 이해를 도움. 짝을 지어 또래가 수업 활동을 보조할 수 있도록 지도하기(발표 활동 보조)
평가하기	•**수업 결과물 수집 및 분석: 수업 전반에 걸쳐 생긴 다양한 데이터** -학생 산출물(과제, 포트폴리오, 발표, 프로젝트), 관찰 기록, 평가지(학습지), 학생 피드백(자기점검표, 설문지 작성, 인터뷰) •**수업에 대한 성찰: 교사 스스로 자신의 수업을 돌아보기** •**피드백, 성찰 결과를 다음 수업에 반영하도록 노력하기**

4. 교수·학습과정안 작성하기

1) 교수·학습과정안의 의미 및 필요성

교수·학습 과정안은 '교수·학습 지도안', '수업 지도안', '수업 계획안' 등 다양한 용어로 불린다. 교수·학습 과정안은 교사의 입장에서 학습 활동을 효과적으로 이끌기 위한 조직적이고 구체적인 수업 진행 계획서로 수업에서 무슨 내용을, 어떤 방법으로, 어떤 자료를 써서 가르칠 것인가를 구상하는 계획 단계의 설계도이다(서울교육대학교, 2025).

교수·학습 과정안은 수업의 계획과 실행뿐 아니라 수업 후 성찰과 반성을 통한 전문성 향상에도 유용하다. 연구 수업뿐 아니라 실습 기간 동안 실시하는 수업에 대해 약안 또는 세안을 작성하는 연습을 한다면, 교사가 어떻게 수업을 운영할지 명확하게 계획할 수 있고 다양한 교수법을 적용해보면서 학생의 반응과 그에 대한 대처 방법을 미리 고민할 수 있다. 또한, 교수·학습 활동이 이루어지는 시간 배분에 대해 예측이 가능하고, 예상치 못한 변수 또는 상황을 미리 생각하며 다양한 돌발 상황에 유연하게 대처할 수 있게 되므로 예비교사에게 꼭 필요한 연습이다. 무엇보다 자신의 수업에 대해 지속적으로 고민하고 수업의 흐름을 생각하면서 자신의 부족한 점을 발견하고 보완해나갈 수 있다는 점에서 교수·학습 과정안을 작성하는 연습은 필수적이다.

2) 교수·학습 과정안 작성의 이해

수업의 목적 또는 교사의 활용 목적 등에 따라 교수·학습 과정안의 형태는 다양할 수 있으며 구체적인 예시는 '학교현장실습일지'의 서식을 참고하기 바란다.

- **약안**: 본시 수업에 대한 내용만 간략하게 작성하는 것으로 단원명, 학습 주제, 수업 대상 및 장소, 수업 일시, 학습목표, 지도상 유의사항, 수업 단계(도입-전개-정리)에 따른 교수·학습 활동 내용 및 자료, 평가 방법 등을 포함한다.
- **세안**: 본시 학습에 대한 수업 계획(약안)뿐 아니라 대단원(단원의 개관), 전체 단원의 목표 및 전개, 평가 및 유의점, 학생 실태 분석, 수업 설계의 의도 및 목적 등에 대한 자세한 설명을 포함한다.

교수·학습 과정안은 교사가 실행할 수업에 대한 전반적인 흐름을 알 수 있도록 체계적이고 구체적으로 작성되어야 하고 학습목표, 학습목표를 달성하기 위해 선택된 교수·학습 방법 및 전략, 수업에 활용하는 교재 및 교구(자료), 학습 과정에서 교사와 학생의 활동 등에 대한 내용을 포함하고 있어야 한다. 교수·학습 과정안이 갖추어야 할 기본적인 조건은 다음과 같다.

- 구체적이고 측정 가능한 용어로 진술되어야 한다.
- 학습목표와 학습내용은 일치하여야 하며 각 활동에 적절한 시간이 할당되어야 한다.
- 교수·학습활동은 수업 전체 시간 내에 학습목표를 달성할 수 있도록 계획한다.
- 시각적 자료, 교재, 멀티미디어 자료 등 다양한 학습 자료를 활용하여 학생들의 이해를 돕는다.
- 학습 성과를 평가할 수 있는 구체적인 방법을 제시하여야 한다.
- 전체 수업 중에 학생들에게 적절한 시기에 피드백을 제공하여 학습 개선을 지원한다.
- 학생과 학생 간 상호작용을 고려하여 교수·학습활동을 계획한다.
- 학생들이 이해하지 못한 부분에 대한 추가적인 설명, 자료 제공, 개별 학습 지원 등의 방법을 고안한다.
- 수업 중 예상치 못한 상황에 대비하여 유연하게 수업을 조정할 수 있는 여유를 둔다.

3) 교수·학습 과정안 작성의 실제: 항목별 작성법

항목	작성 방법
단원명	•교과서의 단원명을 기재함
단원의 개관	•단원의 설정 이유, 주요 내용 등을 개괄적으로 기술함 : 국가·사회적 요구, 학습의 필요성, 교과의 계열 및 교육과정 연계성 서술 : 교수자의 의도, 교수·학습 활동 계획의 개관을 서술하기도 함
단원 분석	•성취기준, 단원의 계열(전시-본시-차시 학습), 차시별 교수·학습 내용 등 •전체 단원 속에서 본 차시가 어떻게 전개될 것인지에 대한 부분에 중점을 두어 서술하는 것이 좋음
본 차시 교수·학습 활동	•학습목표: 교사가 설정한 학습 목표를 관찰 및 측정 가능한 객관적 용어로 서술 •학생(학급)실태: 본 차시 학습을 위한 학생들의 선행학습수준, 주요 특징 기술 •이론적 배경: 관련 교육학 및 교과교육학 이론, 수업 모형, 학습전략 등 •수업과정: 학습모형에 따른 절차, 도입-전개-정리 형태의 단계 기술 -도입: 전시학습 상기, 학습동기 유발, 학습목표 안내 -전개: 학습목표와 관련된 교수·학습활동을 체계적으로 구성 (예) 탐구학습, 역할놀이, 토의 및 토론 실험, 자료 수집과 분석, 프로젝트 해결 교과서 읽기, 영상자료 시청, 학습지 풀기, 퀴즈 -정리 및 평가: 학습목표 도달 확인, 학습내용 정리(배운 점, 느낀 점, 실천할 점 등 다양한 내용과 방법으로 성찰하기), 차시 학습 예고 ※ 평가 내용: 학습목표 및 학습활동에서의 지식·기능·태도 요소 ※ 평가 방법: 자기평가, 동료평가, 관찰평가 등(평가 내용과 부합한 방식 선택) ※ 평가 도구: 활동지, 체크리스트, 프로젝트 산출물 등 •자료: 교수·학습 활동 과정 중 활용되는 부분에 자료의 내용(명칭) 기재 (예) 영상, PPT자료, 심폐소생술 실습 인형 •유의점: 교사가 유의할 점, 보충 및 심화 학습 관련 내용, 개별화 지도 방안 등

Chapter 08

보건교사의 직무 이해: 보건교육 운영의 실제

1. 보건교육 목적 및 영역: 학교안전교육 실시 기준 등에 관한 고시

학교보건법 시행령 제23조 4항 3호에 따라 보건교사는 교사의 보건교육 협조와 필요시 보건교육을 운영할 책임이 있으며, 동법 제9조 등에 따라 실시하여야 하는 보건교육의 목적 및 영역은 다음과 같다.

-신체발달 및 체력 증진
-질병의 치료와 예방
-음주·흡연과 마약류를 포함한 약물 오용·남용의 예방
-성교육
-전자기기 과의존 예방
-도박 중독의 예방
-정신건강 증진
-심폐소생술 등 응급처치

한편, 학교안전교육 실시 기준 등에 관한 고시(교육부고시 제2023-33호, 2023.10.16.)에 따라 학교의 장은 학교안전교육 7대 영역에 해당하는 안전교육 계획을 수립·시행하여야 한다. 안전교육은 이론과 실습교육으로 병행하고 교원, 위탁 전문교육기관 등이 실시하며 의사·간호사·응급구조사 등 해당 안전 영역과 관련된 자격증을 보유한 사람 역시 안전교육을 실시할 수 있으므로 보건교사 역시 안전교육을 실시하는 주체가 된다.

해당 고시에는 학생 안전교육 내용 및 방법도 규정하고 있다. 특히 생활안전교육, 폭력예방 및 신변보호교육, 사이버 중독 예방 교육, 응급처치교육의 경우 보건교사가 직접 교육을 실시하거나 보건교사의 직무와 연관성이 높아 교육 운영 시 업무 협조가 필요할 수 있다. 교육부 고시에서 규정하고 있는 각 영역의 교육내용 및 방법은 다음과 같다.

구분	생활안전교육	폭력예방 및 신변보호교육	약물 및 사이버 중독 예방 교육	응급처치교육
유치원	•교실, 가정, 등하굣길에서 안전하게 생활하기 •안전한 장소를 알고 안전하게 놀이하기 •놀이기구나 놀잇감, 도구의 바른 사용법을 알고 안전하게 사용하기 •실종, 유괴, 미아 상황 알고 도움 요청하기 •몸에 좋은 음식, 나쁜 음식 알기	•내 몸의 소중함과 정확한 명칭 알기 •좋은 느낌과 싫은 느낌 알기 •성폭력 예방 및 대처 방법 알기 •나와 내 주변 사람(가족, 친구 등)의 소중함을 알고 사이좋게 지내기 •아동학대 신고 및 대처 방법 알기	•올바른 약물 사용법 알기 •생활 주변의 해로운 약물·화학제품 만지거나 먹지 않기 •TV, 인터넷, 통신기기(스마트폰 등) 등의 중독 위해성을 알고 바르게 사용하기	•응급상황 알기 및 도움 요청하기 •119신고와 주변에 알리기 •손씻기와 소독하기 등 청결 유지하기 •상황별 응급 처치 방법 알기
초등학교	•안전하게 교실, 가정, 공공시설 이용하기 •학용품·놀이용품의 안전한 사용 및 식품 안전 알기 •실험·실습 시 안전에 유의하기 •안전한 놀이활동 및 야외활동 •유괴예방, 미아사고 예방과 대처	•학교폭력의 예방 및 대처법 알기 •학교폭력의 종류를 알고, 종류별 예방법 알기 •성폭력 예방 및 대처 방안 알기 •내 몸의 소중함을 알기 •아동학대의 유형 및 대처 방안 알기 •가족폭력의 개념과 대처 방안 알기 •자살 예방 및 생명 존중 교육	•약물 오남용의 위험성 및 올바른 약물 복용법 알기 •중독성 물질을 알고 안전한 활용 방법 •건전한 사이버 통제 능력 배양 및 사용 습관 형성하기	•응급처치의 상황, 의미, 중요성, 신고·조치 방법 알기 •심폐소생술 및 자동 제세동기의 사용법 알기 •상처의 종류와 응급처치하기 •일상생활 속 응급처치 알기
중학교	•공공시설 이용 시 안전과 에티켓 알기 •식품의 종류에 따른 안전한 보관 방법 알기 •실험·실습실 및 체육·여가 활동의 안전 규칙을 이해하고 바른 사용법 알기 •실종, 유괴, 미아 상황 알고 예방하기	•학교폭력의 유형과 현황 및 위험성 인식하기 •학교폭력 유형별 신고·대처 방법 알기 •자살예방 및 스트레스 점검과 해소 방법 알기 •가족과 올바른 의사소통방법과 가정 폭력 피해자 지원 제도 알기(아동학대 포함) •성폭력 대처 예방 및 대처법 알기	•향정신성 물질에 대한 위험성·피해 알기 •중독성 물질에 대한 위험성·피해 알기 •인터넷 게임 사용 규칙 만들기 및 실천 •스마트폰의 건전한 사용 방법	•응급처치의 상황, 의미, 중요성, 신고·조치 방법 알기 •심폐소생술 및 자동 제세동기의 사용법 알기 •상처의 종류와 응급처치하기 •일상생활 속 응급처치 알기

고등 학교	•기호식품의 특성·유해성 및 전기·전자제품의 안전한 사용방법 알기 •실험·실습 안전 수칙 이해 및 보호장구의 바른 사용법 알기 •체육 및 여가 활동의 안전한 활동 상해 시 대처 방법 알기 •실종, 유괴, 미아 상황 알고 예방하기	•학교폭력의 유형과 현황 및 위험성 인식하기 •학교폭력 유형별 신고·대처 방법 알기 •성폭력 예방과 대처 방법 알기 •성매매의 위험성과 구조 및 신고 방법 알기 •자신과 타인(가족 포함)의 소중함 인식하기 •가정폭력 예방 지침을 알고, 보호하기 (아동 학대 포함) •자살 예방 및 생명 존중 교육	•향정신성 물질에 대한 위험성·피해 알기 •중독성 물질에 대한 위험성·피해 알기 •인터넷 게임 사용 규칙 만들기 및 실천 •스마트폰의 건전한 사용 방법	•응급처치의 상황, 의미, 중요성, 신고·조치 방법 알기 •심폐소생술 및 자동제세동기의 사용법 알기 •상처의 종류와 응급처치하기 •일상생활 속 응급처치 알기
교육 방법	1. 학생 발달 수준을 고려한 전문가 또는 교원 설명 2. 학생 참여 수업 방법 연계 적용(예시: 역할극, 프로젝트 학습, 플립러닝 등) 3. 교내외 체험교육 또는 현장학습 4. 일상생활을 통한 반복 지도 및 부모 교육 연계			

2. 보건교육 주제별 교수·학습 활동(예시)

학생들은 신체 건강, 정신 건강, 성(性) 건강, 음주 및 흡연, 마약, 도박, 스마트폰 중독, 등 여러 가지 건강 문제에 직면해 있다. 그렇기 때문에 보건교사는 광범위한 영역을 다루는 보건교육을 통해 건강을 위협하는 요인을 회피하고, 건강을 유지해가는 환경을 조성하며, 위기 상황에 대처할 수 있도록 도와야 한다. 다양한 주제를 다루는 학습 활동을 반복적으로 접하면서 학생들은 단순히 지식을 습득하는 것 이상으로 행동과 인식의 변화, 올바른 가치관의 습득을 경험할 수 있어야 한다.

특히, 조기 예방 및 중재가 중요한 이슈(예: 흡연, 성교육, 마약, 음주, 정신건강 등)는 선제적 차원에서 접근되어야 할 문제임에도 교육 시간은 한정되어 있기 때문에 일련의 계획을 수립하여 체계적으로 교육을 실시하는 것이 중요하다. 또한, 교육목표를 달성하기 위해 선정된 교육내용과 교육방법은 학생들의 신체적·인지적·정서적 발달 수준과 단계에 맞게 재구성될 필요가 있다. 학교 현장실습 기간 동안 아래의 보건교육 예시를 바탕으로 실제 수업이 어떻게 계획되고 실행되는지를 면밀히 관찰해본다면, 예비교사로서 미래에 실천하게 될 보건교육을 구상하고 방향성을 설정하는 데 있어 중요한 밑거름이 될 것이다.

영역	교수·학습 활동
응급처치	•119에 신고하는 방법 배우기: 상황극으로 신고 연습 •심폐소생술: 심폐소생술의 원리, 심폐소생술 시행 방법, 가슴 압박 시 주의점 •자동심장충격기 사용 방법 실습하기: 모형 활용 •기도 폐쇄 시 대처법: 하임리히법 실습(교사의 시범-학생의 연습) •응급처치: 다양한 각종 상처와 타박상, 화상에 대한 응급처치 방법 실습 -역할놀이, 시뮬레이션 게임
생활습관 및 건강관리	•청소년기 올바른 생활 습관 형성 : 식습관, 규칙적인 운동, 수면과 휴식, 스트레스 관리 : 자기점검표, 체크리스트, 생활 습관 개선 캠페인(포스터, 4컷 만화 등) : 수면 일기, 식단 일기 작성해보기 : 건강한 식단 구성해보기 : 건강한 삶을 위한 하루 일과표 만들어보기 •올바른 체중 관리 방법 •스트레칭과 자세 교정: 생활 속에서 쉽게 실천할 수 있는 스트레칭
음주·흡연 및 마약류 예방	•전자담배의 이해 •청소년 음주가 위험한 이유, 청소년 음주율 분석 : 동영상, 뉴스 등 매체 자료를 통한 사회적 문제 토론 •잘못된 약물 사용 사례 알기 : 광고 속 허위 정보 찾기 : 감기약, 소화제 등 일상 속 약물 복용 안전수칙 만들기 •음주, 흡연, 마약 상황별 거절 표현 역할극 : 위기 상황 대응 시나리오 만들기 •신종 마약의 종류와 위협: 사례 조사 및 발표
성(性)교육	•성의 개념, 사춘기의 변화 •생활 속 경계 침해 사례 찾아보기, 동의와 존중 훈련하기 : 나만의 사생활 영역 만들기 •성 역할 고정관념 학습을 통한 성인지 감수성 향상 •성적 자기결정권의 이해 •성폭력 예방: 일상 속 성폭력 인지하기, 성폭력 예방을 위한 노력
도박 및 전자기기 과의존 예방	•도박의 심리와 중독성: 중독 사이클 이해하기, 그림으로 표현해보기 •사행성 게임의 위험성 알기: 뉴스, 광고, 동영상 등 매체자료 활용 •게임 중독 예방을 위한 노력과 실천: 하루 게임 시간 계획표 만들기 •스마트폰 중독의 위험성 알기, 디지털 디톡스 체험 : 스마트폰 중독 자가 체크리스트 : 전자기기 없는 하루 보내고 소감문 작성하기 : 1일 디지털 금식 체험 보고서 작성 : 일주일 스마트폰 절제 계획서 작성
정서 및 정신건강 증진	•감정 조절 및 표현 : 감정카드로 기분 표현하기 : 마음일기 쓰기, 감정 마인드맵 만들기 •우울감의 이해와 대처법 알기: 나만의 스트레스 해소법 실천하기

보건교육 운영을 위해 교육자료를 유용하게 얻을 수 있는 사이트를 소개한다.

교육부 학생건강정보센터 (https://www.schoolhealth.kr/index.do)	•학생건강증진을 위한 정보교류 및 공유의 공간 조성을 위해 교육부와 17개 시·도교육청의 지원으로 한국교육환경보호원에서 위탁·운영되고 있는 사이트 •국가기관, 교육청, 유관기관 등에서 개발·보급되고 있는 학생 건강 자료를 종합적으로 제공 •카테고리(신체건강, 감염병 예방, 정신건강, 사고예방과 응급처치, 성과 건강 등)별로 다양한 유형(통계자료, 정책자료, 법규자료, 교육연수, 연구자료, 교수학습)의 정보가 탑재되어 있음
질병관리청 (https://www.kdca.go.kr/index.es?sid=a2)	•'질병관리청'은 건강한 국민, 안전한 사회를 만들기 위해 공중 보건정책을 수립하고 감염병·만성질환·건강위해요인에 관한 연구 및 예방관리 정책을 수행하는 기관임 •감염병: 신종 및 해외 유입 감염병, 결핵·바이러스 간염 등 만성 감염병, 호흡기·수인성·매개체 감염병 등 상시 감염병에 대한 예방 관리, 퇴치 전략 등에 대한 정보 제공 (예) 감염병 대응 지침, 국가결핵관리지침, 시설별 인플루엔자 관리 지침(어린이집, 유치원, 학교용), 엠폭스 관리지침, 진드기·설치류 매개 감염병 관리지침 •예방접종 관련 사업 및 지침 안내 •만성질환 관리: 만성질환 조기인지, 지속관리 등 만성질환 예방·관리에 대한 정보 제공 ※ 홍보자료(카드뉴스, 영상자료, 교육자료, 웹툰 등), 법령·지침·서식, 간행물(감염병 뉴스, 손상예방과 건강한 사회, 질병관리청 백서 등), 감염병통계 등 다양한 형태의 자료가 탑재되어 있음
에듀넷티클리어 (https://www.edunet.net/nedu/main/mainForm.do)	•수업·연구자료, 주제별 학습자료, 우수수업 동영상, 교수·학습과정안, 연수자료, 학생평가 자료 등 다양한 수업 관련 사례 및 자료들에 대한 정보를 얻을 수 있음
학생평가지원포털 (https://stas.moe.go.kr/cmn/main)	•성취기준에 근거한 다양한 평가도구가 탑재되어 있음 •수행평가도구, 서·논술형 평가도구, 학생평가 유형별 채점기준, 결과 활용 자료실 등 다양한 자료에 대한 정보를 얻을 수 있음

PART 3

학교 현장실습의 실제

Chapter 09

학교 현장실습의 개요

1. 학교 현장실습의 목적

학교 현장실습은 단순히 학교에서 보건교사가 수행하는 업무를 배우는 것을 넘어, 학교 환경에서 학생의 건강 관리, 교육, 협력 등의 경험을 통해 예비교사로서 성장하는 발판이 된다. 현장실습은 '학교'라는 새로운 환경에서 학교문화와 교직 사회의 분위기를 몸소 체험하며 교사로서의 자질과 태도를 함양하고, 대학에서 학습한 보건 관련 이론을 토대로 현장의 경험에서 다양한 실무 능력과 역량을 길러 학교 구성원의 건강 관리에 깊숙이 관여하는 전문가로서의 역할을 성공적으로 수행하기 위한 중요한 단계라고 할 수 있다. 구체적인 실습 목표는 다음과 같다.

① 학교 환경 및 문화, 조직의 구조와 운영 방식을 이해하여 학교생활 및 교직문화에 적응한다.
② 건강 관리 및 질병 예방과 처치, 학교보건계획 수립 및 실행 등 학교 보건교사의 주요 역할과 업무를 직접 경험하며 실질적인 실무 능력을 습득한다.
③ 학교급별 건강 문제에 맞는 보건교육을 설계하고 효과적으로 수행하는 능력을 기른다.
④ 학교 보건 업무를 수행하며 다양한 구성원과 소통·협력하는 방식을 배운다.
⑤ 보건교사에게 요구되는 윤리적 태도와 책임감을 확립하고, 비판적 사고력 및 창의적 문제해결능력을 함양하여 학교 현장에서 발생하는 다양한 보건·의료상황에 대처한다.

2. 학교 현장실습 기간 및 영역

일반적으로 학교 현장실습은 총 4주에 걸쳐 진행되어 왔으나, 2022년부터 **'학교현장실습학기제'**가 시범적으로 운영되면서 각 시·도 및 교원양성기관마다 운영 기간 및 영역에 차이가 있다. '학교현장실습학기제'는 학교현장에 필요한 실천적 역량을 강화하고 변화하는 교육환경에 교원의 전문성을 높이고자 기존 4주 교육실습을 학기 단위로 전환하는 방안을 말한다. 2022년 5개 대학에서 시범운영을 시작으로, 점차 학교현장실습학기제 운영학교를 확대하여 2028년에는 전면 도입하는 방안이 검토 중에 있다.

'학교현장실습학기제'가 도입되면 15주에 걸쳐 교육과정이 운영되며 ① 학교현장실습학기제 운영 기간 동안 실습학교에 3일 출근하여 근무하고 2일은 대학에서 강의를 수강, ② 실습 기간 중 일정 기간에 집중 실습(예: 4주 집중 실습 + 주 2일 실습/3주 집중 실습 + 주 3일 실습/2주 집중 실습 + 주 3일 실습), ③ 실습의 시작과 마무리 기간에 집중 실습하는 방안 등 대학과 실습 학교의 여건에 맞게 다양하게 구성될 수 있다(교육부 · 한국교육개발원, 2023). 주요 실습 영역은 다음과 같다.

<table>
<tr><th rowspan="2">단계</th><th colspan="2">시기(예시)</th><th rowspan="2">주요 운영 내용</th></tr>
<tr><th>1학기</th><th>2학기</th></tr>
<tr><td>준비</td><td>직전 년도~
당해 2월</td><td>1월~8월</td><td>•전체 실습 일정 계획, 실습 기본 운영 방향 및 운영 협의
•실습 오리엔테이션
•실습 전, 기간 중 이수 교과목 선정 및 안내
•실습 학생 대상 사전 교육 일정 계획</td></tr>
<tr><td>실습학기</td><td>3월~6월</td><td>9월~12월</td><td>•적응(1~3주), 책임준비(4~7주), 상호책임(8~14주)
•적응: 필수교육 이수, 지도교사 배정, 사전교육(교육과정, 교수학습, 학급경영 및 생활교육, 교직실무 등)
•책임준비 및 상호책임: 교육과정 참관, 생활교육 및 학급운영, 수업실연 및 연구수업, 수업 피드백
•단계별로 중간협의회 실시(교원양성기관, 실습협력학교, 교육청)</td></tr>
<tr><td>평가
사후 관리</td><td>7월~8월</td><td>12월~
차년도 1월</td><td>•평가(15주)
•성과공유회, 결과보고서, 결산서 등 마무리
: 실습학기 운영에 대한 성찰, 개선방안 논의</td></tr>
</table>

※ 실습학기제는 최소 15주 이상 운영하며, 실습협력학교와 논의하여 기간 연장 등 탄력적으로 운영할 수 있음

출처: 교육부 · 한국교육개발원(2023), 「학교현장실습학기제 교육과정 운영 · 매뉴얼(교원양성기관)」.

일반적인 학교 현장실습의 영역 및 기능을 보건교사 실습에 접목하여 정리한 주요 실습 영역은 다음과 같다.

구분	내용
참관실습	•교과(군)수업, 창의적 체험활동 수업 참관 포함 •교직에 대한 이해와 보건교사의 기본 자세 체득 •학교보건업무 관련 이론의 현장 적용 방법에 대한 비판적 이해 •지도 교사, 동료 실습생 등의 수업 활동 및 학생의 학습 장면 관찰 •학교 현장의 교육활동, 보건사업 운영 등에 대한 실태 파악
수업실습	•수업 설계, 수업 준비, 수업 실행, 수업 후 평가 등의 과정 경험 •교육이론 및 보건 이론의 실생활 적용 능력 함양 •교수-학습 원리 적용 및 실제적·효과적 방법 습득 •실제 수업을 통한 교수-학습 수행 능력 신장
실무실습	•보건교사의 직무를 토대로 실무실습에 중점을 둠 •학교 보건 및 의료 전문가로서의 자질 함양 •발달단계별 학생의 신체적·정신적 발달 상황 및 실태 파악 •수업-평가-사후 지도 실습을 통한 보건교육 운영 경험 축적 •학교, 학급, 일반 교과 및 보건 교과 교육과정 운영 전반에 대한 경험 •학생 평가에 관한 실무 능력 함양

3. 학교 현장실습의 내용

교육부(2021)의 「교육실습운영안내자료」에 따르면, 보건교사는 직무 중심의 실무실습을 주로 하되 참관 및 수업실습도 병행 가능하다고 하였다. 학교 현장실습은 보건교사가 실제 학교 현장에서 수행하는 업무뿐 아니라 보건교사로서의 기본자세와 역할을 직접 체험을 통해 학습하는 데에 그 목적이 있다.

실습생은 '실습생'으로서 기본자세와 태도를 기초로 성실하게 실습에 임함과 동시에, 예비 '교사'로서 자신에게 주어진 역할과 책임을 분명하게 인식하고 실습 기간 동안 교사의 기본 자질을 함양하고자 최선을 다해야 한다. 나아가, 대학에서 학습한 보건 관련 이론과 실무 능력을 바탕으로 학교현장에 적응하고 학교 구성원의 신체적·정신적 건강 전반을 다루는 전문가로서 '보건'교사의 역할을 성공적으로 수행할 수 있도록 다양한 지식·기술을 현장에 적용해보려는 적극적인 노력이 필요하다. 구체적인 실습 내용은 다음과 같다.

<table>
<tr><th colspan="2">구분</th><th>실습 내용</th></tr>
<tr><td colspan="2">실습생으로서의 기본자세와 태도</td><td>•시간과 규칙 준수(실습 시 유의사항 숙지 및 내용 준수)
•실습을 통해 배우려는 열의, 주어진 일을 성실히 수행하려는 책임감
•팀원, 지도교사 등과 협력하고 원활하게 의사소통하려는 자세
•실습 지도 교사의 지도를 경청하고 수용하여 성장하려는 마음가짐
•단정하고 정결한 용모와 복장
•실습 일지 작성, 과제물 제출 철저</td></tr>
<tr><td colspan="2">교사의 자질과 기본자세</td><td>•학교의 교육철학, 목표, 현황 등을 토대로 교육적 가치관 확립
•지식·기능·태도 측면에서 교사로서 전문성을 함양하려는 자세
•교사로서의 책무성, 역할과 의무 이행
•주어진 업무를 성실히 수행하고, 창의성을 발휘하여 교육환경 개선에 필요한 내용을 발굴하려는 적극적인 자세</td></tr>
<tr><td colspan="2">보건교사 실습 기초</td><td>•실습 학교의 연혁, 기본 현황, 조직, 교육목표 숙지
(예) 교실 및 특별실 위치, (여)학생 및 교직원 수, 학급 구성, 업무분장 등
•학교보건 관련 현황 파악
(예) 요보호 학생 수, 희귀·난치성 질환 조사 등
•학교보건 관련 운영 계획, 지침 및 매뉴얼 이해
(예) 보건실 운영 계획, 응급환자 대처 매뉴얼, 학교 안전사고 대처 요령 등
•보건교사의 업무 및 역할 이해</td></tr>
<tr><td rowspan="3">보건 교사 직무 실습</td><td>학교 구성원 건강 관리</td><td>•건강문제 관리
-신체의 발달상황 파악
-각종 질병의 예방처치 및 보건지도
-신체가 허약한 학생(요보호학생) 관리
-장애 학생에 대한 이해
-학생과 교직원의 건강 관찰 및 상담
•학생건강검사 시행 및 결과 관리
-건강조사(기초실태조사)
-건강검진, 구강검진, 시력검사, 소변검사 등 계획 및 시행
-결과 작성 및 관리, 결과 알림 또는 보고
•응급환자 및 감염병 대응 및 관리
-응급환자 대처 매뉴얼 숙지
-감염병 예방을 위한 사전 교육
-감염병 발생 시 신속하고 체계적인 대응</td></tr>
<tr><td>보건실 운영</td><td>•보건실 운영 계획 수립 및 시행
•시설·설비 및 약품·소모품의 구입, 사용 및 관리
•보건실 기구 소독 및 환경 관리
•보건일지, 보건실 약품 대장 등 기록물 작성 및 관리
•보건실 방문 학생, 교사 등에게 적절한 상담 및 처치 실시</td></tr>
<tr><td>보건 교육</td><td>•보건교육계획(보건교육 교육과정) 수립
•보건교육 수업 준비: 교수·학습 과정안 작성, 학습 교재·교구 준비
•보건교육 실시 및 평가
•보건교육 수업 연구
(예) 우수 수업 사례 참조, 교재 또는 도서 검색</td></tr>
</table>

	기타	•공문서 작성 및 관리, 예산 요구 및 지출 •학교보건업무 관련 지역사회 유관기관 연계 •보건교육 수업 참관 •각종 보건 통계의 이해 및 해석 (예) 건강검사 통계표, 보건실 이용률, 예방접종 시행률 등
현장실습 평가 및 반성		•실습 일지, 과제물 검토 및 제출 •연구수업 평가 및 반성, 개선점 찾기 •보건교사로서 다짐과 포부 정리하기

4. 학교 현장실습 사전 활동

1) 현장실습 준비도 점검

학교 현장실습 기간을 통해 교사에게 요구되는 핵심 자질과 역량을 익혀 예비교사로서 한 걸음 성장하기 위해서는 철저한 사전 준비가 필요하다. 현장실습 사전 준비도 점검의 구체적인 목적 및 필요성은 다음과 같다.

- 준비도 점검을 통해, 학교 현장실습의 목적과 방향성을 명확히 이해하고 자신이 수행해야 할 역할을 사전에 숙지할 수 있다.
- 실습 중에는 예기치 못한 상황을 만나거나 추가적인 업무를 수행해야 경우가 생길 수 있다. 자신의 준비 상태를 점검하면 부족한 부분을 미리 보완하여 돌발 상황에 효율적으로 대처할 수 있다.
- 실습에 필요한 정보를 미리 조사하고 준비하면 실습 학교의 환경, 업무 절차, 학생들과의 소통 등 낯선 환경에 빠르게 적응할 수 있다.
- 보건교사에게 요구되는 기본 지식, 실무 능력, 태도 등을 점검하면 실습생으로서 전문적이고 신뢰받는 태도를 갖출 수 있다. 학교 보건실은 학교 구성원의 건강과 안전을 담당하는 중요한 역할을 담당하므로, 실습생 역시 전문성과 책임감을 갖추어야 한다.

현장실습 사전 활동으로 구체적인 기준에 비추어 자신의 준비도를 점검하는 과정은 현장실습의 성공적인 수행과 더불어 보건교사로서 성장하는 데에 필수적인 단계라 할 수 있다. 막연하게 자신의 준비 상태를 돌아보기보다는 구체적인 항목으로 구성된 체크리스트를 토대로 자신의 준비도를 스스로 점검하면 자신의 강점과 약점을 파악하고 실습 이후 스스로 설정한 목표를 달성하는 데 도움이 된다. 사전 준비도 점검을 위한 체크리스트는 다음과 같다.

구분	점검 사항
실습 개요	•학교 현장실습의 목표, 수행해야 할 역할을 명확히 이해하였는가? •학교 현장실습을 통해 내가 얻고 싶은 것은 무엇인가? 실습에 임하는 나의 기본자세와 마음가짐은 어떠한가? 목표는 무엇인가? (예) *보건교사라는 직업이 나의 적성에 맞는지 점검하고 싶다.* *예비보건교사로서 추후 수행해야 할 역할에 관한 역량을 강화하고 싶다.* *대학에서 배운 이론과 지식이 실제 적용되는지, 현장에서 어떤 지식과 이론이 유용한지 확인·검증하고 싶다.* *보건교사가 학교에서 무슨 일을 하는지 체험해보고 싶다.* •실습 학교에 대한 기본 정보에 대해 파악하였는가? -학교 위치, 출·퇴근 방법 및 소요 시간, 교통편 확인 -학교 기본 현황(학교 내 주요 시설 위치, 학교급별 교육목표 및 학생 특성, 학사 일정, 학생 및 교직원 명단 등) •실습 학교의 실습 규정 및 지침을 숙지하였는가? -실습 학교에서 제공한 오리엔테이션 자료 또는 안내문, 지침서 등 -출·퇴근, 결근, 외출 또는 조퇴 등 복무 관련 내용은 철저하게 숙지 -실습 목표 달성을 위해 실습 평가 항목 및 기준 숙지 •매일 실습 내용을 기록할 실습일지가 준비되었는가? •실습 관련 비상연락처를 가지고 있는가? -긴급한 문의사항, 학교에 알려야 할 사항 등이 있을 때 연락해야 하는 교사(지도 교사), 대표 교생, 함께 실습에 참여하는 학생 등 (※ 비상시 연락을 취해야 하는 경우에 대비할 것)
보건교사 직무 수행 준비	•학교보건업무 관련 지식·이론에 대해 이해하고 있는가? -건강문제 관리 및 상담, 통상적인 질환 또는 부상에 대한 처치방법, 응급환자 대처법(심폐소생술, 기본적인 응급처치 등) 등에 대한 실무 능력 점검 및 이론 복습 •보건교육을 실시하기 위한 준비가 되어 있는가? -수업 설계 기본 이론 및 모형 숙지 -보건교육 영역 및 주제 사전 학습 -보건교육 교재·교구 현장 조사 및 인터넷 검색을 통한 자료 수집 -보건교육을 위한 프레젠테이션 및 학습 자료 양식 정리 •보건교사가 갖추어야 할 윤리적 태도에 대해 이해하고 있는가? -학생 정보 보안 및 개인정보 보호 철저(사진 촬영, 실명 표기 주의) -학생 및 교사 등과 원활한 의사소통을 위한 기본적인 매너 준비 -학교 구성원의 신체적·정신적 건강을 다루는 전문가로서의 책무성
개인 준비사항	•실습에 필요한 물품을 준비하였는가? -실습 복장(단정한 복장, 실내화, 머리끈 등) -필기구, 노트, 태블릿PC 또는 노트북 등 개인 기록 및 연구 도구 -개인 용품(텀블러, 마스크 등) •실습에 참여하기 위한 자신의 건강상태는 어떠한가? -본인의 건강 상태, 예방 접종 여부 점검 -필요시, 마약 검사 관련 증명서 등 증빙서류 구비

2) 사전 준비도 점검 결과에 따른 개선

현장실습생에게 요구되는 자질과 역량 중 부족한 부분이 확인되었다면 그에 따른 조치가 필요하다. 사전 점검 과정을 통해 발견된 부족한 부분을 구체적으로 기록하고 원인을 분석하여 그에 맞는 해결책을 선택하고 남은 기간 동안 실습을 준비해 나가도록 한다. 이론적 부분이 부족하다면 지식을 쌓는 작업에 치중하여 실습을 준비하고, 기본적인 자세와 마음가짐에 있어 준비가 부족하다면 실습의 목표 나아가 졸업 이후 자신의 진로를 구체적으로 설계하며 실습에 임하는 태도를 올바르게 확립할 필요가 있다. 현장실습 사전 준비에 활용하도록 제작된 콘텐츠를 활용하는 것도 좋은 방법이 될 수 있다.

Chapter 10

학교 현장실습 가이드

1. 현장실습으로 준비하는 교사의 역량

현장실습에 앞서, 실습생은 보건교사에게 요구되는 역량을 이해하고 이를 개발하기 위한 구체적인 전략을 세울 필요가 있다. 보건교사가 갖추어야 할 자질은 단기간에 완성되기 어려우며 지속적으로 발전시켜야 하는 요소들이 많다. 현장실습은 교사로서 정체성을 형성하고 자신만의 교육 철학과 신념을 구체화할 수 있는 중요한 기회이다. 그러므로 예비 교사 단계에서 필요한 역량이 무엇인지 파악한다면 실습의 과정에 걸쳐 자신에게 필요한 역량을 효율적으로 개발하고 강화해나갈 수 있다. 현장실습을 통해 길러야 할 역량은 다음과 같다.

구분	세부 요소
교직문화 이해	•교직/학교 문화 전반에 대한 이해와 적응 •교과연구회(연수회), 학습공동체 등의 연구활동 수행 •관리자, 동료 교사 등과의 적극적인 협력적 태도
교육과정·수업지도	•보건 교과 교육과정에 대한 이해 •보건 교과 교육 목표를 달성할 수 있는 적합한 수업 설계 및 실행 •학생들의 발달 단계, 학교급별 특성 및 필요를 반영한 교수전략의 적용 •다양한 교육 매체를 활용한 수업 운영
생활지도	•학생 건강문제에 대한 세심한 관찰 및 결과 누적 •정신건강 증진을 위한 상담기술의 이해와 활용 •신체적·정신적 건강 문제를 가진 학생들에 대한 정서적 지원과 개입 제공 •다양한 특성 및 수준을 가진 학습자에 대한 이해
전문성 신장	•스마트기기 및 소프트웨어를 활용한 보건교육 운영 •학교 보건과 관련된 법률 및 정책에 대한 이해와 준수 •만성질환 관리, 영양학 등 기초적인 건강 관리에 대한 지식 •최신 보건 정보, 연구(논문) 결과, 기술 등에 대한 지속적인 학습

2. 현장실습생의 태도 및 유의 사항

실습생은 본인이 소속된 대학의 실습 규정, 실습 학교의 실습 운영계획 및 지침, 협력교사 및 지도교수의 지도 내용 등을 반드시 준수해야 한다. 협력교사, 지도교수, 동료교사 등으로부터 받은 피드백 역시 적극적으로 수용할 수 있어야 한다. 추가로 다음의 유의 사항을 실천하여 현장실습이 단순한 경험을 넘어 예비 교사로서 성장하는 의미 있는 배움의 시간이 될 수 있도록 노력하자.

구분	유의점
실습 개요	•실습일지, 교수·학습 과정안 및 과제물 등은 작성 요령과 제출 기한 등을 미리 확인하여 성실하게 실습에 임한다. •실습 계획에 따라 실습에 임하며 그 과정을 구체적으로 일지에 작성한다. •실습기간 동안 정해진 실습영역 및 내용을 모두 실습할 수 있도록 노력한다. •실습생 간에 존댓말을 사용하고 교사로서 품위를 지켜 행동한다. •교생 실습실은 깨끗하게 사용하며 자신의 물품은 제자리에 정리·정돈한다.
복무	•근무 중에는 항상 '실습생'으로서 지위에 맞게 행동한다. -학생에게는 교사, 협력교사에게는 학생의 지위 •결근, 지각, 조퇴, 외출 등은 반드시 사전에 허가를 받는다. •학교의 일과표를 숙지하여 수업 및 쉬는 시간, 점심시간 등을 철저히 지킨다. •용모 및 복장을 단정히 하고, 명찰을 착용한다. •학교 내 등에서 금연 수칙을 준수한다.
학교 보건업무 수행	•학교보건업무는 협력교사의 지도를 받아 실시한다. •학생 건강 정보, 개인정보 등은 누설하지 않는다. •실습 학교의 학생, 교직원 등과 원활히 협력하고 신뢰를 쌓기 위해 존중과 배려의 태도를 유지한다. •응급처치, 심폐소생술 등에 대한 실습을 통해 실질적인 대처 능력을 강화한다. •주어진 업무뿐 아니라 스스로 필요한 일을 찾아 능동적으로 실습에 임한다.
보건 교육	•보건교육 자료를 체계적으로 준비하여 수업의 질을 높이도록 한다. •학생의 교육적 요구를 반영하여 수업을 설계한다. •수업 참관, 연구수업 등을 통해 배운 내용은 일지에 꼼꼼하게 기록한다. •자신의 수업에 대한 동료 실습생, 협력교사 등의 피드백을 반영하여 다음 수업에 반영하도록 노력한다.

3. 영역별 실습 참고사항

1) 오리엔테이션

- 학교 현장실습(또는 실습학기제) 운영 전반에 대해 이해한다.
  : 학교 현장실습(또는 실습학기제) 취지와 목적, 실습 계획, 실습일지 및 참관록 작성
- 실습 과정에서 유의하여야 할 사항(복무, 대화 기법 등)은 반드시 숙지한다.
- 필수교육(성인지감수성교육, 아동학대예방교육 등) 이수 여부를 확인한다.
- 실습 학교현장의 교사, 학생, 학교문화와 분위기에 친숙해지도록 노력한다.
- 지도교사와의 만남 시, 배우려는 자세와 태도로 임한다.

2) 보건교사 업무(각종 계획 수립·운영, 보건실 운영·관리 등)

- 보건교사는 학생들의 건강과 안전을 책임지는 직업이므로, 실습생 역시 이를 인식하고 성실하고 책임감 있는 태도로 실습에 임한다.
- 보건교사의 업무를 수동적으로 지켜보기만 하는 것이 아니라, 질문하고 배울 수 있는 적극적이고 능동적인 태도로 실습에 임한다. 필요시, 보건교사의 업무를 보조하며 실무 능력을 향상하도록 한다.
- 보건실은 위생적인 환경이 유지되어야 하므로 항상 개인 위생 수칙을 철저히 준수한다.
- 보건실에 방문하는 학생들에게 친절한 태도로 응대하며, 건강 상담 내용을 주변에 이야기하거나 외부로 유출하지 않도록 유의한다.
- 보건교사의 지도 하에 각종 처치를 시행하며, 실습생 단독으로 판단하지 않도록 한다.
- 응급처치 및 위기 대응 매뉴얼 등을 숙지하고, 응급상황이 발생하면 반드시 보건교사에게 즉시 알리고 지시에 따른다.
- 실습기간 중 건강검진, 예방접종, 캠페인 등 각종 행사가 있을 시 보건교사를 보조하며 안내 및 질서 유지, 학생들의 질문 응대 등의 지원 역할을 수행할 수 있다.

3) 보건교육 운영(실제 수업 실습)

구분	유의점
보건교육 준비	•실습 학교의 학교교육과정, 국가 수준 교육과정, 보건교육 계획 및 관련 법령 등을 준수하여 수업을 준비한다. •초·중·고 학생들의 발달 단계를 고려하여 수업을 계획한다. •구체적이고, 현실적이며, 명확한 교육 목표를 설정한다. •실습 학교의 보건 환경, 사회적 이슈, 학생들의 건강 및 발달 현황 등을 고려하여 적절한 교육내용을 선정한다. •학생들의 흥미 및 학습 동기를 유발할 수 있는 다양한 방법을 고민한다. (예) 학생들의 일상생활과 연계된 소재 활용 사전 지식 수준을 고려하여 다양한 사례 소개 지속적인 참여를 유도하기 위한 질문 던지기

	•사용하려는 자료의 사실성 여부, 근거 및 출처 등을 꼼꼼히 확인한다. •실제 수업 전 교수·학습 과정안을 작성하여 지도 교사의 검토를 받는다. •기자재를 사용할 경우에는 수업 전 미리 사용·점검한다.
교수·학습 과정안 작성	•학습 원리, 교수방법이 명확히 드러나야 한다. •세분화된 목표가 객관적이고 측정 가능한 용어로 기술되어야 한다. •작성자 이외의 다른 교사도 쉽게 사용할 수 있도록 작성하여야 한다. •개인차를 고려한 학습 자료, 시간 배분, 평가 방법을 제시하여야 한다.
보건교육 운영	•정해진 수업 시간을 준수하여 수업을 운영한다. •수업 중, 학생들의 이해도를 점검하고 학생들이 능동적으로 수업에 참여할 수 있도록 다양한 노력을 기울인다. •용어 사용에 유의하여 수업을 운영한다. 편견 또는 선입견이 담긴 용어, 비속어, 지나치게 어려운 용어는 없는지 사전에 자신의 언어 습관을 점검하는 것도 좋은 방법이다. 수업 중에는 높임말을 사용한다. •활기차고 편안한 수업 분위기를 조성한다.
보건교육 평가	•퀴즈, 토론 또는 토의 등을 통해 목표 달성 정도를 지속적으로 확인한다. •수업을 통해 배운 지식이 실생활로 연계될 수 있는 방법을 연구한다. •공정하고 객관적인 평가 기준을 수립한다. •스스로 자신에 대한 수업 성찰을 통해 보완할 점을 정리한다.

4) 수업 참관 및 수업협의회

(1) 수업 및 학급 운영 참관

- 참관에 중점을 둔 실습 단계는 실습생이 교직의 의미와 본질을 관찰 과정을 통해 입체적으로 파악할 수 있는 기회이며, 다음의 내용을 포함하여 실습이 이루어질 수 있다.
  - 학교 및 교과 교육과정 운영 이해, 교과 수업 및 창의적 체험활동 참관
  - 학급 담임교사 업무 참관 및 실습(조·종례, 학급 행사 등)
  - 부서별 업무 참관 및 실습, 현장 실무 연수(청렴교육, 개인정보보호 등)
  - 교육과정 재구성의 실제, 교수·학습과정안 작성 및 피드백
  - 수업 관찰, 교수자 피드백, 수업 협의회
- 수업 참관을 참관할 때에는 수업이 시작하기 전에 참관 준비를 마치도록 한다.
- 수업 참관은 사전에 수립된 참관 계획에 따라 실시한다. 수업의 흐름, 내용, 교사-학생 간 활동 등에 주목하여 참관을 진행한다.
- 담당 학급 학생의 이름은 숙지하도록 한다.

(2) 수업협의회의 성격 및 목적

수업협의회는 수업을 운영한 교사, 수업을 참관한 교사, 동료실습생 등이 수업 종료 이후 함께 모여 수업의 내용, 장점 및 개선점 등을 논의하는 회의이다. 수업협의회의 목적 및 유익은 다음과 같다.

① 수업을 통해 드러난 강점, 개선점 등을 구체적으로 논의하여 수업을 운영한 교사에게 자신의 수업을 성찰할 수 있는 기회를 제공한다.
② 다양한 관점에서 나온 생각, 수업에 대한 감상 등을 바탕으로 기존의 수업을 개선할 수 있는 새로운 시각을 얻을 수 있다.
③ 새로운 교수법과 아이디어를 토대로 수업 전문성을 향상할 수 있다.

(3) 수업협의회가 예비교사에게 갖는 의미

수업협의회는 경험 많은 교사들과의 논의를 통해 실질적인 교수법과 수업 운영 기술을 배울 수 있는 좋은 기회이며 협의회를 통해 학생과 교사, 수업과 교육에 대한 다양한 시각을 습득하기에 매우 유용하다. 또한, 수업 운영 시 자신의 강점을 강화하고 개선점을 보완하여 수업에 대한 자신감을 기르고 교육 현장에서의 협업을 통한 피드백, 성장과 발전을 실질적으로 경험할 수 있도록 해 준다. 협의회를 통해 자신의 수업에 대한 평가를 세세하게 기록하여 강점은 더욱 발전시키고 단점은 보완해나가기 위한 구체적인 방법을 찾아 실천한다면 전문성을 강화하는 데 큰 도움이 된다.

(4) 수업협의회 평가표

수업협의회에서는 실제로 수업에 대해 좋았던 점, 아쉬웠던 점, 개선할 점, 느낀 점 등 다양한 성격과 내용의 이야기들이 오고 간다. 또한, 여러 사람이 함께 협의를 진행하기 때문에 협의회가 지나치게 논쟁적이거나 주관적인 방향으로 흐르기도 한다. 따라서, 수업협의회에서 주로 논의해야 할 내용을 사전에 체계적으로 정리한다면 수업협의회의 성격을 명확히 할 수 있을 뿐만 아니라, 평가 항목별로 수업의 강점·약점을 파악하여 실질적인 개선방안을 모색하는 데에 도움이 될 수 있다.

현장실습 중, 실습생은 자신이 직접 수업을 운영하기도 하고 다른 이의 수업을 관찰하기도 한다. 실습생은 자신이 직접 수업을 하는 경험도, 누군가의 수업을 관찰하는 경험도 부족하기 때문에 구체적인 기준을 가지고 협의회에 참여하는 것이 수업전문성 향상에 도움이 된다. 아무런 준비와 자료 없이 누군가의 수업을 관찰하고 분석한다면 주관적인 비평에 머무를 수 있고, 자신의 수업 역시 객관적인 눈으로 성찰하기 어렵다.

다음은 자신이 운영한 수업에 대한 수업협의회에 참여하는 경우, 협력교사 또는 동료 실습생 등 다른 교사의 수업을 참관한 후 수업협의회에 참여하는 경우로 나누어 평가 항목을 정리한 것이다. 사전에 아래 항목을 참고하여 자신의 수업을 설계하고 체계적으로 수업을 운영해간다면 수업 전반에 대한 철학과 관점을 확립하는 데에 도움이 될 것이다. 또한, 아래 항목에 따라 타인의 수업을 관찰한다면 구체적·체계적인 피드백을 제공해줄 수 있고 자신이 배워야 할 점을 보다 명확하게 깨달을 수도 있다.

이 체크리스트는 수업을 준비하는 단계부터 수업 이후 협의회에 참가하는 단계까지 여러 과정에서 다양하게 활용할 수 있다. 즉, 수업협의회 참고 자료로 아래 체크리스트를 활용할 수도 있지만 수업협의회 이전에 본인의 수업 완성도를 점검하는 용도로 활용할 수도 있다. 아래의 내용은 예시일 뿐, 수업의 목표나 내용 또는 실습 학교의 특성 등에 따라 추가적으로 고려해야 할 사항을 추가하여 창의적으로 활용해도 좋다.

수업협의회는 단순히 이미 이루어진 수업 자체에 대해 평가하는 자리라기보다는 앞으로 이루어질 수업의 방향성을 새로이 찾아가는 과정이라는 점을 기억할 필요가 있다. 다양한 이야기를 수용할 수 있는 열린 마음, 객관적인 기준에 의해 수업을 바라보는 냉철한 시각, 자신의 모습을 진솔하게 성찰하는 용기를 가지고 수업협의회에 능동적으로 참여해 보자.

◉ 수업을 운영하는 교사용

- 목표: 자신의 수업을 점검하고 개선점을 발견하기 위한 기준 제공

〈수업 준비 및 계획〉
▷학생의 사전 지식수준, 동기와 흥미 등을 고려하여 학습목표를 명확하게 설정하였는가? ▷교육목표, 교육내용, 교수학습방법 및 평가를 일관성있게 계획하였는가? ▷수업 흐름과 시간 배분은 체계적으로 계획하였는가? ▷단원 전체의 연결, 앞뒤 차시의 연결을 고려하였는가? ▷수업 교재 및 교구는 적절하게 준비하였는가?
〈수업 운영 및 전달〉
▷학습목표를 달성하기 위해 학생들은 수업 중 모든 활동에 적극적으로 참여하는가? ▷다양한 질문과 활동을 통해 학생들이 수업에 몰입하도록 노력하였는가? ▷교사-학생, 학생-학생의 상호작용은 원활했는가? ▷예상치 못한 상황(예: 실험 중 오류, 돌발적인 질문 등)에 적절히 대처했는가?
〈학습 효과 및 반성〉
▷학생들의 학습목표 달성 정도는 어떠한가?(달성 여부를 확인하였는가?) ▷학생들에 대한 평가는 계획된 대로 실행하였는가? ▷수업이 종료된 후, 자신의 강점과 단점에 대해 파악하고 반성의 시간을 가졌는가?

◉ 수업을 참관하는 교사용

- 목표: 수업 운영 교사에게 구체적·체계적·현실적인 피드백 제공

〈수업 준비 및 계획의 관점〉
▷학습목표는 학습자들의 수준을 고려하여 달성 가능하고, 명확하게 설정되었는가? ▷교육목표, 교육내용, 교수학습방법 및 평가가 일관성있게 계획되었는가?
〈수업 운영 및 전달의 관점〉
▷수업은 자연스러운 흐름으로 진행되었는가? ▷각 활동에 배분된 시간은 적절했는가? ▷수업 중, 학생들의 흥미가 적절한 수준으로 유지되었는가? ▷교사의 질문은 학생들의 호기심을 자극하고, 비판적·창의적 사고를 촉진했는가?
〈학습 효과의 관점〉
▷학생들은 수업 목표를 달성하였는가? ▷수업을 통해 학습한 내용을 실생활과 연계하여 활용할 수 있도록 안내되었는가?
〈전반적 피드백 관점〉
▷수업의 강점(좋았던 점, 배우고 싶은 점)은 무엇인가? ▷개선이 필요한 점은 무엇인가?(내가 이 수업을 운영한다면 어떻게 개선할 수 있을까?) ▷수업 운영 교사에게 어떤 내용으로 조언을 해줄 것인가?

5) 실습 평가 및 반성

- 실습기간 동안 수행한 업무에 대해 보건 교사의 피드백 및 평가를 요청하고, 부족한 점은 보완할 수 있도록 한다. 피드백은 비판이 아니라 성장의 기회임을 인식하도록 한다.
- 수업, 생활지도, 보건실 운영, 교사로서의 자질과 태도 등 항목별로 점검한다면 보다 체계적으로 자신의 실습 과정을 돌아볼 수 있다.
- 실습 중 어려웠던 점, 질문 사항을 정리하여 보건교사에게 조언 및 자문을 구한다.
- 자기평가를 통해 스스로 자신의 실습 과정을 돌아보고, 향후 보건교사로서 어떤 역량을 키워야 하는지 구체적인 계획을 수립하여 실천하도록 노력한다

Chapter 11

학교 현장실습 일지 작성 요령 및 예시

1. 실습 전 지도사항
2. 현장실습 학교 현황: 일반 현황
3. 현장실습 학교 현황: 학교보건 업무
4. 교육실습 주간 일정표
5. 일별 실습 일지
6. 교수·학습 과정안(약안)
7. 교수·학습 과정안(세안)
8. 수업 참관록
9. 연수 내용 기록
10-3. 실습생 성찰 기록(학생용)

1. 실습 전 지도사항

<table>
<tr><td colspan="3">20XX년 월 일 (요일)
지도사항 작성 날짜, 오리엔테이션 날짜 등 기재</td><td>지도교사: (지도교사 이름 기재)</td></tr>
<tr><td rowspan="3">나의 비전</td><td>현장실습에 임하는 자세와 각오</td><td colspan="2">자신의 진심을 담아, 진솔하고 솔직하게 작성하되 단순히 '열심히 하겠다.', '성실히 실습에 임하겠다.'와 같은 추상적인 표현보다는 구체적이고 명확한 표현을 사용하여 작성함
(예시) 현장실습을 통해 학교에서 배운 지식을 실제 업무에 적용해봄으로써 실무 능력을 키우는 데 중점을 두어 실습에 참여하겠다. 교내 모든 선생님들의 지도와 조언에 귀 기울여 부족한 점을 보완하고 스스로 발전할 수 있도록 노력할 것이다. 협력과 소통, 이해와 배려처럼 교사로서 갖추어야 할 기초 소양과 역량을 기를 수 있는 기회로 삼고 싶다.</td></tr>
<tr><td>실습활동 목표</td><td colspan="2">실습 분야 및 자신의 성장과 관련된 구체적인 목표를 설정하여 서술함
(예시) 현장실습의 목표는 2가지이다. 첫째, 보건교육 설계·운영, 학생 건강문제에 대한 관리 및 처치, 응급상황 대처 등 학교에서 배운 이론과 지식을 실제 업무에 적용해보는 것이다. 둘째, 실습 경험을 통해 보건교사로서의 역량 강화를 위한 구체적인 계획을 수립해보는 것이다. 실습 기간을 통해 저의 장점·단점을 파악하고 무엇을, 어떻게 보완할지 고민하는 계기가 되도록 할 것이다.</td></tr>
<tr><td>자신이 원하는 교사상 및 교육철학</td><td colspan="2">교사상: 교사로서 이상적인 모습과 역할로서 어떤 태도로 학생을 가르칠 것인지, 교사로서 어떤 가치를 중요하게 여기는지 등을 담아 작성함
교육철학: 교육의 개념과 목적, 방법 및 방향에 대한 근본적인 신념을 의미함. 교육관, 학생관 등을 교육학적 이론을 바탕으로 작성함
(예시) 학생이 스스로 자신의 삶과 관련된 문제를 인식하고 해결방법을 찾아갈 수 있도록 지원하는 것이 교사의 역할이라고 생각한다. 교육은 단순히 지식을 전달하는 것이 아니라 학생이 능동적으로 사고하고 학습한 내용을 자신의 삶에 적용할 수 있는 능력을 길러주는 데에 그 의미가 있다고 생각한다. 체험, 실험, 프로젝트학습 등 학생들이 적극적으로 수업에 참여하도록 유도하는 수업 환경을 조성하고 자기주도적으로 학습하여 배운 내용을 실생활에 적용할 수 있도록 동기를 부여하는 교사가 되고자 한다.</td></tr>
<tr><td rowspan="3">지도내용</td><td>현장실습 시 유의사항</td><td colspan="2">실습 전반, 복무, 과제 제출 등과 관련된 주요 안내사항을 요약·기재
(예시) ①출근 및 퇴근 시간 엄수, 복무 관련 사항은 사전에 허가 필요함
②실습 2주차 보고서 1건 제출, 연구 수업은 4주차에 실시함
③보건실 방문 학생은 보건교사의 지시에 따라 적절한 처치를 하도록 할 것</td></tr>
<tr><td>보건교사 진로에 대한 조언</td><td colspan="2">보건교사가 되기 위해 준비해야 할 점, 보건교사로 보람을 느끼는 점 또는 힘든 점 등 진로 관련 조언을 구하고 그 내용을 요약·기재
(예시) 보건교사는 학생들의 건강관리뿐 아니라 예방적 차원에서 다양한 교육을 실시하는 것에 중점을 두어야 함. 신체적 건강뿐 아니라 정신 건강 관리도 중요한 부분이기 때문에 학생 상담 관련 역량도 기를 필요가 있음. 학부모, 동료 교사, 지역사회 내 전문가 등 다양한 사람들과 협력하고 소통하는 능력도 갖추어야 함. 학교 내 의료 전문가로서의 역할과 책임이 무겁게 느껴지기도 하지만, 교육자로서 학생들을 대하는 것에 큰 보람을 느낌. 적성에 맞는지 고민이 된다면, 졸업 후 기간제교사로 근무해보는 방법도 추천함</td></tr>
<tr><td>학교현장 실습의 기대효과</td><td colspan="2">현장실습을 통해 어떤 점을 배우기 바라는지, 어떤 태도로 실습에 임하길 바라는지 지도교사에게 질문 후 내용을 요약·기재해도 좋음
(예시) 적극적으로 배우려는 자세로 학교에서 배운 내용을 실습 기간 동안 적용해보기 위해 노력하기 바람. 창의적인 사고를 바탕으로 학교 현장에서 발생하는 다양한 문제에 대해 신속·정확하고 유연하게 대처하는 능력을 기르기 바람</td></tr>
</table>

2. 현장실습 학교 현황: 일반 현황

■ 교　장 : __이름 기재__ ■ 교　감 : __이름 기재__ ■ 지도교사 : __이름 기재__

■ 교육목적 및 교육목표: 학교 홈페이지, 학교교육계획서 또는 책자 등을 참고하여 기재

(예시) 행복한 배움으로 함께 성장하는 우리

-수업 혁신과 전문적 학습공동체를 이끄는 선생님

-미래의 꿈을 품고 자신의 삶을 스스로 가꾸어가는 학생

-학교교육에 대한 신뢰를 갖고 적극적으로 교육에 참여하는 학부모

■ 학교 특화 사업: 학교 홈페이지, 학교교육계획서 또는 책자 등을 참고하여 기재

(예시) 1. 교원의 전문성 신장: '수업전문가 꿈꾸기'

2. 내 삶에 주인 되기: '학생자치로 스스로 서기', '학급 특색활동으로 더불어 서기'

3. 미래형 교육과정 운영: '아름다운 학교 텃밭 가꾸기', '참된 성장을 만드는 체험활동'

■ 학급 및 학생수(예시) 학교 홈페이지, 학교교육계획서 또는 책자 등을 참고하여 기재. 특수학급이 있는 경우 학급수에 포함하고, 특수학급 현황도 함께 기재함

구 분		1학년	2학년	3학년	4학년	5학년	6학년	계
학 급 수		2	2	2	2	3	3	14
학 생 수	남	17	18	17	16	29	27	124
	여	15	17	15	15	28	29	119
	계	32	35	32	31	57	56	243

■ 교직원 현황(예시) 학교 홈페이지, 학교교육계획서 또는 책자 등을 참고하여 기재. '기타'의 경우 교무실무사, 조리종사원 등 학교 내 근무 인력의 수를 기재

구분	교 장	교 감	교 사	보건교사	영양교사	사서교사	상담교사	행정실	기타	계
남	1	·	7	·	·	·	·	1	2	11
여	·	1	6	1	1	·	·	2	13	24
계	1	1	13	1	1	·	·	3	15	35

■ 교육공간 현황(예시) 학교 홈페이지, 학교교육계획서 또는 책자 등을 참고하여 교실 및 특별실 등의 현황을 기재. 교실 등의 수가 많을 경우 주요 건물 현황을 요약하여 기재함

관리 교실(교장실, 교무실, 행정실), 일반 교실(13), 보건실(1), 과학실(1), 영어체험실(1), 교사 연구실(3), 도서실(1), 식생활관(1), 화장실(13), 체육실(1), 강당(1), 시청각실(1), 컴퓨터실(1), 휴게실(1), 방과후교실(8)

3. 현장실습 학교 현황: 학교보건 업무

3-1. 보건실 업무 연간 계획(예시)

실습 학교의 보건실 업무 연간 계획 또는 보건실 운영 연간 계획 등의 문서를 참고하여 1년 동안 보건교사가 수행하는 주요 업무의 흐름을 알 수 있도록 주요 내용을 요약하여 기재함. 연간 계획을 작성하며 실습생은 보건교사의 직무를 학습하게 됨

월	주 요 업 무 계 획	비　고
3	•각종 연간계획서 수립 및 교직원 연수: 학교보건 기본계획, 보건교육 운영계획, 학교 감염병 관리 계획, 응급환자 관리계획, 건강검사 실시 계획 등 •신학기 준비 및 건강실태조사, 요보호학생 선정 및 관리 •학급별 건강기록부 점검 •기본 생활 습관 및 위생 습관 형성 지도: 손 씻기, 양치질 등 개인 위생 •보건실 의약품 및 소모품, 물품 현황 파악(필요 용품 구비)	(매월) 보건소식지 발간 (매월) 보건일지 작성 및 관리 (매월) 교육과정에 따른 보건교육 실시 (연간 17시간 이상)
4	•건강검사 실시: 학생들의 신체발달 및 건강상태 확인 •감염병 예방 교육: 봄철 유행하는 감염병에 대한 예방 교육 •건강검사 병원 선정 및 안내 •요보호학생 건강상담 •신체 검사기구 점검 및 신체검사 실시	※ 현장체험학습 등 각종 외부활동 시, 건강관리 철저
5	•학생 건강(구강)검진 실시, 별도검사 실시 및 추후관리 •약물·오남용 예방 교육 실시 •예방접종 안내	
6	•건강검진 결과 배부, 추후 관리 대상자 안내(가정통신문) •여름철 건강관리 교육: 식중독, 일사병 예방, 수상안전	
7-8	•방학 중 건강관리 안내(가정통신문) •교직원 연수 실시(심폐소생술 등 응급처치 교육) •건강기록부 입력 확인 및 관리 •하반기 보건실 의약품 및 소모품, 물품 구입	
9	•감염병 예방 교육: 가을철 유행하는 감염병에 대한 예방 교육 •생활습관병 등 질병 고위험군 교육	※ 현장체험학습 등 각종 외부활동 시, 건강관리 철저
10	•건강검사 이상 소견 학생 재검진, 추후 관리	
11	•감염병 예방 교육: 독감 예방 교육	
12	•연말 업무 정리 •방학 중 건강관리 안내(가정통신문): 겨울철 건강관리 •차년도 예산 계획 수립	
1-2	•방학 중 업무 처리(보건실 정리, 다음 학기(학년) 준비) •신학기 준비(시·도교육청 각종 운영 지침 등 공문 확인) •보건업무 종합평가 •건강기록부 마감	

3-2. 보건실 운영 현황

■ 주요 시설·설비 및 기구(예시) 보건실에 갖추어져 있는 일반 시설 및 기구, 건강관리와 응급처치 등에 필요한 시설과 기구, 환자안정용 기구, 건강진단 및 상담용 기구 등의 종류(수량)를 기록함. 모든 시설 등을 기록하기보다, 학생 및 교직원 건강관리에 주로 사용되는 것을 위주로 기재함

① 일반 시설 및 기구: 보건실 운영 공문서 보관장(2), 멸균기, 냉·온장고, 가습기, 세면대 ② 환자안정용 기구: 침대(4) 및 침구류, 침대 칸막이(4) ③ 건강진단 및 상담용 기구: 신장계(2), 체중계(2), 비만측정기(2), 시력표, 상담용 책상 및 의자, 진찰용 의자, 구강검진용 침대 및 의자 ④ 처치용 기구: 약품 보관장(4), 이동식 보관함(약품 및 소모품 보관·이동용), 휴대용 들것(2), 목발(2), 휠체어(3), 구급처치용 침대, 응급처치용 구급상자(2)

■ 약품 및 소모품(예시) 보건실에 갖추어져 있는 주요 약품을 기재함. 증상별로 종류를 구분하여 기재하면 현황 파악에 유용하며, 추후 필요한 약품 및 소모품의 종류·수량을 결정하기에 유익함

① 소화기 증상: 베나치오액, 백초수액, 백초시럽플러스, 겔포스엠 ② 호흡기 증상: 콜대원키즈(코프), 코푸시럽에스, 은교산, 미놀트로키, 그린노즈에스캡슐, 갈근탕 ③ 해열·소염·진통: 타이레놀(어린이용), 우먼스타이레놀, 이지엔6애니연질캅셀, 부루펜정, 키즈앤펜시럽, 챔프시럽 ④ 안과·피부과 증상: 아이투오미니점안액, 눈앤점안액, 마이로신캡슐, 박트리안연고, 버물리, 모기밴드, 아시클로버크림 ⑤ 외상 처치: 마데카솔, 후시딘, 애니클렌액, 듀오덤, 마데카습윤밴드, 하이맘밴드, 메디폼, 이지덤, 넥스케어, 탄력붕대, 알루미늄부목, 보호대

■ 작성 및 관리 기록물(예시) 보건실 운영과 관련하여 보건교사가 작성하여 관리하는 기록물의 종류와 대략적인 내용을 기록함

① 보건실 이용대장: 학생 및 교직원의 보건실 방문 기록(방문 일시, 증상, 처치 내용 등) ② 의약품 관리대장: 보건실에서 사용하는 의약품 종류, 수량, 유효기간 등을 기록 ③ 학생 상담일지: 보건실 방문 학생의 상담 내용 및 지도 사항 등을 기록 ④ 응급처치일지: 학교 내에서 발생한 응급상황, 처치 내용, 보호자 연락 여부 등을 기록

3-3. 학생 건강 관련 현황

1) 특수교육 대상학생 현황(예시) 장애인 등에 대한 특수교육법에 따라 특수교육대상자로 선정된 학생들의 질병(질환) 유무 및 내용, 증후군, 병원 진료 이력 및 현황, 복용 약물과 투약 시간(용량), 알레르기 유무, 당뇨·고혈압·비만 등 유무 등 건강 관련 현황을 기록함

분 류	인 원 수	관 리 현 황
지적장애	1	4-2(남, 다운증후군(특이사항 없음))
지체장애	2	5-1(여, 뇌성마비, 뇌전증 약물 복용) 6-1(남, 근이영양증, 휠체어 이용)
정서·행동장애	·	·
자폐성장애	1	1-1(남, 견과류 알레르기(음식에 대한 경계나 주의 없이 섭식하는 경향이 있어 주의가 필요함))
학습장애	·	·
건강장애	·	·
기 타	1	3-1(남, 골형성부전증, 작년 12월 발목 골절-주의 요망)

2) 비만 학생 현황(예시) 비만도 측정 결과 각각의 수치를 정확하게 기록

총학생수		수검자수		비만도					
				저체중		과체중		비만	
남	여	남	여	남	여	남	여	남	여
62	54	62	54	4	1	12	7	14	9

3) 요보호 학생 명단 〈성인병 포함〉 (예시) 실학기 초 실시한 건강실태조사, 건강조사 등을 통해 파악한 학교의 요보호학생 현황을 기록함. 개인정보에 유의하여 성명은 '박○○' 또는 '김지민(가명)' 등과 같이 기재함

조사 내용	현재 유소견자 학생수 및 주요 관리 학생명(※ 교육활동 및 급식 시 주의)

알러지	천식	아토피 피부염	알러지성 비염		음식, 약물 알러지	기타 알러지	아나필락시스쇼크
	0	9	20		7	5	0
		1-1(김**) 1-2(박**) 2-1(최**) 2-2(김**) 3-2(이**) 4-1(최**) 4-2(성**) 5-1(박**) 6-1(우**)	1-1(이**) 1-2(최**) 2-1(박**) 2-2(장**) 3-2(최**) 4-1(유**) 4-2(안**) 5-1(지**) 5-2(강**) 6-1(최**)	1-2(김**) 1-2(안**) 2-1(주**) 2-2(전**) 3-2(강**) 4-1(이**) 4-2(안**) 5-1(안**) 6-1(윤**) 6-2(임**)	1-2김**(호두) 2-1박**(땅콩) 2-2안**(갑각류) 3-1강**(견과류) 3-2주**(들깨) 5-1한**(새우) 6-1나**(참치)	3-1최**, 5-1최** (고양이) 4-1정** (먼지) 1-2안**, 6-2강** (꽃가루)	

특정 질병 (현재 진행 중)	심장병	신장병	폐질환	갑상선 기능 저하	당뇨병	뇌전증	ADHD	성조숙증	고혈압	기타
	0	0	0	0	1	1	2	1	0	3
					1-1문** (소아 당뇨)	4-1원** (약물 복용중)	1-2김** 6-1연** (약물 복용중)	5 1진** (호르몬 치료중)		5-1김** 6-2한** (치아 교정) 3-2이** (평발. X자 다리)

신체 장애	눈(시력 저하)	귀	언어장애	특수교육대상자
	2	2	0	5
	4-1안**(고도근시) 6-1서**(좌측 눈 드림렌즈 착용, 치료)	1-1최**(인공와우 수술, 청력 적응중) 5-1안**(보청기 착용)		1-1김**(지적장애) 2-2윤**(자폐성장애) 4-2정**(자폐성장애) 5-1박**(지체장애, 뇌성마비) 6-1안**(지적장애)

과거 병력 (현재 활동 제한)	심장병 (심장 통증, 이상증상 등 관찰)	암 (신경모세포종)	암 (뇌종양)	폐	탈장	기타 (운동주의)
	1	0	0	0	0	3
	3-1안** (가와사키병)					4-1손**(깔창으로 평발교정중) 5-2강**(땀으로 가려움 심해짐) 6-1김**(선천성 거대결장증으로 격한 운동 주의)

4. 교육실습 주간 일정표(예시)

수업 참관, 수업실습, 실습생 연수, 학교 전체 행사 참여·지원 등 주요 업무 및 실습 내용을 위주로 기록함

구분 / 주	월 일	요일	주 요 실 습 내 용
1	4.28.	월	•전교직원 회의 참석(실습생 인사 및 소개) •보건교육계획 및 교육과정 분석 •수업 배정 및 주제 선정 •증상별 응급처치법, 응급환자 발생 시 지침 교육
	4.29.	화	•학생신체발달상황, 시력검사, 나이스 입력 가정통신문 작성1 •학생건강조사 통계, 보건실의 약품과 비품 •요보호 학생 명단 작성1 •학교보건교육 기본방향, 보건교사 직무 및 역할 교육
	4.30.	수	•요보호 학생 명단 작성2 •보건교사의 수업참관(5교시) 및 협의 •공문서 작성법, 기안문 작성해보기
	5.1.	목	•학생신체발달상황, 시력검사, 나이스 입력 가정통신문 작성3 •학교 감염병 예방관리 현황, 보건실 설치 및 설비 기준 •수업실습 일정 점검
	5.2.	금	•학급운영 참관(5-2, 조·종례, 쉬는 시간 및 점심시간 생활지도 등) •보건일지 작성 및 관리
2	5.7.	수	•학생 건강상태 파악 및 지도방법 토의 •학생 시력보호 교실 운영 기획하기 •보건교사 수업참관(2교시) 및 협의
	5.8.	목	•건강검사계획 수립 및 건강기록부 관리 요령 •체성분 측정 실시(비만 학생)1 •다음주 교수·학습과정안 작성 및 제출
	5.9.	금	•교수·학습과정안 작성 피드백 •학생 시력보호 교실 운영 준비1 •체성분 측정 실시(비만 학생)2

3	5.12.	월	•학생 아토피 교실 운영 준비2 •보건교육(4-1, 3교시) 및 수업 협의 •건강문제 상담 및 기록법
	5.13.	화	•학생 아토피 교실 운영 준비3 •보건교육(6-1, 2교시) 및 수업 협의 •보건일지 작성 및 관리
	5.14.	수	•보건교육(5-2, 4교시) 및 수업 협의 •식중독 예방 및 식생활 건강 안내 가정통신문 작성
	5.15.	목	•건강문제 상담 및 내용 기록 •수업 참관(3-1, 사회 3교시) 및 수업 협의
	5.16.	금	•보건교육(1-2, 3교시) 및 수업 협의 •교직원 연수 자료 검색 및 수집(심폐소생술 및 응급처치법)
4	5.19.	월	•교직원 연수 자료 작성(심폐소생술 및 응급처치법) •보건교육(2-2, 2교시) 및 수업 협의
	5.20.	화	•연구수업(5-2, 2교시) 및 수업 협의 •보건실 의약품 점검(수량 및 유효기간 확인)
	5.21.	수	•연구수업 참관(4-2, 국어 2교시) 및 수업 협의 •보건실 약보관함 청소 및 정리 정돈
	5.22.	목	•현장체험학습 지원(장소: 대전 오월드) -응급처치함 준비, 학생 건강상황 점검
	5.23.	금	•실습 평가 및 성찰회 •실습일지 피드백

5. 일별 실습 일지 〈작성 요령〉

<table>
<tr><td colspan="3" rowspan="2">년 월 일 수요일
(실습 제 일차)</td><td rowspan="2">결재</td><td>지도교사</td><td>부장교사</td><td>교감</td><td>교장</td></tr>
<tr><td></td><td></td><td></td><td></td></tr>
<tr><td rowspan="2">준비</td><td>지시
사항</td><td colspan="6">•당일 업무 수행과 관련된 지도교사의 지시 내용 기재
•교장, 교감, 실습 담당 (부장)교사 등의 실습 관련 지시 내용 기재</td></tr>
<tr><td>중요
행사</td><td colspan="6">학교 내 주요 행사, 보건실 운영 관련 주요 업무 등을 기록함
(예: 학교폭력예방교육주간, 금연 캠페인, 구강검진, 외부 강사 응급처치교육 등)</td></tr>
<tr><td rowspan="4">실습
내용</td><td>보건실
운영</td><td colspan="6">(예시)
•보건실 의약품 현황 파악
•보건실 청소 및 정리 정돈
•보건교사 업무 지원 등</td></tr>
<tr><td>학생
건강
관리</td><td colspan="6">(예시)
•보건실 방문 학생 처치 내용 기록
•학생 건강문제 상담 내용 기록 등</td></tr>
<tr><td>보건
교육</td><td colspan="6">(예시)
•보건교육 수업 참관 내용 기록
•보건교육 수업 실습 내용 기록
•보건교육계획 수립 및 교육과정 운영
•보건교육 관련 연수 내용 기록 등</td></tr>
<tr><td>기타</td><td colspan="6">•기타 특이사항 기록</td></tr>
<tr><td>평가</td><td>소감
및
성찰</td><td colspan="6">•당일 실습을 통해 느낀 점, 배운 점, 어려웠던 점 등을 기록
•추후 실습에서 보완을 위해 자신이 노력할 점, 보완할 점도 함께 기록하도록 함</td></tr>
</table>

5. 일별 실습 일지(예시)

<table>
<tr><td colspan="2" rowspan="2">20　 년 4월　1일　화요일
(실습 제 1일차)</td><td rowspan="2">결재</td><td>지도교사</td><td>부장교사</td><td>교감</td><td>교장</td></tr>
<tr><td></td><td></td><td></td><td></td></tr>
<tr><td rowspan="2">준비</td><td>지시
사항</td><td colspan="5">•지도교사 오리엔테이션(장소: 보건실, 일시: 10:00)
•학교 시설 및 위치 파악
•보건교육 실습 주제 미리 정하기
•보건실 방문 학생 처치</td></tr>
<tr><td>중요
행사</td><td colspan="5">•전교직원 회의 참석(교직원 및 교육실습생 소개, 전체 인사)
•학생 신체발달상황, 시력검사 실시(5-1, 4교시)</td></tr>
<tr><td rowspan="4">실습
내용</td><td>보건실
운영</td><td colspan="5">•보건실 관리: 보건일지는 ‘보건일지 v7.81-9’ 프로그램 사용. 따로 정해진 양식은 없음
•학생정서행동특성검사 1~4학년 검사 진행 예정
•2, 3, 5, 6학년(4개 학년) 소변검사 진행 예정(4/24)</td></tr>
<tr><td>학생
건강
관리</td><td colspan="5">•두통, 찰과상, 요통, 외상, 감기, 비출혈, 어지러움, 근육통, 안구 타박, 생리통 등의 사유로 보건실에 방문한 학생 처치 후 기록함
<table>
<tr><td></td><td>1학년</td><td>2학년</td><td>3학년</td><td>4학년</td><td>5학년</td><td>6학년</td></tr>
<tr><td>방문
학생수</td><td>1</td><td>0</td><td>3</td><td>2</td><td>5</td><td>1</td></tr>
<tr><td colspan="7">총 방문 학생 수: 14명</td></tr>
</table>
•생리통으로 보건실에 방문한 학생이 생리통을 어떻게 하면 줄일 수 있는지, 생리통에 좋은 음식은 없는지 질문하여 따뜻한 차를 마시고 핫팩을 이용하는 등 생활에서 실천할 수 있는 방법을 안내해줌</td></tr>
<tr><td>보건
교육</td><td colspan="5">•보건수업 일정 계획 배정 협의(저학년, 고학년에 몰려서 배정하지 않도록 하기)
-1학년, 4학년(3차시): 김**
-2학년, 6학년(3차시): 구**
-3학년, 5학년(2차시), 특수학급: 안**
•〈시력검사 실시 방법 연수(지도교사)〉
① 시력표로부터 3m 떨어진 표시선에 맞추어 선다.
② 정확한 검진을 위해 한쪽 눈을 눈가리개로 가린다(오른쪽 먼저 가림).
③ 5개의 시표 중 한 줄에서 3개 이상을 맞추었을 때를 그 시력으로 정한다.
※ 유의사항: 시력검사 시 가리개로 가린 눈을 감지 않고 세게 누르지 않는다. 정확한 검진 결과를 위해 몸을 움직이거나 시력표를 향해 기울이지 않는다. 가리키는 숫자나 모양을 정확하게 소리내어 말한다. 한쪽 눈의 시력이 0.7 이하인 경우에는 안과에 방문하도록 지도한다.</td></tr>
<tr><td>기타</td><td colspan="5">•보건교사 업무에 필요한 업무관리시스템(나이스, K-에듀파인) 사용법 연수: 업무 메뉴 화면을 직접 보면서 설명해주심(복무, 인사, 급여, 연수기록 등)
•교생 대표 정하기
•급식비 입금하기(계좌 안내 받음)</td></tr>
<tr><td>평가</td><td>소감
및 성찰</td><td colspan="5">오늘 나는 설레는 마음과 약간의 긴장감을 안고 출근을 하였다. 학생이 아니라 교사의 입장에서 학교에 들어서는 게 조금은 어색했지만, 책임감을 가지고 4주를 보내야겠다는 다짐이 들었다. 하루 동안 보건실에 드나드는 학생들을 대하면서 학생들과 어떻게 앞으로 소통해야 하는지에 대해 많은 고민이 들었다. 내가 학생들의 건강만 돌보는 역할을 하는 것이 아니라, 심리적·정서적인 부분도 함께 돌보아주어야 한다는 것을 절실히 깨달은 하루였다.</td></tr>
</table>

5. 일별 실습 일지(예시)

<table>
<tr><td colspan="2" rowspan="2">20　　년 4월 17일 목요일
(실습 제 13일차)</td><td rowspan="2">결재</td><td>지도교사</td><td>부장교사</td><td>교감</td><td>교장</td></tr>
<tr><td></td><td></td><td></td><td></td></tr>
<tr><td rowspan="2">준비</td><td>지시 사항</td><td colspan="5">•금연 예방 캠페인 구입 물품 검색하고 결정하기(수량: 50개)
•알러지 건강교실 환경 구성하기(장소: 학교 상담실)</td></tr>
<tr><td>중요 행사</td><td colspan="5">•학교 관현악부 행사 참관(1교시)
•3-2 3교시(김**) '사이버성폭력예방 수업' 참관
•6-1 5교시(박**) '심폐소생술 수업' 실시</td></tr>
<tr><td rowspan="4">실습 내용</td><td>보건실 운영</td><td colspan="5">•보건실 관리: 소독액 교환, 과산화수소 코튼볼 등은 2주에 1번 교체(교체 시기가 되어 직접 교체함)
•보건실 방문 학생에게 뿌리는 파스는 보건실 밖에서 뿌리고(냄새+흡입 우려), 2번 정도만 분사하도록 안내하기(되도록 고학년 학생만 뿌리는 파스 사용하도록 지도)</td></tr>
<tr><td>학생 건강 관리</td><td colspan="5">•피부염, 변비, 어지러움, 두통, 찰과상, 염좌, 감기, 복통, 가려움 등의 사유로 보건실에 방문한 학생 처치 후 기록함
<table>
<tr><th></th><th>1학년</th><th>2학년</th><th>3학년</th><th>4학년</th><th>5학년</th><th>6학년</th></tr>
<tr><td>방문 학생수</td><td>2</td><td>1</td><td>2</td><td>4</td><td>5</td><td>2</td></tr>
<tr><td colspan="7">총 방문 학생 수: 16명</td></tr>
</table>
•생리통으로 보건실에 방문한 학생이 생리통을 어떻게 하면 줄일 수 있는지, 생리통에 좋은 음식은 없는지 질문하여 따뜻한 차를 마시고 핫팩을 이용하는 등 생활에서 실천할 수 있는 방법을 안내해줌</td></tr>
<tr><td>보건 교육</td><td colspan="5">•3-2 3교시(김**) '사이버성폭력예방 수업' 참관
-학생들의 흥미를 고려한 교육활동으로 활기찬 수업이 되었음
•6-1 5교시(박**) '심폐소생술 수업' 실시
〈변비 증상 관련 연수(지도교사)〉
-변비는 대장의 연동운동이 저하되어 원활한 배변운동을 하지 못하는 질환을 의미함. 배변이 1주일에 2회 미만이거나, 배변 시 굳은 변이 나오는 등의 경우를 변비로 진단함
-증상 완화를 위한 교육: 아침식사/식후 30분 내에 화장실 가는 습관 기르기, 10분 이내로 변기에 앉기, 섬유소가 많은 채소류 먹기, 수분 충분히 섭취하기 등</td></tr>
<tr><td>기타</td><td colspan="5">•중앙 현관에서 세월호 추념 주간 안내
•보건일지 프로그램 설치에 오류가 있어 작성 시 주의하기 바람</td></tr>
<tr><td>평가</td><td>소감 및 성찰</td><td colspan="5">6학년을 대상으로 수업을 진행하는 것이라 긴장을 많이 했는데 생각보다 학생들이 수업에 잘 참여해줘서 교사로서 보람을 많이 느꼈다. 학생들에게 많은 것을 가르쳐주려다 보니 시간이 조금 모자라서 아쉬웠고, 다음 수업부터는 시간 배분을 잘 해야겠다고 생각했다. 동료 실습생의 수업을 참관해보니 나의 수업을 돌아보게 되는 것 같아 참관수업의 유익이 크다고 생각했다. 학교 상담실에서 알러지 건강교실 환경 구성을 하다 보니 생각보다 시간이 많이 걸려서 수업 외 업무의 고충을 간접적으로 느낄 수 있었던 하루였다.</td></tr>
</table>

6. 교수·학습 과정안(약안) 〈작성 요령〉

교수-학습 과정안

<table>
<tr><th>수업과목</th><td>보건 등과 같이
교과명 기재</td><th>수업교사</th><td>실습생 이름
기재</td><th>수업
대상</th><td>학급명</td><th>수업
일시</th><td>실습 날짜, 교시</td></tr>
<tr><th>대단원명
(소단원명)</th><td colspan="3">교과서를 참고하여 해당
대단원, 소단원 기재</td><th>수업
주제</th><td colspan="3">수업의 주요 내용, 소재,
제재 등을 요약하여 기재</td></tr>
<tr><th>수업 형태</th><td colspan="3">개별학습, 모둠학습(소집단 학습,
대집단 학습) 등과 같이
수업 형태를 기재</td><th>수업
차시</th><td colspan="3">대단원 혹은 중단원 전체 차시 중,
해당 차시를 기재</td></tr>
<tr><th>성취기준
(학습목표)</th><td colspan="7">교육과정의 성취기준을 참고하여 기재
본 수업의 학습목표를 1~2문장으로 기재</td></tr>
<tr><th>수업 의도</th><td colspan="7">교사의 교육관, 국가·학교 교육과정과의 연계성, 학생의 교육적 요구 등을
종합하여 수업자가 수업을 하게 된 배경, 이유 등을 간략하게 기재</td></tr>
</table>

<table>
<tr><th>수업 단계</th><th>교수·학습활동</th><th>학습자료, 유의점
(㉶) (㉷)</th></tr>
<tr><td>도입
(5~10분)</td><td>•도입 단계에서는 다음의 내용을 포함하여야 함
-학습 분위기 조성
-전차시 학습 내용 상기
-본시 학습을 위한 준비도, 학습 수준 점검
-흥미 및 동기유발
-본시 학습목표 확인(학습문제 안내)</td><td></td></tr>
<tr><td>전개
(20~30분)</td><td>•학습목표 달성을 위한 주요한 교수·학습활동 단계로서, 교사의 교수(지원) 내용에 따른 학생들의 학습 활동을 분명하게 기재하여야 함
•활동은 2~3개로 구성할 수 있음
•교수모형을 적용하여 수업를 계획한 경우, 교수모형의 단계 적용(흐름)에 따라 내용을 작성하여도 무방함</td><td>㉶ 교사가 학생들에게 제시하는 자료, 활용하는 수업 기기 및 교구 등을 기재
㉷ 교사가 잊지 않고 기억해야 할 유의사항을 기록</td></tr>
<tr><td>정리
(5~10분)</td><td>•정리 단계에서는 다음의 내용을 포함하여야 함
-본시 학습 내용 정리 및 확인
-학습 내용 평가 내용 및 방법(학습목표 달성 여부 확인)
-다음 차시 예고</td><td></td></tr>
</table>

판서 계획, 활동지, PPT 자료 활용 계획 등
각각의 활동 단계, 방법 및 내용 등을 기재함

6. 교수·학습 과정안(약안) 〈예시〉

수업과목	보건	수업교사	김**	수업 대상	6-2 (17명)	수업 일시	4.3.(수) 2교시
수업 주제	하임리히법 실습하기						
수업 형태	대집단 활동, 소집단 협력 학습			수업 차시	2 / 8		
성취기준 (학습목표)	기도 폐쇄의 정의 및 증상에 대해 설명할 수 있다. 하임리히법(복부 밀어내기) 방법을 실시할 수 있다.						
수업 의도	응급상황 대처 능력 향상을 위해 기도 폐쇄의 정의와 증상에 대해 살펴보고, 실습을 통해 응급처치법(하임리히법)을 정확하게 학습하도록 지도한다.						

수업 단계	교수·학습활동	학습자료, 유의점 ㉶ ㉲
도입 (5분)	**◎ 전시 학습 상기** -학교에서 발생할 수 있는 다양한 응급상황의 종류 발표하기 **◎ 동기 유발** -음식물이 목에 걸렸을 때의 경험 나누기 **◎ 학습문제 확인 및 학습 활동 순서 안내** -**학습문제**: "기도 폐쇄의 증상에 대해 설명하고, 하임리히법을 실시해봅시다." -**활동 순서)** 〈활동1〉 기도 폐쇄의 정의와 증상 살펴보기 〈활동2〉 기도 폐쇄 대처 방법 학습하기 〈활동3〉 하임리히법 실습하기	㉶ PPT ㉲ 음식물이 목에 걸렸을 때의 경험을 이야기하며, 응급상황 대처 필요성을 인지하도록 지도한다.
전개 (30분)	**〈활동1〉 기도 폐쇄의 정의와 증상 살펴보기** -기도의 역할에 대해 살펴보기 -기도 폐쇄의 정의, 발생 원인 알기 -기도 폐쇄의 증상 살펴보기	㉶ PPT, 인체 모형
	〈활동2〉 기도 폐쇄 대처 방법 학습하기 -기도 폐쇄에 대처하는 행동 요령 학습하기 -하임리히법에 대해 학습하기(의미, 절차, 적용 대상) -동영상을 통해 정확한 실시 방법과 절차 학습하기	㉶ PPT, 동영상 ㉲ 학생들이 동영상 속 하임리히법의 방법과 절차를 중점적으로 관찰할 수 있도록 지도한다.
	〈활동3〉 하임리히법 실습하기 -교사의 시범을 보며 하임리히법 익히기 -하임리히법 직접 실습하기(2인 1조)	㉲ 2인 1조 실습 시, 신체적·언어적 촉진을 통해 실습이 원활하게 이루어질 수 있도록 지도한다.
정리 (5분)	**◎ 학습내용 정리** -하임리히법 자기점검표 작성을 통해 자신의 학습 평가하기 -2인 1조로 실습하였던 친구의 실습 내용 평가하기(동료평가지) -퀴즈를 통해 하임리히법 실천 방법 정리하기 **◎ 다음 차시 예고** -심폐소생술의 필요성과 절차 학습하기	㉶ PPT, 자기점검표, 동료평가지

판서 계획, 활동지, PPT 자료 활용 계획 등
*PPT 자료)
-도입: 학습문제 및 활동 순서 안내 시 활용
-전개(활동1): 기도의 역할, 기도 폐쇄의 정의, 발생 원인 및 증상에 대한 설명 제시
-전개(활동2): 기도 폐쇄 행동 요령을 간단하게 요약하여 제시
하임리히법 시청 동영상 내용을 정리하여 제시(사진 캡처, 설명)
-정리: 하임리히법 내용에 관한 퀴즈(O,X / 단답형)

7. 교수·학습 과정안(세안) <작성 요령>

20 학년도 교육실습

과 교수·학습과정안

단 원	본시 학습에 해당하는 대단원(중단원)명
주 제	본시 학습의 주제
일 시	20 년 월 일 교시
장 소	수업 교실(예: 5-2 학급 교실, 교과전담실 등)
대 상	학년 반
실 습 생	성명 기재
지 도 교 사	성명 기재

결재	지도교사	부장교사	교감
	(서명 또는 인)	(서명 또는 인)	(서명 또는 인)

1 단원명

대단원	본 차시 학습 내용이 속해있는 대단원명 기재
소단원	본 차시 학습 내용이 속해있는 소단원명 기재

2 대단원 교수 · 학습 계획

1. 대단원 학습 목표

교과서 또는 지도서에 제시되어 있는 학습 목표 기재

2. 대단원의 성취 기준 국가 교육과정의 성취수준을 참고하여 기재

교육과정내용	성취기준	성취수준	
		상	
		중	
		하	

3. 대단원의 교수 · 학습 계획

소단원명	학습할 내용	교수 · 학습 방법	차시
대단원에 속해 있는 각각의 소단원명	해당 소단원에서 주요하게 학습하는 내용	주요하게 적용되는 교수 학습 방법 및 전략 기재	

3 본시 학습 계획

1. 소단원 소개

소단원명	본차시 학습 주제(내용)가 속해있는 소단원명 기재
본시 교수·학습 목표	본차시 학습의 목표를 1~2문장으로 기재

2. 본시 교수·학습 흐름도

도입 (생각열기)	▶	활동1	▶	활동2	▶	평가하고 적용하기	▶	정리하기

3. 지도상의 유의점

수업 운영 시 교사가 유의해야 할 점을 정리하여 작성하되, 다음의 내용을 포함할 수 있음

- 느린 학습자, 특수교육대상학생, 다문화학생 등 특별한 교육적 지원을 필요로 하는 학생에 대한 수정된 지도 내용, 방법 및 전략
- 수업 학급의 전반적인 분위기, 학습 환경 등을 고려하였을 때 수업에 방해가 될 만한 요소를 예상하여 대처하기 위한 교사의 구체적인 방법
- 교과서나 주요 수업 교재 외에 노트북, 태블릿 PC 등 다른 매체를 활용할 때 주의점
- 수업모형을 적용하는 경우, 수업모형의 원활한 적용을 위해 유의해야 할 점

4 본시 교수 · 학습 과정안

<table>
<tr><td>학습
목표</td><td colspan="5">-학습목표는 학습 후 기대되는 학생의 행동 또는 학습 결과를 명시적 동사(예: 구분할 수 있다, 설명할 수 있다, 선택할 수 있다, 분류할 수 있다 등)의 형태로 서술함
-학습과정에서 수행이 예상되는 성취행동, 수행 조건, 도달 기준의 요소를 포함하도록 진술함
-한 문장의 학습목표에 한 가지 학습 결과를 포함하도록 서술함</td></tr>
<tr><td rowspan="2">학습
자료
(준비물)</td><td>교사</td><td colspan="4"></td></tr>
<tr><td>학생</td><td colspan="4"></td></tr>
<tr><td rowspan="2">학습
단계</td><td rowspan="2">단계별
주요 요소</td><td colspan="2">교수 · 학습 활동</td><td rowspan="2">시간</td><td rowspan="2">자료 및 유의점</td></tr>
<tr><td>교사 활동</td><td>학생 활동</td></tr>
<tr><td rowspan="2">도입
-전개
-정리
순으로
기록</td><td rowspan="2">주요 학습
내용 기재
(예: 동기
유발, 학습
활동 안내)</td><td colspan="2">(세안의 경우 교사 활동과 학생 활동을 나누어 기록하기도 함)</td><td rowspan="2">예상
소요
시간
기록</td><td rowspan="2">㉶ 자료
㉼ 유의점</td></tr>
<tr><td>-설명, 지시, 발문, 시범, 제시 등의 교수 활동을 기록하되 학습 내용이나 학생 활동을 적지 않도록 유의
-교사 활동을 구체적, 객관적 용어로 기술하도록 함</td><td>-교사 활동에 따른 학생들의 예상되는 행동(활동)을 기록함
-수동적인 학생의 반응을 기록하는 것이 아니라, 능동적인 학생의 학습 활동을 기재함</td></tr>
</table>

5 평가 계획

<table>
<tr><td>학습목표</td><td>본시 학습 목표 기록</td></tr>
<tr><td colspan="2">평가 내용</td></tr>
<tr><td colspan="2">-지식 · 기능 · 태도 측면(인지적 · 기능적 · 정의적 측면)에서 평가할 사항을 기재하되 수업 주제(내용)에 따라 평가 내용 및 영역은 다양할 수 있음</td></tr>
<tr><td colspan="2">평가 방법 및 유의점</td></tr>
<tr><td colspan="2">-평가 방법: 평가 내용 및 목적을 고려하여 적절한 평가 방법을 선택하여 기록함
-유의점: 전반적인 평가 과정에서 교사가 꼭 기억하여야 할 내용을 기록함</td></tr>
</table>

7. 교수·학습 과정안(세안) 〈예시〉

2025 학년도 교육실습

보건 과 교수·학습과정안

단 원	Ⅲ. 성과 건강
주 제	경계 존중
일 시	20 년 4월 24일 3교시
장 소	중학교 2-1 교실
대상학급	2 학년 1 반
실 습 생	안 * *
지도교사	박 * *

결재	지도교사	부장교사	교감
	(서명 또는 인)	(서명 또는 인)	(서명 또는 인)

1 단원명

대단원	Ⅲ. 성과 건강
소단원	02. 사랑, 권리와 책임

2 대단원 교수 · 학습 계획

1. 대단원 학습 목표

-안전하고 행복한 성 문화와 성 의식의 필요성을 설명할 수 있다.

-청소년기 성적 발달과 관계, 신체상에 대해 알아보고 사회적 조건을 이해하며 건강하게 관리할 수 있다.

-성적 자기 결정권을 균형있게 탐색하여 안전하고 행복한 대처 전략을 세우고, 이성 교제 시 경계를 존중하고 배려하는 자세를 가질 수 있다.

-임신, 피임에 대한 이해를 바탕으로 십대의 임신과 미혼 부모 문제가 개인과 사회에 미치는 영향을 분석하고 건강에 유익한 선택과 자원을 지지할 수 있다.

-청소년의 성 건강과 관련하여 사회적 쟁점이 있는 이슈들에 대해 다양한 입장의 근거와 맥락, 고정관념, 차별, 불평등한 상황을 파악하여 균형있고 평등한 성 문화를 조성하려는 자세를 가질 수 있다.

2. 대단원의 성취 기준

[09보03-03] 성적자기결정권을 균형 있게 탐색하여 안전하고 행복한 대처 전략을 세우고, 이성 교제 시 경계를 존중하고 배려하는 자세를 갖는다.
[09보03-05] 임신, 피임에 대한 이해를 바탕으로 십대의 임신과 미혼 부모 문제가 개인과 사회에 미치는 영향을 분석하고 건강에 유익한 선택과 자원을 지지한다.

3. 대단원의 교수·학습 계획

소단원명	학습할 내용	교수·학습 방법	차시
1. 성의 개념	-성의 개념, 성 역할 및 영향 요인 -청소년기 성적 발달과 변화 -청소년기 건강한 신체상 형성 방안	탐구학습, 토의·토론 조사, 플립러닝	6
2. 사랑, 권리와 책임	-성적 자기 결정권의 의미와 실천 -청소년기 이성교제와 건강한 관계의 특징, 경계 존중 방법 -건강한 임신과 출산 및 피임	역할극, 토의·토론, 협동학습, 게임 기반 학습	6
3. 성 문화와 위험 관리	-성폭력의 원인과 문제점 -성 매개 감염병의 감염 경로, 예방법 -성폭력 위험 요소 -안전한 성 문화 옹호 방법 -성 문제의 대처 방안, 옹호 방법	문제중심학습(PBL), 토의·토론, 협동학습	5

3 본시 학습 계획

1. 소단원 소개

소단원명	02. 사랑, 권리와 책임
본시 교수·학습 목표	경계 존중의 개념과 방법을 설명할 수 있다.

2. 본시 교수·학습 흐름도

도입(생각열기)		활동1		활동2		평가하고 적용하기		정리하기
'고슴도치 딜레마' 이야기 읽고 생각 나누기	▶	경계 존중의 개념 알기(경계 침해 사례 탐색)	▶	안전하고 행복한 경계 존중: 경계 존중 요청 문장 작성	▶	학습내용 평가 및 적용 계획 수립	▶	학습내용 정리 다음차시 예고

3. 지도상의 유의점

-'경계 존중'은 이성 교제에서의 건강한 관계를 전제로 하므로 건강한 관계와 건강하지 않은 관계에 대해 이해하고 있는지 점검한다.

-경계 존중의 실천 방법을 실생활에서 적용하는 것에 중점을 두어 지도한다.

-경계 존중 요청 문장을 작성하는 것에 어려움을 보이는 학생에게는 문장의 예시를 제공하여 학습에 원활하게 참여할 수 있도록 지도한다.

4 본시 교수 · 학습 과정안

학습 목표	경계 존중의 개념과 방법을 설명할 수 있다.	
학습 자료 (준비물)	교사	PPT, 학습활동지
	학생	교과서, 학습활동지

학습 단계	단계별 주요 요소	교수 · 학습 활동		시간	자료 및 유의점
		교사 활동	학생 활동		
도입	전시학습 상기	◈ 전시 학습 질문하기 "건강하지 않은 관계의 위험 신호에는 어떤 것이 있었나요?"	◈ 전시 학습 상기하기 "편안하지 않습니다." "존중하지 않아요." "강요받는 느낌이요."	10	㉧활동지 ('고슴도치 딜레마')
	동기유발	◈ '고슴도치 딜레마' 이야기 제시하고, 질문 던지기 "'고슴도치 딜레마' 이야기를 읽으며 관계와 경계에 대해 생각해봅시다."	◈ '고슴도치 딜레마' 이야기 읽으며 생각 나누기 -이야기를 읽고 느낀 점, 궁금한 점 등을 자유롭게 발표하기		
	학습목표 확인	◈ 학습목표 제시 "경계 존중의 개념과 방법을 설명할 수 있다."	◈ 학습목표 확인하기 -학습목표를 다같이 읽으며 공부할 문제 점검		
전개	〈활동1〉 경계 존중의 개념 알기	◈ 경계 존중의 개념 설명 "경계 존중이란, 개인의 사적 영역에 대한 존중을 의미합니다."	◈ 경계 존중의 개념 학습 -교사의 설명, 제시된 PPT 자료를 통해 경계존중의 개념을 학습하기	10	㉧PPT ㉨경계 침해 사례를 표현한 그림을 보며, 학생들이 자유롭게 경계 존중과 침해의 내용을 발표하도록 지도한다.
		◈ 경계 침해 사례 제시 "그림을 보며 경계를 침해한 행동이 무엇인지 생각하여 발표해봅시다." "물리적 경계, 신체적 경계, 시각적 경계 등 다양한 경계 침해 사례를 통해 경계 존중의 의미를 자세히 살펴봅시다."	◈ 경계 침해 사례 학습 -PPT 자료에 제시된 그림을 보며 경계 침해의 내용에 대해 유추하여 발표하기		
	〈활동2〉 경계 존중 요청 문장 쓰기	◈ 경계 존중 요청 문장 작성 활동 안내하기 "경계를 침해 받는 상황 중 하나를 골라, 상대에게 경계 존중을 요청하는 문장을 적어 카드를 완성해봅시다."	◈ 경계 존중 요청 문장 작성 상황 선택하기 -교사의 활동 안내에 따라, 다양한 상황 중 자신이 작성할 카드를 고르기		㉧경계 존중 요청 문장 예시, 카드

		◈ 경계 존중 요청 문장 작성 활동 지원하기 -언어적 촉진, 요청 문장 예시 제공 등을 통해 학생의 활동 지원 ◈ 활동 내용 발표 지도 "카드에 작성한 경계 존중 요청 문장을 조별로 공유해 봅시다."	◈ 경계 존중 요청 문장 작성하여 카드 완성하기 -자신이 선택한 카드에 요청 문장을 적기 ◈ 활동 내용 공유하기 -조별로 작성한 카드 내용을 공유하기 -또래의 발표를 주의 깊게 경청하기	15	㊌요청 문장을 작성할 때에는 상대방의 행동에 대한 감정과 바라는 내용을 요약하여 표현할 수 있도록 지도한다.
정리	학습내용 정리 학습내용 평가 다음 차시 예고	◈ 본시 학습 내용 정리 "조별로 제출한 카드를 보며 오늘 학습 내용을 정리해봅시다." ◈ 자기점검표 안내하기 "오늘 수업에 대해 스스로 평가해봅시다." ◈ 다음 차시 학습 내용 안내하기 "다음 시간에는 건강한 임신과 출산에 대해 학습하겠습니다."	◈ 다른 조 친구들이 작성한 카드 살펴보기 -나와 같은 상황을 선택한 친구들의 요청 문장 살펴보기 -다양한 상황 탐색하기 ◈ 자기점검표 작성하기 -자기점검표를 작성하며 학습 참여도, 실천 의지 등에 대해 스스로 평가 ◈ 다음 차시 학습 내용 확인하기 -교과서를 미리 보며 다음 차시 학습 내용 확인	10	㉶작성 카드, 자기점검표

5 평가 계획

학습목표	경계 존중의 개념과 방법을 설명할 수 있다.
평가 내용	
•자기점검표를 활용하여 자신의 학습 참여도(카드 작성 활동, 조별 발표 활동), 실천 의지(실생활에 적용하고 싶은 마음과 의지, 태도)를 스스로 평가함 •학생들이 제출한 카드를 통해 학습 내용 이해도를 평가함 •조별 발표 활동에 대한 관찰을 통해 수업 참여도를 평가함	
평가 방법 및 유의점	
•학생들이 자신의 수업을 스스로 성찰할 수 있도록 지도한다. •조별 발표 시, 친구들의 발표를 경청할 수 있도록 지도한다.	

8. 수업 참관록 〈작성 요령〉

<table>
<tr><td>일 시</td><td colspan="3">년 월 일 요일 교시</td><td>수업자</td><td></td></tr>
<tr><td>교 과</td><td></td><td>단원(제재)</td><td></td><td>참관자</td><td></td></tr>
<tr><td>학습목표</td><td colspan="5">수업 교사가 제시한 학습목표를 기록함</td></tr>
<tr><td>영 역</td><td colspan="3">관 찰 관 점</td><td colspan="2">관 찰 내 용</td></tr>
<tr><td>교수 · 학습 계획</td><td colspan="3">교수·학습과정안(교수·학습 활동 목표, 내용 및 방법, 평가 등에 대한 전반적인 정보와 수업 전개·흐름)</td><td colspan="2">•학급 특성, 교사의 철학 등이 수업에 잘 반영되었는지 중점을 두어 관찰함
•학습목표가 적절하게 진술되었는지, 달성 가능성은 어떠한지 관찰하여 기록</td></tr>
<tr><td rowspan="4">기본 소양</td><td rowspan="2">교사</td><td colspan="2">교수 태도 및 기본 역량(전달력, 지도력, 언어, 자세 등)</td><td colspan="2" rowspan="4">•교사가 수업을 위해 준비한 내용, 학생의 준비도 등에 중점을 두어 관찰</td></tr>
<tr><td colspan="2">교재·교구, 학습 기기 선정 및 활용</td></tr>
<tr><td rowspan="2">학생</td><td colspan="2">학습 교재 및 교구 등의 활용</td></tr>
<tr><td colspan="2">학습 태도, 참여도 및 자세 등</td></tr>
<tr><td rowspan="5">교수 · 학습 활동</td><td colspan="3">사전 진단평가 등을 통해 출발점(교수 시작점) 설정</td><td colspan="2" rowspan="5">•교사와 학생, 학생과 학생 간 상호작용 과정을 관찰하여 기록
•교사의 교수 활동에 따라 학생들이 어떻게 학습하고 있는지 관찰하여 기록
•전반적인 학급의 분위기 등에 대한 관찰 내용을 감상이 아닌 타당한 근거와 이유를 토대로 기록</td></tr>
<tr><td colspan="3">동기 및 흥미 유발</td></tr>
<tr><td colspan="3">학습목표를 달성하기 위한 교수 내용 및 방법 선정</td></tr>
<tr><td colspan="3">학생의 개인차 및 학습 속도를 고려한 활동(느린 학습자, 특수교육대상학생 등 학생의 특성을 반영한 수업)</td></tr>
<tr><td colspan="3">교재·교구, 학습자료 활용</td></tr>
<tr><td rowspan="2">평가</td><td colspan="3">평가 시기 및 방법</td><td colspan="2" rowspan="2">•평가를 통해 학습목표 달성 정도를 적절하게 확인하였는지, 학생들은 목표에 도달했는지 관찰하여 기록함</td></tr>
<tr><td colspan="3">평가 결과 활용 및 피드백</td></tr>
<tr><td>소감</td><td colspan="5">수업을 관찰한 후 느낀 점, 배우게 된 점, 내가 적용할 점 등에 대해 진솔하게 기록</td></tr>
</table>

9. 연수 내용 기록 〈작성 요령〉

실습 기간 중, 참석하였던 연수의 내용 등을 작성함. 단순한 필기가 아니라, 추후 실질적으로 해당 내용을 적용할 수 있도록 구조적으로 정리함

일 시	20 년 월 일 요일 교시
장 소	연수 장소 기록
연수자	연수 강사 이름(소속) 기록
주 제	연수 주제 기록(강사의 연수명, 핵심 내용을 요약한 주제 등을 기록)
주요 연수 내용	•핵심 개념을 빠르게 파악하여 주제와 목적을 명확히 기록함 •주요 개념, 키워드를 중심으로 기록하고 불필요한 설명은 생략함 •연수 강사의 주요 메시지를 요약하여 정리함. 인상 깊었던 메시지(말, 문구)는 그대로 기록하여도 좋음 •표, 그래프, 그림 등을 활용하면 줄글보다 내용이 효과적으로 정리되기도 함
새롭게 알게 된 내용	•기존에 자신이 알고 있던 내용과 비교하여 내용을 정리함 (예) "기존에 보건실은 단순히 학생들에게 필요한 처치를 제공하는 공간이라고 생각했는데, 오늘 연수를 통해 신체적 증상에 대한 처치와 함께 심리·정서적 지원을 위한 상담과 다양한 예방 교육을 주도하는 공간이라는 것을 깨달았다." •새롭게 배우게 된 내용을 중심으로 기억하기 쉽게 요약하여 정리함 •연수 강사가 강조한 내용과 함께 자신이 그 내용에 대해 알지 못했던 이유도 함께 기록하면 내용에 대한 이해도를 높일 수 있음 (예) "평소 법률, 제도, 정책에 대해 관심이 많지 않아 학교에서 수립하여야 하는 다양한 계획이 있다는 것을 알지 못했다. 교사가 수립하는 교육과정, 각종 운영계획은 기본적으로 법적·제도적·정책적 근거에 기초한다는 것을 알게 되었다."
적용하고 싶은 내용	•실습 기간 중 또는 나중에 교사가 되었을 때 해당 내용을 어떻게 활용하고 적용할 수 있을지에 초점을 맞추어 내용을 정리함 •연수 내용을 그대로 적용하면 좋을지, 아니면 자신의 관심사·능력·가치관 등에 맞게 해당 내용을 수정하면 좋을지 등에 대해 고민하는 것도 좋음 •실행 가능한 목표를 세워 적용하고 싶은 내용을 기록하고, 적용 후 나에게 기대되는 변화(내가 예상하는 변화)도 함께 기록하면 좋음

10-3. 실습생 성찰 기록(학생용) 〈작성 요령〉

실습 과정을 돌아보며 자신의 경험을 진술하고 솔직하게 작성하도록 함

•학교 현장실습 과정에서 가장 인상 깊었던 장면과 이유를 작성해보세요.
•단순한 묘사에 그치기보다, 왜 그 경험이 인상 깊었는지 어떤 배움을 얻었는지 구체적으로 작성 -장면 묘사: 상황과 맥락을 함께 기술(언제, 어디서, 어떤 상황이었는지를 간략히 서술) -인상 깊었던 이유: 단순한 감상이나 느낌이 아니라, 교육적으로 이 경험이 나에게 무슨 의미를 가져다주었는지를 중심으로 기록함. 기존 생각이나 경험 등과 비교하여 변화된 점을 강조하면 더욱 의미있는 기록이 될 수 있음
•학교 현장실습 과정에서 가장 어려웠던 점과 그것을 극복하기 위해 어떠한 노력을 하였는지 작성해보세요.
•단순히 "힘들었다.", "어려웠다." 라고 작성하기 보다 구체적인 상황과 이유를 포함하여 작성 -어려움을 해결하기 위해 어떤 노력을 하였는지(예: 지도 교사에게 조언을 구함, 정보를 얻기 위해 서적을 참고함, 동료 실습생에게 고민을 공유함 등) 서술 -어려움이 해결되지 않았다고 하더라도, 앞으로 어떻게 보완하면 좋을지 계획을 함께 적으면 더 의미있는 성찰이 될 수 있음
•학교 현장실습 이후, 교육철학에 변화가 있다면 어떻게 변화했는지 작성해보세요(예: 학생을 바라보는 시각, 교육에 관한 신념, 교사의 역할과 책임 등).
•기존 자신의 교육철학을 돌아보고, 어떤 경험이 계기가 되어 생각이 어떻게 바뀌었는지 구체적으로 작성함. 실습 기간 중 인식이 달라졌던 순간을 포착하고 그 상황을 묘사하는 것으로 서술을 시작하여도 좋음 •실습 후 변화된 교육철학을 정리하고 앞으로 어떻게 적용할 것인지에 대해 포함하여도 좋음
•보건교사가 되기 위해, 향후 준비해야 할 점과 구체적인 실천 계획을 함께 작성해보세요.
•실습을 통해 자신이 부족하다고 느낀 점을 진솔하게 서술함 •부족한 점을 보완하기 위해 어떤 노력을 했는지, 또는 앞으로 어떤 노력이 필요한지를 기록함 -"더 공부하겠다.", "더 노력하겠다."의 말보다 구체적인 실천 방안도 함께 작성하도록 함

참고문헌

-참고문헌 및 출처-

경상북도교육청연구원(2023).「삶의 힘을 키우는 학교 교육과정 도움자료」.

교육과학기술부(2011).「학교에서의 응급의료 관리체계」.

교육부·17개 시도교육청·한국교육과정평가원(2020).「고등학교 학생평가 톺아보기」.

교육부(2021).「교육실습운영안내자료」.

교육부(2023).「학교 감염병 예방·위기대응 매뉴얼 제3차 개정판(초·중·고·특수학교용)」.

교육부·한국교육개발원(2023).「학교현장실습학기제 교육과정·운영 매뉴얼(중학교)」.

교육부·한국교육개발원(2023).「학교현장실습학기제 교육과정 운영·매뉴얼(교원양성기관)」.

교육부·학생정신건강지원센터(2024).「2024년 학생정서·행동특성검사 및 관리 매뉴얼」.

교육부·학생정신건강지원센터(2024).「2024년 학생정서·행동특성검사 학교 업무담당자 운영 매뉴얼(요약본)」.

교육부·이화여자대학교 학교폭력예방연구소(2024).「학교폭력 사안처리 가이드북」.

교육부·17개 시·도교육청 및 한국교육과정평가원(2024).「학교생활기록부 기재요령(중학교, 고등학교)」.

대전광역시교육청(2023).「한 눈에 보는 학교 응급처치 가이드」.

대한뇌전증학회(2024).「뇌전증, 무엇이 궁금하십니까?」.

서울교육대학교(2023).「서울교대 교육실습 가이드」.

서울교육대학교(2025).「서울교대 교육실습 가이드」.

서울특별시교육청교육연구정보원(2022).「배움을 디자인하는 교사 교육과정(중학교용)」.

서울특별시교육청(2024).「2025학년도 초등학교 교육과정 설계·운영 도움자료」.

서울특별시교육청(2024).「한눈에 보는 보건업무 길라잡이 개정판」.

인천광역시교육청(2022).「응급처치 레시피」.

인천광역시교육청(2023).「학생생활지도 꿀팁!」.

전라북도교육청(2020).「전라북도 학교자치 조례 해설서」.

전북특별자치도교육청(2024).「2025학년도 초등학교 교육과정 설계·운영 도움자료」.

- 참고 인터넷 사이트 -

국민재난안전포털(https://www.safekorea.go.kr/idsiSFK/neo/main/main.html)

법제처(www.moleg.go.kr)

국가법령정보센터(www.law.go.kr)

교육부(www.moe.go.kr)

교육부 학생건강정보센터(https://www.schoolhealth.kr/)

저자소개

김희동

고려대학교 교육학 박사(성인계속교육 및 HRD전공)

현) 군산간호대학교 교직 교수
한국노년교육학회 부회장
전) 숭의여자대학교 비서행정과 교수
대림대학교 국제사무행정과 겸임교수
아모레퍼시픽 인사부장
동부하이텍 인사과장

저서: 의사소통, 대인관계능력, 의료인을 위한 의사소통
출강: 중앙부처 및 지방자치단체 공무원 대상 역량교육 및 평가 Practitioner and Assessor, 기업 및 공사 비지니스매너, 커뮤니케이션, 리더십 및 대인관계 출강 다수

성한나

단국대학교 특수교육학 박사 수료(중도중복 및 지체장애교육 전공)

현) 임실교육지원청 특수교육지원센터 교사
전) 전주은화학교 교사
익산부송중학교 교사
익산교육지원청 특수교육지원센터 교사

출강: 특수교육학개론, 인간의 심리학적 이해 출강

예비보건교사 교직실무 및 학교현장실습의 이해

초판 1쇄 인쇄 / 2025년 9월 5일
초판 1쇄 발행 / 2025년 9월 10일

•

공저자 / 김희동 · 성한나
발행인 / 이 중 수
발행처 / **동 문 사**

•

서울특별시 서대문구 홍제원 1길 12
(홍제동 137-8)
Tel : 02)736-3718(대), 736-3710, 3720
Fax : 02)736-3719
등록번호 : 1974.04.27 제9-17호
가격 : 23,000원

•

ISBN : 979-11-6328-676-9 (93370)
E-mail : dong736@naver.com
www.dongmunsa.com

보건교사
학교현장실습 일지

동문사

보건교사
학교현장실습 일지

동문사

차례 Contents

학 교 현 장 실 습 일 지

교육실습생 성 명	
교육실습생 소 속	
실습학교명	학교
실습기간	월 일 ~ 월 일
지도교사	선생님

1. 실습 전 지도사항

년 월 일 (요일)			지도교사: ( )
나의 비전	교육실습에 임하는 자세와 각오		
	실습활동 목표		
	자신이 원하는 교사상 및 교육철학		
지도내용	현장실습 시 유의사항		
	보건교사 진로에 대한 조언		
	학교현장 실습의 기대효과 (실습생이 배우기 바라는 점)		

2. 현장실습 학교 현황: 일반 현황

■ 교　장 :__________　■ 교　감 :__________　■ 지도교사 :__________

■ 교육목적 및 교육목표 :

■ 학교 특화 사업 :

■ 학급 및 학생수

구 분		1학년	2학년	3학년	4학년	5학년	6학년	계
학 급 수								
학 생 수	남							
	여							
	계							

■ 교직원 현황

구분	교 장	교 감	교 사	보건교사	영양교사	사서교사	상담교사	행정실	기타	계
남										
여										
계										

■ 교육공간 현황(예: 교실 및 특별실 현황, 체육관 등 교육공간의 수)

3. 현장실습 학교 현황: 학교보건 업무

3-1. 보건실 업무 연간 계획

월	주 요 업 무 계 획	비 고
3		
4		
5		
6		
7-8		
9		
10		
11		
12		
1-2		

3-2. 보건실 운영 현황

■ 주요 시설·설비 및 기구

■ 약품 및 소모품

■ 작성 및 관리 기록물

3-3. 학생 건강 관련 현황

1) 특수교육 대상학생 현황

분 류	인 원 수	관 리 현 황
지적장애		
지체장애		
정서·행동장애		
자폐성장애		
학습장애		
건강장애		
기 타		

2) 비만 학생 현황

<table>
<tr><th colspan="2">총학생수</th><th colspan="2">수검자수</th><th colspan="6">비만도</th></tr>
<tr><th rowspan="2">남</th><th rowspan="2">여</th><th rowspan="2">남</th><th rowspan="2">여</th><th colspan="2">저체중</th><th colspan="2">과체중</th><th colspan="2">비만</th></tr>
<tr><th>남</th><th>여</th><th>남</th><th>여</th><th>남</th><th>여</th></tr>
<tr><td></td><td></td><td></td><td></td><td></td><td></td><td></td><td></td><td></td><td></td></tr>
</table>

3) 요보호 학생 명단 〈성인병 포함〉

<table>
<tr><th>조사 내용</th><td colspan="10">현재 유소견자 학생수 및 주요 관리 학생명(※ 교육활동 및 급식 시 주의)</td></tr>
<tr><th rowspan="3">알러지</th><td>천식</td><td>아토피 피부염</td><td>알러지성 비염</td><td>음식, 약물 알러지</td><td>기타 알러지</td><td>아나필락시스 쇼크</td></tr>
<tr><td></td><td></td><td></td><td></td><td></td><td></td></tr>
<tr><td></td><td></td><td></td><td></td><td></td><td></td></tr>
<tr><th rowspan="3">특징 질병 (현재 진행 중)</th><td>심장병</td><td>신장병</td><td>폐질환</td><td>갑상선 기능 저하</td><td>당뇨병</td><td>뇌전증</td><td>ADHD</td><td>성조숙증</td><td>고혈압</td><td>기타</td></tr>
<tr><td></td><td></td><td></td><td></td><td></td><td></td><td></td><td></td><td></td><td></td></tr>
<tr><td></td><td></td><td></td><td></td><td></td><td></td><td></td><td></td><td></td><td></td></tr>
<tr><th rowspan="3">신체 장애</th><td>눈(시력저하)</td><td>귀</td><td>언어장애</td><td>특수교육대상자</td></tr>
<tr><td></td><td></td><td></td><td></td></tr>
<tr><td></td><td></td><td></td><td></td></tr>
<tr><th rowspan="3">과거 병력 (현재 활동 제한)</th><td>심장병(심장 통증, 이상증상 등 관찰)</td><td>암 (신경모세포종)</td><td>암 (뇌종양)</td><td>폐</td><td>탈장</td><td>기타 (운동주의)</td></tr>
<tr><td></td><td></td><td></td><td></td><td></td><td></td></tr>
<tr><td></td><td></td><td></td><td></td><td></td><td></td></tr>
</table>

4. 교육실습 주간 일정표

구분 / 주	월 일	요일	주 요 실 습 내 용
1			
2			
3			
4			

5. 일별 실습 일지

<table>
<tr><td colspan="3" rowspan="2">20 년 월 일 요일
(실습 제 일차)</td><td rowspan="2">결재</td><td>지도교사</td><td>부장교사</td><td>교감</td><td>교장</td></tr>
<tr><td></td><td></td><td></td><td></td></tr>
<tr><td rowspan="2">준비</td><td>지시 사항</td><td colspan="6"></td></tr>
<tr><td>중요 행사</td><td colspan="6"></td></tr>
<tr><td rowspan="4">실습 내용</td><td>보건실 운영</td><td colspan="6"></td></tr>
<tr><td>학생 건강 관리</td><td colspan="6"></td></tr>
<tr><td>보건 교육</td><td colspan="6"></td></tr>
<tr><td>기타</td><td colspan="6"></td></tr>
<tr><td>평가</td><td>소감 및 성찰</td><td colspan="6"></td></tr>
</table>

5. 일별 실습 일지

<table>
<tr><td colspan="3">20 년 월 일 요일
(실습 제 일차)</td><td rowspan="2">결재</td><td>지도교사</td><td>부장교사</td><td>교감</td><td>교장</td></tr>
<tr><td colspan="3"></td><td></td><td></td><td></td><td></td></tr>
<tr><td rowspan="2">준비</td><td>지시 사항</td><td colspan="6"></td></tr>
<tr><td>중요 행사</td><td colspan="6"></td></tr>
<tr><td rowspan="4">실습 내용</td><td>보건실 운영</td><td colspan="6"></td></tr>
<tr><td>학생 건강 관리</td><td colspan="6"></td></tr>
<tr><td>보건 교육</td><td colspan="6"></td></tr>
<tr><td>기타</td><td colspan="6"></td></tr>
<tr><td>평가</td><td>소감 및 성찰</td><td colspan="6"></td></tr>
</table>

5. 일별 실습 일지

<table>
<tr><td colspan="3" rowspan="2">20 년 월 일 요일
(실습 제 일차)</td><td rowspan="2">결재</td><td>지도교사</td><td>부장교사</td><td>교감</td><td>교장</td></tr>
<tr><td></td><td></td><td></td><td></td></tr>
<tr><td rowspan="2">준비</td><td>지시 사항</td><td colspan="6"></td></tr>
<tr><td>중요 행사</td><td colspan="6"></td></tr>
<tr><td rowspan="4">실습 내용</td><td>보건실 운영</td><td colspan="6"></td></tr>
<tr><td>학생 건강 관리</td><td colspan="6"></td></tr>
<tr><td>보건 교육</td><td colspan="6"></td></tr>
<tr><td>기타</td><td colspan="6"></td></tr>
<tr><td>평가</td><td>소감 및 성찰</td><td colspan="6"></td></tr>
</table>

5. 일별 실습 일지

<table>
<tr><td colspan="3" rowspan="2">20 년 월 일 요일
(실습 제 일차)</td><td rowspan="2">결재</td><td>지도교사</td><td>부장교사</td><td>교감</td><td>교장</td></tr>
<tr><td></td><td></td><td></td><td></td></tr>
<tr><td rowspan="2">준비</td><td>지시 사항</td><td colspan="6"></td></tr>
<tr><td>중요 행사</td><td colspan="6"></td></tr>
<tr><td rowspan="4">실습 내용</td><td>보건실 운영</td><td colspan="6"></td></tr>
<tr><td>학생 건강 관리</td><td colspan="6"></td></tr>
<tr><td>보건 교육</td><td colspan="6"></td></tr>
<tr><td>기타</td><td colspan="6"></td></tr>
<tr><td>평가</td><td>소감 및 성찰</td><td colspan="6"></td></tr>
</table>

5. 일별 실습 일지

<table>
<tr><td colspan="3" rowspan="2">20 년 월 일 요일
(실습 제 일차)</td><td rowspan="2">결재</td><td>지도교사</td><td>부장교사</td><td>교감</td><td>교장</td></tr>
<tr><td></td><td></td><td></td><td></td></tr>
<tr><td rowspan="2">준비</td><td>지시
사항</td><td colspan="6"></td></tr>
<tr><td>중요
행사</td><td colspan="6"></td></tr>
<tr><td rowspan="4">실습
내용</td><td>보건실
운영</td><td colspan="6"></td></tr>
<tr><td>학생
건강
관리</td><td colspan="6"></td></tr>
<tr><td>보건
교육</td><td colspan="6"></td></tr>
<tr><td>기타</td><td colspan="6"></td></tr>
<tr><td>평가</td><td>소감
및 성찰</td><td colspan="6"></td></tr>
</table>

5. 일별 실습 일지

<table>
<tr><td colspan="2" rowspan="2">20 년 월 일 요일
(실습 제 일차)</td><td rowspan="2">결재</td><td>지도교사</td><td>부장교사</td><td>교감</td><td>교장</td></tr>
<tr><td></td><td></td><td></td><td></td></tr>
<tr><td rowspan="2">준비</td><td>지시 사항</td><td colspan="5"></td></tr>
<tr><td>중요 행사</td><td colspan="5"></td></tr>
<tr><td rowspan="4">실습 내용</td><td>보건실 운영</td><td colspan="5"></td></tr>
<tr><td>학생 건강 관리</td><td colspan="5"></td></tr>
<tr><td>보건 교육</td><td colspan="5"></td></tr>
<tr><td>기타</td><td colspan="5"></td></tr>
<tr><td>평가</td><td>소감 및 성찰</td><td colspan="5"></td></tr>
</table>

5. 일별 실습 일지

<table>
<tr><td colspan="3" rowspan="2">20 년 월 일 요일
(실습 제 일차)</td><td rowspan="2">결재</td><td>지도교사</td><td>부장교사</td><td>교감</td><td>교장</td></tr>
<tr><td></td><td></td><td></td><td></td></tr>
<tr><td rowspan="2">준비</td><td>지시
사항</td><td colspan="6"></td></tr>
<tr><td>중요
행사</td><td colspan="6"></td></tr>
<tr><td rowspan="4">실습
내용</td><td>보건실
운영</td><td colspan="6"></td></tr>
<tr><td>학생
건강
관리</td><td colspan="6"></td></tr>
<tr><td>보건
교육</td><td colspan="6"></td></tr>
<tr><td>기타</td><td colspan="6"></td></tr>
<tr><td>평가</td><td>소감
및 성찰</td><td colspan="6"></td></tr>
</table>

5. 일별 실습 일지

<table>
<tr><td colspan="3" rowspan="2">20 년 월 일 요일
(실습 제 일차)</td><td rowspan="2">결재</td><td>지도교사</td><td>부장교사</td><td>교감</td><td>교장</td></tr>
<tr><td></td><td></td><td></td><td></td></tr>
<tr><td rowspan="2">준비</td><td>지시 사항</td><td colspan="6"></td></tr>
<tr><td>중요 행사</td><td colspan="6"></td></tr>
<tr><td rowspan="4">실습 내용</td><td>보건실 운영</td><td colspan="6"></td></tr>
<tr><td>학생 건강 관리</td><td colspan="6"></td></tr>
<tr><td>보건 교육</td><td colspan="6"></td></tr>
<tr><td>기타</td><td colspan="6"></td></tr>
<tr><td>평가</td><td>소감 및 성찰</td><td colspan="6"></td></tr>
</table>

5. 일별 실습 일지

<table>
<tr><td colspan="2" rowspan="2">20 년 월 일 요일
(실습 제 일차)</td><td rowspan="2">결재</td><td>지도교사</td><td>부장교사</td><td>교감</td><td>교장</td></tr>
<tr><td></td><td></td><td></td><td></td></tr>
<tr><td rowspan="2">준비</td><td>지시 사항</td><td colspan="5"></td></tr>
<tr><td>중요 행사</td><td colspan="5"></td></tr>
<tr><td rowspan="4">실습 내용</td><td>보건실 운영</td><td colspan="5"></td></tr>
<tr><td>학생 건강 관리</td><td colspan="5"></td></tr>
<tr><td>보건 교육</td><td colspan="5"></td></tr>
<tr><td>기타</td><td colspan="5"></td></tr>
<tr><td>평가</td><td>소감 및 성찰</td><td colspan="5"></td></tr>
</table>

5. 일별 실습 일지

20 년 월 일 요일 (실습 제 일차)	결재	지도교사	부장교사	교감	교장

준비	지시 사항	
	중요 행사	
실습 내용	보건실 운영	
	학생 건강 관리	
	보건 교육	
	기타	
평가	소감 및 성찰	

5. 일별 실습 일지

<table>
<tr><td colspan="3" rowspan="2">20 년 월 일 요일
(실습 제 일차)</td><td rowspan="2">결재</td><td>지도교사</td><td>부장교사</td><td>교감</td><td>교장</td></tr>
<tr><td></td><td></td><td></td><td></td></tr>
<tr><td rowspan="2">준비</td><td>지시
사항</td><td colspan="6"></td></tr>
<tr><td>중요
행사</td><td colspan="6"></td></tr>
<tr><td rowspan="4">실습
내용</td><td>보건실
운영</td><td colspan="6"></td></tr>
<tr><td>학생
건강
관리</td><td colspan="6"></td></tr>
<tr><td>보건
교육</td><td colspan="6"></td></tr>
<tr><td>기타</td><td colspan="6"></td></tr>
<tr><td>평가</td><td>소감
및 성찰</td><td colspan="6"></td></tr>
</table>

5. 일별 실습 일지

<table>
<tr><td colspan="3" rowspan="2">20 년 월 일 요일
(실습 제 일차)</td><td rowspan="2">결재</td><td>지도교사</td><td>부장교사</td><td>교감</td><td>교장</td></tr>
<tr><td></td><td></td><td></td><td></td></tr>
<tr><td rowspan="2">준비</td><td>지시
사항</td><td colspan="6"></td></tr>
<tr><td>중요
행사</td><td colspan="6"></td></tr>
<tr><td rowspan="4">실습
내용</td><td>보건실
운영</td><td colspan="6"></td></tr>
<tr><td>학생
건강
관리</td><td colspan="6"></td></tr>
<tr><td>보건
교육</td><td colspan="6"></td></tr>
<tr><td>기타</td><td colspan="6"></td></tr>
<tr><td>평가</td><td>소감
및 성찰</td><td colspan="6"></td></tr>
</table>

5. 일별 실습 일지

<table>
<tr><td colspan="3" rowspan="2">20 년 월 일 요일
(실습 제 일차)</td><td rowspan="2">결재</td><td>지도교사</td><td>부장교사</td><td>교감</td><td>교장</td></tr>
<tr><td></td><td></td><td></td><td></td></tr>
<tr><td rowspan="2">준비</td><td>지시 사항</td><td colspan="6"></td></tr>
<tr><td>중요 행사</td><td colspan="6"></td></tr>
<tr><td rowspan="4">실습 내용</td><td>보건실 운영</td><td colspan="6"></td></tr>
<tr><td>학생 건강 관리</td><td colspan="6"></td></tr>
<tr><td>보건 교육</td><td colspan="6"></td></tr>
<tr><td>기타</td><td colspan="6"></td></tr>
<tr><td>평가</td><td>소감 및 성찰</td><td colspan="6"></td></tr>
</table>

5. 일별 실습 일지

<table>
<tr><td colspan="3" rowspan="2">20 년 월 일 요일
(실습 제 일차)</td><td rowspan="2">결재</td><td>지도교사</td><td>부장교사</td><td>교감</td><td>교장</td></tr>
<tr><td></td><td></td><td></td><td></td></tr>
<tr><td rowspan="2">준비</td><td>지시
사항</td><td colspan="6"></td></tr>
<tr><td>중요
행사</td><td colspan="6"></td></tr>
<tr><td rowspan="4">실습
내용</td><td>보건실
운영</td><td colspan="6"></td></tr>
<tr><td>학생
건강
관리</td><td colspan="6"></td></tr>
<tr><td>보건
교육</td><td colspan="6"></td></tr>
<tr><td>기타</td><td colspan="6"></td></tr>
<tr><td>평가</td><td>소감
및 성찰</td><td colspan="6"></td></tr>
</table>

5. 일별 실습 일지

<table>
<tr><td colspan="3" rowspan="2">20 년 월 일 요일
(실습 제 일차)</td><td rowspan="2">결재</td><td>지도교사</td><td>부장교사</td><td>교감</td><td>교장</td></tr>
<tr><td></td><td></td><td></td><td></td></tr>
<tr><td rowspan="2">준비</td><td>지시 사항</td><td colspan="6"></td></tr>
<tr><td>중요 행사</td><td colspan="6"></td></tr>
<tr><td rowspan="4">실습 내용</td><td>보건실 운영</td><td colspan="6"></td></tr>
<tr><td>학생 건강 관리</td><td colspan="6"></td></tr>
<tr><td>보건 교육</td><td colspan="6"></td></tr>
<tr><td>기타</td><td colspan="6"></td></tr>
<tr><td>평가</td><td>소감 및 성찰</td><td colspan="6"></td></tr>
</table>

5. 일별 실습 일지

<table>
<tr><td colspan="3" rowspan="2">20 년 월 일 요일
(실습 제 일차)</td><td rowspan="2">결재</td><td>지도교사</td><td>부장교사</td><td>교감</td><td>교장</td></tr>
<tr><td></td><td></td><td></td><td></td></tr>
<tr><td rowspan="2">준비</td><td>지시 사항</td><td colspan="6"></td></tr>
<tr><td>중요 행사</td><td colspan="6"></td></tr>
<tr><td rowspan="4">실습 내용</td><td>보건실 운영</td><td colspan="6"></td></tr>
<tr><td>학생 건강 관리</td><td colspan="6"></td></tr>
<tr><td>보건 교육</td><td colspan="6"></td></tr>
<tr><td>기타</td><td colspan="6"></td></tr>
<tr><td>평가</td><td>소감 및 성찰</td><td colspan="6"></td></tr>
</table>

5. 일별 실습 일지

<table>
<tr><td colspan="3" rowspan="2">20 년 월 일 요일
(실습 제 일차)</td><td rowspan="2">결재</td><td>지도교사</td><td>부장교사</td><td>교감</td><td>교장</td></tr>
<tr><td></td><td></td><td></td><td></td></tr>
<tr><td rowspan="2">준비</td><td>지시
사항</td><td colspan="6"></td></tr>
<tr><td>중요
행사</td><td colspan="6"></td></tr>
<tr><td rowspan="4">실습
내용</td><td>보건실
운영</td><td colspan="6"></td></tr>
<tr><td>학생
건강
관리</td><td colspan="6"></td></tr>
<tr><td>보건
교육</td><td colspan="6"></td></tr>
<tr><td>기타</td><td colspan="6"></td></tr>
<tr><td>평가</td><td>소감
및 성찰</td><td colspan="6"></td></tr>
</table>

5. 일별 실습 일지

<table>
<tr><td colspan="2" rowspan="2">20 년 월 일 요일
(실습 제 일차)</td><td rowspan="2">결재</td><td>지도교사</td><td>부장교사</td><td>교감</td><td>교장</td></tr>
<tr><td></td><td></td><td></td><td></td></tr>
<tr><td rowspan="2">준비</td><td>지시
사항</td><td colspan="5"></td></tr>
<tr><td>중요
행사</td><td colspan="5"></td></tr>
<tr><td rowspan="4">실습
내용</td><td>보건실
운영</td><td colspan="5"></td></tr>
<tr><td>학생
건강
관리</td><td colspan="5"></td></tr>
<tr><td>보건
교육</td><td colspan="5"></td></tr>
<tr><td>기타</td><td colspan="5"></td></tr>
<tr><td>평가</td><td>소감
및 성찰</td><td colspan="5"></td></tr>
</table>

5. 일별 실습 일지

<table>
<tr><td colspan="3" rowspan="2">20 년 월 일 요일
(실습 제 일차)</td><td rowspan="2">결재</td><td>지도교사</td><td>부장교사</td><td>교감</td><td>교장</td></tr>
<tr><td></td><td></td><td></td><td></td></tr>
<tr><td rowspan="2">준비</td><td>지시
사항</td><td colspan="6"></td></tr>
<tr><td>중요
행사</td><td colspan="6"></td></tr>
<tr><td rowspan="4">실습
내용</td><td>보건실
운영</td><td colspan="6"></td></tr>
<tr><td>학생
건강
관리</td><td colspan="6"></td></tr>
<tr><td>보건
교육</td><td colspan="6"></td></tr>
<tr><td>기타</td><td colspan="6"></td></tr>
<tr><td>평가</td><td>소감
및 성찰</td><td colspan="6"></td></tr>
</table>

5. 일별 실습 일지

<table>
<tr><td colspan="3" rowspan="2">20 년 월 일 요일
(실습 제 일차)</td><td rowspan="2">결재</td><td>지도교사</td><td>부장교사</td><td>교감</td><td>교장</td></tr>
<tr><td></td><td></td><td></td><td></td></tr>
<tr><td rowspan="2">준비</td><td>지시 사항</td><td colspan="6"></td></tr>
<tr><td>중요 행사</td><td colspan="6"></td></tr>
<tr><td rowspan="4">실습 내용</td><td>보건실 운영</td><td colspan="6"></td></tr>
<tr><td>학생 건강 관리</td><td colspan="6"></td></tr>
<tr><td>보건 교육</td><td colspan="6"></td></tr>
<tr><td>기타</td><td colspan="6"></td></tr>
<tr><td>평가</td><td>소감 및 성찰</td><td colspan="6"></td></tr>
</table>

5. 일별 실습 일지

<table>
<tr><td colspan="2" rowspan="2">20 년 월 일 요일
(실습 제 일차)</td><td rowspan="2">결재</td><td>지도교사</td><td>부장교사</td><td>교감</td><td>교장</td></tr>
<tr><td></td><td></td><td></td><td></td></tr>
<tr><td rowspan="2">준비</td><td>지시
사항</td><td colspan="5"></td></tr>
<tr><td>중요
행사</td><td colspan="5"></td></tr>
<tr><td rowspan="4">실습
내용</td><td>보건실
운영</td><td colspan="5"></td></tr>
<tr><td>학생
건강
관리</td><td colspan="5"></td></tr>
<tr><td>보건
교육</td><td colspan="5"></td></tr>
<tr><td>기타</td><td colspan="5"></td></tr>
<tr><td>평가</td><td>소감
및 성찰</td><td colspan="5"></td></tr>
</table>

5. 일별 실습 일지

<table>
<tr><td colspan="3" rowspan="2">20 년 월 일 요일
(실습 제 일차)</td><td rowspan="2">결재</td><td>지도교사</td><td>부장교사</td><td>교감</td><td>교장</td></tr>
<tr><td></td><td></td><td></td><td></td></tr>
<tr><td rowspan="2">준비</td><td>지시
사항</td><td colspan="6"></td></tr>
<tr><td>중요
행사</td><td colspan="6"></td></tr>
<tr><td rowspan="4">실습
내용</td><td>보건실
운영</td><td colspan="6"></td></tr>
<tr><td>학생
건강
관리</td><td colspan="6"></td></tr>
<tr><td>보건
교육</td><td colspan="6"></td></tr>
<tr><td>기타</td><td colspan="6"></td></tr>
<tr><td>평가</td><td>소감
및 성찰</td><td colspan="6"></td></tr>
</table>

5. 일별 실습 일지

20 년 월 일 요일 (실습 제 일차)	결재	지도교사	부장교사	교감	교장

준비	지시 사항	
	중요 행사	
실습 내용	보건실 운영	
	학생 건강 관리	
	보건 교육	
	기타	
평가	소감 및 성찰	

5. 일별 실습 일지

<table>
<tr><td colspan="3" rowspan="2">20 년 월 일 요일
(실습 제 일차)</td><td rowspan="2">결재</td><td>지도교사</td><td>부장교사</td><td>교감</td><td>교장</td></tr>
<tr><td></td><td></td><td></td><td></td></tr>
<tr><td rowspan="2">준비</td><td>지시
사항</td><td colspan="6"></td></tr>
<tr><td>중요
행사</td><td colspan="6"></td></tr>
<tr><td rowspan="4">실습
내용</td><td>보건실
운영</td><td colspan="6"></td></tr>
<tr><td>학생
건강
관리</td><td colspan="6"></td></tr>
<tr><td>보건
교육</td><td colspan="6"></td></tr>
<tr><td>기타</td><td colspan="6"></td></tr>
<tr><td>평가</td><td>소감
및 성찰</td><td colspan="6"></td></tr>
</table>

5. 일별 실습 일지

<table>
<tr><td colspan="2" rowspan="2">20 년 월 일 요일
(실습 제 일차)</td><td rowspan="2">결재</td><td>지도교사</td><td>부장교사</td><td>교감</td><td>교장</td></tr>
<tr><td></td><td></td><td></td><td></td></tr>
<tr><td rowspan="2">준비</td><td>지시
사항</td><td colspan="5"></td></tr>
<tr><td>중요
행사</td><td colspan="5"></td></tr>
<tr><td rowspan="4">실습
내용</td><td>보건실
운영</td><td colspan="5"></td></tr>
<tr><td>학생
건강
관리</td><td colspan="5"></td></tr>
<tr><td>보건
교육</td><td colspan="5"></td></tr>
<tr><td>기타</td><td colspan="5"></td></tr>
<tr><td>평가</td><td>소감
및 성찰</td><td colspan="5"></td></tr>
</table>

5. 일별 실습 일지

<table>
<tr><td colspan="3" rowspan="2">20 년 월 일 요일
(실습 제 일차)</td><td rowspan="2">결재</td><td>지도교사</td><td>부장교사</td><td>교감</td><td>교장</td></tr>
<tr><td></td><td></td><td></td><td></td></tr>
<tr><td rowspan="2">준비</td><td>지시
사항</td><td colspan="6"></td></tr>
<tr><td>중요
행사</td><td colspan="6"></td></tr>
<tr><td rowspan="4">실습
내용</td><td>보건실
운영</td><td colspan="6"></td></tr>
<tr><td>학생
건강
관리</td><td colspan="6"></td></tr>
<tr><td>보건
교육</td><td colspan="6"></td></tr>
<tr><td>기타</td><td colspan="6"></td></tr>
<tr><td>평가</td><td>소감
및 성찰</td><td colspan="6"></td></tr>
</table>

6. 교수 · 학습 과정안(약안)

교수-학습 과정안

수업과목		수업교사		수업대상		수업일시	
수업 주제 (단원명)							
수업 형태				수업 차시			
성취기준 (학습목표)							
수업 의도							

수업 단계	교수 · 학습활동	학습자료 및 유의점
도입 (분)		
전개 (분)		
정리 (분)		

판서 계획, 학습지, 파워포인트 자료 활용 계획 등:

6. 교수·학습 과정안(약안)

교수-학습 과정안

수업과목		수업교사		수업대상		수업일시	
수업 주제 (단원명)							
수업 형태				수업 차시			
성취기준 (학습목표)							
수업 의도							

수업 단계	교수·학습활동	학습자료 및 유의점
도입 (　분)		
전개 (　분)		
정리 (　분)		

판서 계획, 학습지, 파워포인트 자료 활용 계획 등:

6. 교수·학습 과정안(약안)

교수-학습 과정안

수업과목		수업교사		수업대상		수업일시	
수업 주제 (단원명)							
수업 형태				수업 차시			
성취기준 (학습목표)							
수업 의도							

수업 단계	교수·학습활동	학습자료 및 유의점
도입 (분)		
전개 (분)		
정리 (분)		

판서 계획, 학습지, 파워포인트 자료 활용 계획 등:

7. 교수 · 학습 과정안(세안)

20　　학년도 교육실습

과 교수 · 학습과정안

단　　원	
주　　제	
일　　시	20　년　월　일　교시
장　　소	
대상학급	학년　　반
실 습 생	
지도교사	

결재	지도교사	부장교사	교감
	(서명 또는 인)	(서명 또는 인)	(서명 또는 인)

1 단원명

대단원	
소단원	

2 대단원 교수 · 학습 계획

1. 대단원 학습 목표

2. 대단원의 성취 기준

3. 대단원의 교수 · 학습 계획

소단원명	학습할 내용	교수 · 학습 방법	차시

3 본시 학습 계획

1. 소단원 소개

소단원명	
본시 교수 · 학습 목표	

2. 본시 교수 · 학습 흐름도

도입 (생각열기)	▶	활동1	▶	활동2	▶	평가하고 적용하기	▶	정리하기

3. 지도상의 유의점

4 본시 교수 · 학습 과정안

학습 목표				
학습 자료 (준비물)	교사			
	학생			
학습 단계	단계별 주요 요소	교수 · 학습 활동	시간	자료 및 유의점
도입	[동기 유발]	▣	분	
			분	
	[활동1]	▣	분	
전개	[활동2]	▣	분	
	[활동3]	▣		
	[마무리]			
정리				

5 평가 계획

학습목표	
평가 내용	
평가 방법 및 유의점	

8. 수업 참관록

<table>
<tr><td colspan="2">일 시</td><td colspan="3">년 월 일 요일 교시</td><td>수업자</td><td></td></tr>
<tr><td colspan="2">교 과</td><td></td><td>단원(제재)</td><td></td><td>참관자</td><td></td></tr>
<tr><td colspan="2">학습목표</td><td colspan="5"></td></tr>
<tr><td colspan="2">영 역</td><td colspan="3">관 찰 관 점</td><td colspan="2">관 찰 내 용</td></tr>
<tr><td colspan="2">교수 · 학습 계획</td><td colspan="3">교수 · 학습과정안(교수 · 학습 활동 목표, 내용 및 방법, 평가 등에 대한 전반적인 정보와 수업 전개 · 흐름)</td><td colspan="2"></td></tr>
<tr><td rowspan="4">기본 소양</td><td rowspan="2">교사</td><td colspan="3">교수 태도 및 기본 역량(전달력, 지도력, 언어, 자세 등)</td><td colspan="2" rowspan="4"></td></tr>
<tr><td colspan="3">교재 · 교구, 학습 기기 선정 및 활용</td></tr>
<tr><td rowspan="2">학생</td><td colspan="3">학습 교재 및 교구 등의 활용</td></tr>
<tr><td colspan="3">학습 태도, 참여도 및 자세 등</td></tr>
<tr><td colspan="2" rowspan="5">교수 · 학습 활동</td><td colspan="3">사전 진단평가 등을 통해 출발점(교수 시작점) 설정</td><td colspan="2" rowspan="5"></td></tr>
<tr><td colspan="3">동기 및 흥미 유발</td></tr>
<tr><td colspan="3">학습목표를 달성하기 위한 교수 내용 및 방법 선정</td></tr>
<tr><td colspan="3">학생의 개인차 및 학습 속도를 고려한 활동(느린 학습자, 특수교육대상학생 등 학생의 특성을 반영한 수업)</td></tr>
<tr><td colspan="3">교재 · 교구, 학습자료 활용</td></tr>
<tr><td colspan="2" rowspan="2">평가</td><td colspan="3">평가 시기 및 방법</td><td colspan="2" rowspan="2"></td></tr>
<tr><td colspan="3">평가 결과 활용 및 피드백</td></tr>
<tr><td colspan="2">소 감</td><td colspan="5"></td></tr>
</table>

8. 수업 참관록

<table>
<tr><td>일 시</td><td colspan="3">년 월 일 요일 교시</td><td>수업자</td><td></td></tr>
<tr><td>교 과</td><td></td><td>단원(제재)</td><td></td><td>참관자</td><td></td></tr>
<tr><td>학습목표</td><td colspan="5"></td></tr>
</table>

<table>
<tr><th colspan="2">영 역</th><th>관 찰 관 점</th><th>관 찰 내 용</th></tr>
<tr><td colspan="2">교수 · 학습 계획</td><td>교수 · 학습과정안(교수 · 학습 활동 목표, 내용 및 방법, 평가 등에 대한 전반적인 정보와 수업 전개 · 흐름)</td><td></td></tr>
<tr><td rowspan="4">기본 소양</td><td rowspan="2">교사</td><td>교수 태도 및 기본 역량(전달력, 지도력, 언어, 자세 등)</td><td rowspan="4"></td></tr>
<tr><td>교재 · 교구, 학습 기기 선정 및 활용</td></tr>
<tr><td rowspan="2">학생</td><td>학습 교재 및 교구 등의 활용</td></tr>
<tr><td>학습 태도, 참여도 및 자세 등</td></tr>
<tr><td colspan="2" rowspan="5">교수 · 학습 활동</td><td>사전 진단평가 등을 통해 출발점(교수 시작점) 설정</td><td rowspan="5"></td></tr>
<tr><td>동기 및 흥미 유발</td></tr>
<tr><td>학습목표를 달성하기 위한 교수 내용 및 방법 선정</td></tr>
<tr><td>학생의 개인차 및 학습 속도를 고려한 활동(느린 학습지, 특수교육대상학생 등 학생의 특성을 반영한 수업)</td></tr>
<tr><td>교재 · 교구, 학습자료 활용</td></tr>
<tr><td colspan="2" rowspan="2">평가</td><td>평가 시기 및 방법</td><td rowspan="2"></td></tr>
<tr><td>평가 결과 활용 및 피드백</td></tr>
<tr><td colspan="2">소 감</td><td colspan="2"></td></tr>
</table>

8. 수업 참관록

<table>
<tr><td colspan="2">일 시</td><td colspan="3">년 월 일 요일 교시</td><td>수업자</td><td></td></tr>
<tr><td colspan="2">교 과</td><td></td><td>단원(제재)</td><td></td><td>참관자</td><td></td></tr>
<tr><td colspan="2">학습목표</td><td colspan="5"></td></tr>
<tr><td colspan="2">영 역</td><td colspan="3">관 찰 관 점</td><td colspan="2">관 찰 내 용</td></tr>
<tr><td colspan="2">교수 · 학습 계획</td><td colspan="3">교수 · 학습과정안(교수 · 학습 활동 목표, 내용 및 방법, 평가 등에 대한 전반적인 정보와 수업 전개 · 흐름)</td><td colspan="2"></td></tr>
<tr><td rowspan="4">기본 소양</td><td rowspan="2">교사</td><td colspan="3">교수 태도 및 기본 역량(전달력, 지도력, 언어, 자세 등)</td><td colspan="2" rowspan="4"></td></tr>
<tr><td colspan="3">교재 · 교구, 학습 기기 선정 및 활용</td></tr>
<tr><td rowspan="2">학생</td><td colspan="3">학습 교재 및 교구 등의 활용</td></tr>
<tr><td colspan="3">학습 태도, 참여도 및 자세 등</td></tr>
<tr><td colspan="2" rowspan="5">교수 · 학습 활동</td><td colspan="3">사전 진단평가 등을 통해 출발점(교수 시작점) 설정</td><td colspan="2" rowspan="5"></td></tr>
<tr><td colspan="3">동기 및 흥미 유발</td></tr>
<tr><td colspan="3">학습목표를 달성하기 위한 교수 내용 및 방법 선정</td></tr>
<tr><td colspan="3">학생의 개인차 및 학습 속도를 고려한 활동(느린 학습자, 특수교육대상학생 등 학생의 특성을 반영한 수업)</td></tr>
<tr><td colspan="3">교재 · 교구, 학습자료 활용</td></tr>
<tr><td colspan="2" rowspan="2">평가</td><td colspan="3">평가 시기 및 방법</td><td colspan="2" rowspan="2"></td></tr>
<tr><td colspan="3">평가 결과 활용 및 피드백</td></tr>
<tr><td colspan="2">소 감</td><td colspan="5"></td></tr>
</table>

9. 연수 내용 기록

일 시	20 년 월 일 요일 교시
장 소	
연수자	
주 제	
주 요 연 수 내 용	
새롭게 알게 된 내용	
적용하고 싶은 내용	

9. 연수 내용 기록

일 시	20 년 월 일 요일 교시
장 소	
연수자	
주 제	
주 요 연 수 내 용	
새롭게 알게 된 내용	
적용하고 싶은 내용	

9. 연수 내용 기록

일 시	20 년 월 일 요일 교시
장 소	
연수자	
주 제	
주 요 연 수 내 용	
새롭게 알게 된 내용	
적용하고 싶은 내용	

10. 실습 평가 및 성찰

10-1. 실습생 평가서(지도교사용)

학번 : 실습생 :

구분		평가사항	매우 잘함 5점	잘함 4점	보통 3점	부족 2점	매우 부족 1점
교직기초소양 25점		외모와 복장이 정결, 단정한가?					
		성실하고 책임감이 있게 업무를 수행하였는가?					
		전문성 신장을 위해 충분히 노력하였는가?					
		팀원(동료)들과의 협조 및 의사소통이 원활한가?					
		보건교사의 지도에 따라 적극적이고 창의적으로 활동을 수행하는가?					
핵심 역량 50점	보건 교육 역량 25점	보건교육계획을 학교의 요구와 학습자의 요구에 맞추어 수립하며, 교수·학습과정안을 충실히 작성하였는가?					
		교육목표를 구체적으로 수립하고, 학생들에게 명확하게 전달하였는가?					
		학습자 특성을 고려하여 교육목표를 달성하기 위한 교육 내용을 적절하게 선정·조직하였는가?					
		학습자 중심의 다양한 교수·학습 방법을 이해하고 적용하였는가?					
		적절한 평가 방법을 선택하여, 학생들의 목표 달성 여부를 확인하였는가?					
	실무 실습 역량 25점	보건교육 운영계획, 보건실 운영계획 등 각종 운영계획의 내용을 잘 이해하고 충실히 수행하고자 노력하였는가?					
		학생 및 교직원의 건강상태나 요구를 정확하게 파악하는가?					
		학교보건에 대한 지식과 기술을 충분히 갖추고 보건업무활동을 실시하는가?					
		학생 및 교직원의 건강문제에 관심을 갖고, 올바른 예방 및 처치 방법을 능숙하게 시행하는가?					
		다양한 응급상황의 발생 가능성을 인지하고, 지침 등에 따라 응급처치를 능숙하게 수행하는가?					
교직실무 25점		법령, 지침 및 매뉴얼 등을 올바르게 이해하고 있는가?					
		교원의 복무 관리 방법을 올바르게 이해하고, 이를 잘 준수하였는가?					
		학교조직 및 보건업무활동을 정확하게 파악하고 있는가?					
		공문서를 올바르게 작성할 수 있는가?					
		공문서를 잘 관리하며, 실습일지를 잘 정리하는가?					
결 석 : 회, 지 각 : 회, 조 퇴 : 회			총점 : 점 / 100점				
기 타 :							
평가일 : 년 월 일 평가자 서명 :							

10-2. 실습생 자기 평가서(학생용)

자기 평가서(학생용)

학번 :　　　　　　　　실습생 :

구분		평가사항	매우 잘함	잘함	보통	부족	매우 부족
			5점	4점	3점	2점	1점
교직기초소양 25점		용모와 복장을 정결하고 단정히 하였다.					
		성실하고 책임감이 있게 업무를 수행하였다.					
		전문성 신장을 위해 충분히 노력하였다.					
		팀원(동료)들과의 협조 및 의사소통이 원활하였다.					
		보건교사의 지도에 따라 적극적이고 창의적으로 활동을 수행하였다.					
핵심 역량 50점	보건 교육 역량 25점	보건교육계획을 학교의 요구와 학습자의 요구에 맞추어 수립하며, 교수·학습과정안을 충실히 작성하였다.					
		교육목표를 구체적으로 수립하고, 학생들에게 명확하게 전달하였다.					
		학습자 특성을 고려하여 교육목표를 달성하기 위한 교육 내용을 적절하게 선정·조직하였다.					
		학습자 중심의 다양한 교수·학습 방법을 이해하고 적용하였다.					
		적절한 평가 방법을 선택하여, 학생들의 목표 달성 여부를 확인하였다.					
	실무 실습 역량 25점	보건교육 운영계획, 보건실 운영계획 등 각종 운영계획의 내용을 잘 이해하고 충실히 수행하고자 노력하였다.					
		학생 및 교직원의 건강상태 및 요구를 구체적으로 파악 분석하였다.					
		학교보건에 대한 지식과 기술을 충분히 갖추고 보건업무 활동을 실시하였다.					
		학생 및 교직원의 건강문제에 관심을 갖고, 올바른 예방 및 처치 방법을 능숙하게 시행하였다.					
		다양한 응급상황의 발생 가능성을 인지하고, 지침 등에 따라 응급처치를 능숙하게 수행하였다.					
교직실무 25점		법령, 지침 및 매뉴얼 등을 올바르게 이해하고 있다.					
		교원의 복무 관리 방법을 올바르게 이해하고, 이를 잘 준수하였다.					
		학교조직 및 보건업무활동을 정확하게 파악하고 있다.					
		공문서를 올바르게 작성할 수 있다.					
		공문서를 잘 관리하며, 실습일지를 잘 정리하였다.					
결 석 :　　회, 지 각 :　　회, 조 퇴 :　　회			총점 :　　점 / 100점				
비 고 :							
평가일 :　　　년　월　일　　평가자 서명 :							

10-3. 실습생 성찰 기록(학생용)

• 학교 현장실습 과정에서 가장 인상 깊었던 장면과 이유를 작성해보세요.
• 학교 현장실습 과정에서 가장 어려웠던 점과 그것을 극복하기 위해 어떠한 노력을 하였는지 작성해보세요.
• 학교 현장실습 이후, 교육철학에 변화가 있다면 어떻게 변화했는지 작성해보세요(예: 학생을 바라보는 시각, 교육에 관한 신념, 교사의 역할과 책임 등).
• 보건교사가 되기 위해, 향후 준비해야 할 점과 구체적인 실천 계획을 함께 작성해보세요.

10-4. 교육 실습 총괄평가표(기관작성용)

1. 실 습 기 관 명 :

2. 실 습 기 간 :

3. 지 도 교 사 :

직 명	성 명	담 당 내 용	비 고

4. 실 습 내 용 :

제1주	제2주	제3주	제4주

5. 실 습 평 가 :

실습생 성 명	교직기초 소양(25점)	보건교육 역량(25점)	실무실습 역량(25점)	교직실무 역량(25점)	합계 (100점)	비 고

위 사실을 증명함.

년 월 일

장(인)

실습학생 및 실습기관 결과(지도교수용)

학번 : 실습생 :

구분	평가사항	매우 그렇다	그렇다	보통이다	그렇지 않다	매우 그렇지 않다
		5점	4점	3점	2점	1점
실습 준비	실습학교의 탐색과 선정, 준비 과정에 충실하였다.					
	학교 방문 시 실습생의 태도, 용모는 교사다운 품위를 갖추고 있었다.					
과제물 적합도	일별 일지를 충실히 작성하여 정해진 기한 내에 제출하였다.					
	학교실습현장에 대한 충분한 이해와 학습자에 대한 이해가 있었다.					
	실습기간 중 실시한 수업의 교수-학습계획안이 학습자의 요구점 파악 및 학습효과가 극대화 될 수 있도록 구성되어 있다.					
실습일지 내용 충실도	실습학교의 현황을 구체적으로 기록하였다.					
	보건실의 연간계획이 충실하게 작성되었다.					
	주간별 실습계획이 구체적으로 작성되었다.					
학교실습기관 우호도	지도방문 시 해당학교의 실습관계가 우호적이다.					
	지도방문 시 실습기관 교사들의 평가는 우호적이다.					
		총점 : 점 / 50점				

비 고 :

결과 작성일 : 년 월 일 지도교수 서명 :

예비보건교사 교직실무
및 학교현장실습의 이해

부록 : 보건교사 학교현장실습 일지